AVISO

A editora e seus escritores não se responsabilizam por eventuais lesões ou prejuízos sofridos pelo leitor que possam decorrer da utilização do conteúdo presente nesta obra e sugerem prudência ao ponderar sobre as práticas apresentadas neste livro. O conteúdo desta leitura não tem como objetivo substituir orientações de profissionais da área médica ou psicológica. Recomenda-se aos leitores procurar seus especialistas em saúde pessoal para tratamentos. O uso de ervas, plantas e óleos essenciais deve ser feito com cuidado, e uma investigação detalhada acerca de qualquer planta citada neste livro deve ser conduzida pelo leitor antes de manuseá-la. Ao lidar com fogo, siga as medidas de segurança contra incêndios e jamais deixe velas ou outras fontes incandescentes sem supervisão.

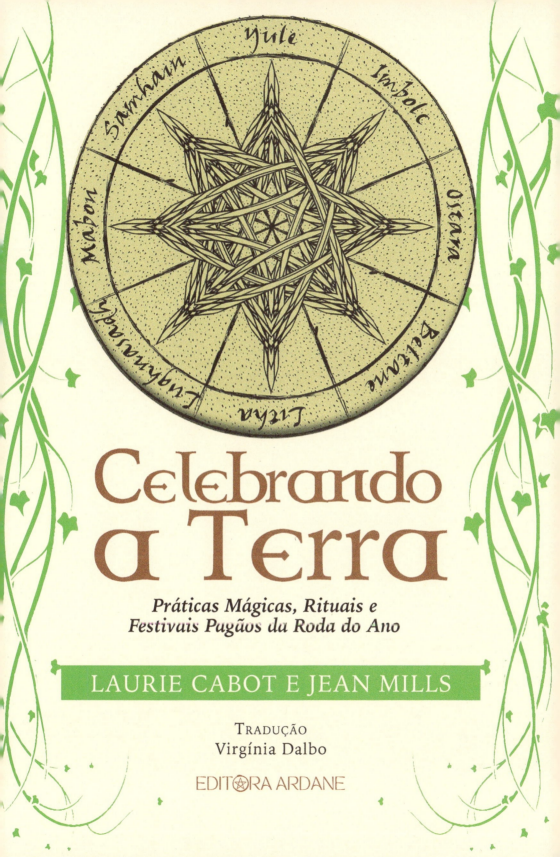

Celebrando a Terra

Práticas Mágicas, Rituais e
Festivais Pagãos da Roda do Ano

LAURIE CABOT E JEAN MILLS

Tradução
Virgínia Dalbo

EDITORA ARDANE

Publicado originalmente em inglês sob o título: CELEBRATE THE EARTH: A Year of Holidays in the Pagan Tradition
Copyright © 1994 by Laurie Cabot and Jean Mills
This edition arranged with Kaplan/DeFiore Rights through Agencia Literaria Riff Ltda.

Tradução autorizada do inglês

Direitos de edição para a Língua Portuguesa
© Editora Ardane

Editor: Claudiney Prieto
Coordenação Editorial: Luciana Papale
Tradução: Virginia Dalbo
Diagramação: Ana Laura Padovan
Capa: Ardane Books
Revisão: Grupo Papale's

DADOS INTERNACIONAIS DE CATALOGAÇÃO NA PUBLICAÇÃO (CIP)

CÂMARA BRASILEIRO DO LIVRO, SP, BRASIL

C116   Cabot, Jean Mills e Laurie
         Celebrando a Terra/ Laurie Cabot e Jean Mills; tradução de Virginia Dalbo
         Editora Ardane| 1ª edição | São Paulo | 2023

Tradução de: Celebrate the Earth
ISBN 978-65-85370-08-0

1. Wicca. 2. Esoterismo. 3. Bruxaria. 4 Magia I. Título.

                                                                                             CDD 133.43

                                                                                             CDU 133.4

Índice para catálogo sistêmico:

1. Bruxaria: Ocultismo 133-43

Todos os direitos desta edição são reservados à EDITORA ARDANE.
Proibida a reprodução total ou parcial por qualquer meio, inclusive internet, sem a expressa autorização por escrito da Editora de acordo com a Lei n. 9.610/98.

EDITORA ARDANE
www.ardane.com.br
Tel.: (11) 97774-4013 | E-mail: contato@ardane.com.br
Instagram: @ardanebooks

Para Edith Adrienne Van Cliff,

Agradeço por sua força criativa e natureza sensível, e por incitar em mim o poder de permanecer como uma Deusa, contra todas as probabilidades. Mãe, vejo seu belo espírito em todas as estações. A neve branca e sedosa é a cor da sua pele; o açafrão azul, a cor dos seus olhos; o amarelo brilhante do sol de verão, o tom de sua voz, o vermelho e o ferrugem do outono, é o ruivo de seu cabelo radiante. Eu te amo para sempre!

Sua filha, Laurie.

Sumário

9 | Agradecimentos

11 | Introdução

20 | SAMHAIN

52 | YULE

82 | IMBOLC

108 | EQUINÓCIO DE PRIMAVERA

132 | BELTANE

158 | MEIO DO VERÃO

188 | LUGHNASADH

214 | MABON

245 | Apêndice:

245 | Alguns Elementos Básicos da Bruxaria

248 | Consagrando os Instrumentos e Ervas

249 | Luas e Correspondências

250 | Árvores Sagradas dos Celtas

252 | Leitura Adicional

Agradecimentos

Sou profundamente grata ao meu neto, Ari; as minhas filhas, Jody e Penny Cabot e Alice Keegan, por sua paciência, amor e apoio enquanto eu escrevia este livro; estou em dívida com minha querida família Bruxa, Iain, Amy e Richard, April Tuck, Lauren Dye, Jackie Phillips Bran e Jeanie Crosby Chase, Sorine Patton, Anya Mitchell, Willette Brooks Wood e Janice Giellford. Sou grata a minha editora, Betsy Bundschuh, minha agente, Susan Lee Cohen, a arte de Karen Bagnard e o apoio de meus amigos da comunidade bruxística: Paula Forester, Lord Theodore Mills e Margie Fedele. Gostaria de reconhecer o trabalho de Jean Renard, Otter e Morning Glory Zell, Diane Darling, Margot Adler, Janet e Stewart Farrar, Kerr Cuhulain, Ron Parshley, Karen Thorn e Tammy Medros. Também gostaria de agradecer à memória de Scott Cunningham e Marie Willow Kelly. Sou grata aos meus ancestrais celtas por manterem viva a Magia das Fadas, e... a todos aqueles "estudiosos" que falharam em ver que não é apenas a névoa e o som do mar em um país tranquilo que nos leva a acreditar em Magia. É tudo isso e mais, muito mais. É ciência, arte e religião.

Roda do Ano

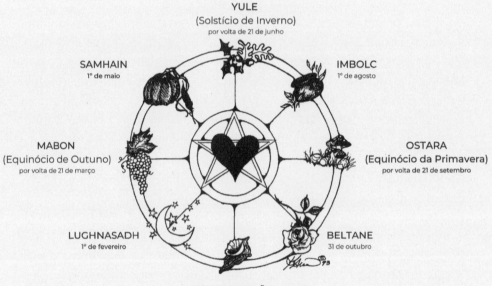

A Roda do Ano

Introdução

Como vi o mundo pelos olhos de uma Bruxa, tive a sorte de viver cada momento da minha vida com o conhecimento e a profunda sensação de que o planeta sobre o qual eu ando sente meus passos, ouve minha voz e responde de volta. Quando criança, sentia-me capaz de conversar com o mundo sobre a sua alegria e prazer. Após a minha iniciação como Bruxa, aos dezesseis anos, experimentei uma intimidade imediata com a Terra, a Lua e as estrelas. Este despertar se tornou realidade. Cada dança que eu dançava, cada busca da infância, cada punhado de flores era uma ligação do meu coração e espírito com minha Mãe, a Terra.

Na vastidão do nosso Universo, aparentemente incognoscível e muitas vezes hostil, nossas vozes humanas às vezes parecem pequenas e insignificantes. Nossos espíritos clamam por algo mais, alguma conexão que prove que somos importantes, que existimos. Em minha própria experiência como Bruxa, posso assegurar que o Universo e, particularmente nosso próprio planeta, a Mãe Terra, é bastante acessível e não hostil àqueles dispostos a ouvir honestamente sua canção.

O relacionamento mais extraordinário que existe na criação é o vínculo entre uma mãe e seus filhos. Cada um de nós sente isso instintivamente quando nasce, mas recentemente tive uma experiência que me mostrou, de maneira impressionante, o quão pungente e profunda essa relação pode ser. Naquela noite, eu não tinha previsto sobre o que estava para acontecer, quando uma mulher, uma completa estranha, entrou na loja de minha filha, onde recebo meus clientes. Ela era uma mulher atraente e bem-vestida, em seus quarenta e tantos anos, mas estava visivelmente chateada quando olhei em seus olhos para cumprimentá-la. Ela veio até mim em busca de paz e respostas para perguntas sobre seu filho morto. Seu único filho, ainda adolescente, havia morrido em um acidente de carro cerca de um mês antes. Eles tinham sido muito próximos, disse ela, às vezes mais amigos do que mãe e filho. Ela não podia aceitar sua morte ou que ele tinha ido embora de sua vida. Ela se sentia desolada e perdida.

A mulher me disse que não sabia nada sobre os métodos da Bruxaria, mas que seu filho havia se interessado por Magia e costumava ler muitos livros sobre o assunto. Sem saber que caminho tomar, finalmente decidiu vir até mim. Ela queria desesperadamente saber se seu filho estava bem.

Meu coração estava com ela: fiquei profundamente comovida com sua história. Minhas emoções foram imediatamente envolvidas e eu queria confortá-la. Ao mesmo tempo, dúvidas surgiram dentro de mim sobre minha capacidade de lhe trazer alguma paz, pois percebi, imediatamente, como ela estava perturbada. Levei um tempo para alcançar meu interior e obter força. Decidi abordar uma leitura psíquica, da mesma forma que abordo todos os meus outros aconselhamentos. Tentei deixá-la à vontade. Ela pareceu relaxar e comecei a leitura das cartas. Nada poderia ter me preparado para o que aconteceu a seguir. Eu já estava lendo quando ergui os olhos do Tarô e vi a figura de um jovem, de pé, logo acima do ombro esquerdo daquela mulher. Senti que essa era a essência de seu filho amado.

Para não perturbar a conexão que eu estava tendo com a mãe, reprimi meus súbitos sentimentos de surpresa e admiração. Eu não estava esperando por isso! Rapidamente, decidi prepará-la para a mensagem que seu filho estava tentando enviar a ela através de mim. Comecei explicando minhas crenças, como uma Bruxa, sobre a morte e a vida pós morte. Gentilmente, disse a ela que os espíritos, ao partirem, têm três escolhas: eles podem atravessar para o Outromundo, um lugar mágico, mas muito real, que chamamos de *Summerland* ("País de Verão"), terra do leite e do mel, povoada com nossos Deuses e Deusas e Reis e Rainhas Fadas, onde podem escolher ficar para sempre. A segunda escolha é a de reencarnar e retornar à Terra em outra capacidade de serviço à Grande Deusa, nossa própria Mãe Terra. E a terceira escolha é a de permanecer no Plano Terrestre como um fantasma, até decidir atravessar para o País de Verão ou reencarnar.

Eu disse a ela que seu filho, por enquanto, tinha confortavelmente escolhido ser um fantasma. Então continuei a dizer, o mais gentilmente que pude para não a assustar, que ele estava bem ao seu lado naquele exato momento.

A mulher primeiro ficou assustada, depois cética. Enquanto tentava aceitar o que eu estava dizendo, naturalmente ela pediu alguma prova de que ele realmente estava lá. Ela tinha que saber. Precisava de segurança. Tentei passar essa segurança a ela, descrevendo em detalhes o que vi e ouvi. Eu disse: *"Seu filho quer que você saiba que ele está bem e que não precisa se preocupar. Ele também quer que você saiba que este é o seu bem mais precioso"*.

Com as duas mãos, o menino exibiu orgulhosamente diante de mim uma bela e longa espada, que parecia ser da Guerra Civil. A mulher se engasgou. *"Nós o enterramos com a espada de seu bisavô!"*

O filho dela sorriu, e então me disse para dizer a ela que ser um fantasma parecia um pouco como ser o *Highlander* (um personagem de um filme com o mesmo nome). Ele disse: *"Eu me sinto como o Highlander, porque sei que vou viver para sempre"*.

Novamente a mulher se engasgou. *Highlander* foi o último filme que viram juntos!

O rapaz me pediu para que eu a tranquilizasse e me disse que ia esperar pela mãe até que chegasse a hora de ela fazer a travessia, e que depois iriam juntos para o País de Verão. *"Enquanto isso"*, disse ele, *"quero que ela saiba que estou feliz"*.

Como uma Bruxa, ou "caminhante entre os mundos", um termo que é frequentemente usado para descrever as Bruxas, senti que era um privilégio especial compartilhar uma experiência tão vívida e significativa. A visão e minhas revelações oferecidas à mãe perturbada trouxeram alguma paz para a mulher e serviram para reforçar minha sincera convicção de que não há nada mais forte do que o relacionamento de amor entre uma mãe e seus filhos. Eu ofereço esta história como uma metáfora para o vínculo que cada um de nós compartilha com nossa Mãe, a Terra. Esse vínculo é abrangente, sempre renovável, sustentador da vida, emocional e fisicamente satisfatório, atendendo a todas as nossas necessidades e respondendo a todas as nossas perguntas. No entanto, deve ser um relacionamento recíproco, para que a Mãe Terra e a raça humana sobrevivam. Com *Celebrando a Terra*, espero demonstrar e oferecer a vocês os métodos pelos quais cada ser humano pode honrar a Terra e participar da cura que deve continuar a ocorrer.

Acredito que a devastação do nosso Planeta, em muitos casos, não se deve tanto à negligência quanto à impessoalidade. Pensamos na Terra como algo separado de nós, uma entidade separada, que existe por conta própria e existirá para sempre. É minha esperança despertar em você a noção de que quando um organismo sofre, todos nós sofremos. Cada um de nós pode contribuir diretamente para o bem-estar da Terra e sair com algo profundamente pessoal e de grande importância, pois a cura da Mãe Terra também é um processo de autodescoberta.

Quando me tornei uma Bruxa, comecei a ver cada pessoa como um indivíduo e a perceber o quão valioso é desenvolver os talentos e dons individuais de cada um, seja pela simples habilidade de nos comunicarmos uns com os outros, seja por algo mais complexo, a habilidade de nos comunicarmos psiquicamente com outros mundos. As projeções mentais e ações de cada homem, mulher e criança no Planeta se combinam para criar o mundo em que vivemos. No entanto, muitos de nós não veem ou não entendem o poder mágico que cada indivíduo exerce. Não temos consciência de quão fortemente conectados estamos com o todo. Não nos vemos como seus filhos e não percebemos o quanto estamos próximos de nossa Mãe.

Cada um de nós compartilha uma parceria vital e atemporal com nosso Planeta. Quando somos jovens, temos uma fascinação íntima pelo mundo ao nosso redor. Mas à medida que envelhecemos, somos apanhados no ritmo frenético de um mundo agitado. O tempo, em nossa sociedade, pesa sobre nossas cabeças, mas em vez de ser contado pelo nascer e pôr de sóis e luas, ele é marcado pelo barulho invasivo de um rádio relógio ou pelo tom eletrônico agudo de um relógio digital. É triste para mim pensar que, para alguns de nós, os pés nunca tocam o chão. Falo de pessoas que por qualquer motivo são compelidas a andar de casa para a calçada, para o carro, para a via de concreto, para o trabalho e vice-versa, dia após dia. Há ainda outros que nem sabem, por exemplo, que o leite que compram na loja vem de uma vaca!

Introdução

Embora não esteja defendendo que cada um de nós compre uma vaca e um celeiro e nos tornemos agricultores, estou dizendo que perdemos muito valor ao longo do caminho. Fazemos pequenos compromissos aqui, pequenos sacrifícios ali, e antes de nos darmos conta, muitas vezes somos removidos do lugar mágico em que vivemos e respiramos quando crianças – nosso próprio Planeta, a Terra.

No entanto, nunca esquecemos dessa sabedoria juvenil; embora possamos sentir que estamos desconectados, especialmente em meio ao nosso mundo moderno e industrial, na realidade não estamos. Os antigos ritmos das estações não são apenas universais, são instintivos. O impulso primitivo que nos compele a responder às mudanças das estações ainda vive dentro de cada um de nós.

Nosso relacionamento inseparável com a Mãe Terra é representado da forma mais bela na Roda do Ano, um calendário ritual antigo e sagrado que marca a mudança das estações da Terra e a interminável jornada do Sol pelo céu. Este extraordinário calendário foi iniciado por Bruxas em tempos pré-cristãos e protoceltas, e é observado por elas até hoje, mesmo em sua forma moderna. Cada evento marca um momento significativo de mudança na Terra e está enraizado em um dos oito festivais lunares e solares dos antigos celtas.

O calendário é circular (como mostrado na ilustração da pág. 10) e inclui como opostos polares na Roda do Ano perene os seguintes festivais: Samhain (pronuncia-se *sou-en*) e Beltane (pronuncia-se bél-têin); Imbolc e Lughnasadh (pronuncia-se *lu-na-sa*); os Solstícios de Verão e de Inverno e os Equinócios de Primavera e Outono. Embora haja algum debate sobre se nossos ancestrais celtas celebravam ou não os solstícios e os equinócios, esses festivais são hoje geralmente aceitos como festividades importantes da Roda do Ano. Pessoalmente, acredito que os celtas honravam tanto os solstícios quanto os equinócios, pois como poderia um povo tão intimamente ligado aos ciclos da Terra não reconhecer um evento tão profundo quanto a mudança de calor e da luz do Sol? É uma afirmação absurda dos chamados "historiadores", que as tribos celtas, que eram seguidoras da Antiga Religião, ou Bruxaria – uma das mais antigas religiões da natureza do Planeta – tenha falhado em prestar homenagem a uma mudança tão óbvia no curso do Sol. Os antigos celtas, quer você os chame de Bruxos, Druidas ou Pagãos, eram astrônomos e engenheiros experientes. De fato, a ciência do século 20 está frequentemente envolvida em um jogo de "recuperação" com o que nós, Bruxos, chamamos de "Magia"! Nossos Deuses celtas sabem que muitos "fatos científicos" são verdadeiros desde antes do início dos tempos.

Enquanto os solstícios e os equinócios seguem o caminho do Sol em seus pontos alto, baixo e médio, os festivais lunares de Samhain, Beltane, Imbolc e Lughnasadh significavam importantes eventos agrícolas e pastoris para os antigos celtas. Os dois festivais mais importantes, Samhain (31 de outubro) e Beltane (1º de maio)[1] dividem o ano em duas partes, inverno e verão. Em Samhain, os rebanhos de animais eram levados às paliçadas para se abrigarem e serviam de comida para o inverno, enquanto em Beltane, os rebanhos eram levados para fora, para pastagens verdes. Imbolc (1º de fevereiro)[2] marcava o período de lactação de ovelhas e vacas, e Lughnasadh (1º de agosto)[3] acontecia no auge do verão, à época de ouro entre as colheitas, quando as competições eram realizadas e casamentos temporários às vezes eram celebrados por um ano e um dia.

Cada festival, ou Sabbat, traz alegria e bons momentos, mas também um significado espiritual, cultural e ecológico profundamente sentido. Celebrados em ciclos triplos, as festividades dos Sabbats celtas abrangem três dias, o que inclui a véspera, a data propriamente dita e o dia seguinte às celebrações. Por exemplo, Beltane, que tecnicamente acontece no dia 1º de maio, começa em 30 de abril e continua até 2 de maio.

Enquanto alguns dos festivais celtas acontecem no mesmo dia, como seus equivalentes modernos (Samhain coincide com o Dia das Bruxas; e o Solstício de Inverno, ou Yule, às vezes acontece no mesmo dia do Natal), outros não. Os festivais celtas coincidem com momentos dramáticos de mudanças naturais na terra e no céu e, portanto, todas as festividades ocorrem durante esse período. Não se pode comemorar o Equinócio de Primavera, por exemplo, como se fosse o aniversário de um presidente ou um festival bancário, avançando ou retrocedendo

---

1. N.T.: no Hemisfério Sul Samhain é celebrado no dia 30 de abril e Beltane no dia 31 de outubro.

2. N.T.: no Hemisfério Sul Imbolc é celebrado no dia 1º de agosto.

3. N.T.: no Hemisfério Sul Lughnasadh é celebrado no dia 02 de fevereiro.

na semana para acomodar um horário de trabalho ou para criar um fim de semana prolongado. Quando o Sol está em seu ponto médio em relação à Terra, ele está em seu ponto médio seja em uma quarta-feira ou em um sábado! Quando observamos esses oito grandes dias, estamos observando um alinhamento particular de espaço, energia, matéria e tempo.

É importante e benéfico tanto para nós mesmos quanto para o nosso meio ambiente, tirar esses oito dias de folga do trabalho, se pudermos. Se for possível, no entanto, interromper um trabalho ou um projeto, existem muitas outras maneiras de participar ou pelo menos reconhecer pessoalmente os oito eventos naturais da nossa Mãe. Em uma pausa para o almoço, você pode caminhar pelas folhas de outono ou simplesmente sentar-se à sombra fresca de uma árvore. No auge do inverno, aventure-se ao ar livre para sentir a neve e o gelo em suas mãos. Oito vezes por ano, pare o que está fazendo por um momento para ser respeitoso e consciente de seu Planeta, sua Mãe, a Terra. O que ela está dizendo para você? Onde estão os planetas, a Lua e as estrelas neste ponto da Roda? Como posso nutrir e cuidar da Terra para que ela, por sua vez, cuide de mim?

Como Bruxa, assumo um papel ativo na mudança das estações, ajudando a girar a Roda. Assim como outras religiões têm padrões ou mandamentos que devem ser seguidos, esses oito pontos da Roda do Ano são nossos "mandamentos" ou leis, e devemos cumpri-los. Você não precisa, entretanto, mudar de religião ou mesmo ser uma Bruxa para celebrar os oito festivais da Roda ou para realizar qualquer um dos rituais, feitiços ou meditações deste livro. A Roda está lá para que todos possam desfrutar e apreciar. A Terra continuará a girar e as estações mudarão. A pergunta que cada um de nós deve fazer a si mesmo é: "a Roda continuará girando com ou sem mim?"

Observando a Roda do Ano, estamos aprendendo a responder e a agir em direção à Terra, pois ela está sempre respondendo e agindo em nossa direção. A Terra nos dá ar puro ou poluído para respirar, água limpa ou envenenada para beber e solo rico ou pobre para cultivar. A loucura de nossa família humana foi pensar que poderíamos envelhecer sem sua sabedoria.

Celebrando a Terra é um guia simples para nos ajudar a recuperar o conhecimento perdido de nossos ancestrais e a beleza e o significado do antigo equilíbrio pacífico de nosso Planeta. Assim como o ritual de uma Bruxa progride de uma ocasião solene para uma ocasião alegre, *este livro* enfatiza a importância de combinar compromisso sério, como o que devemos ter com o meio ambiente, com esperança, diversão e encantamento.

O livro está naturalmente dividido em oito seções, uma para cada festival. Cada capítulo está dividido em três partes.

MAGIA DA TERRA: oferece exemplos de rituais, ervas, feitiços, pedras mágicas e conhecimento sobre determinado festival em particular.

COMIDAS DO FESTIVAL: traz sugestões sobre o que servir em cada ponto da Roda. Espero impressionar o leitor com as qualidades mágicas da comida e do preparo dos alimentos e a importância de fazer o melhor para comer regionalmente, especialmente durante as celebrações da Roda do Ano. Algumas das receitas que incluí são de terras celtas, enquanto outras não. Embora possamos tentar, nem sempre podemos comer os alimentos de nossos ancestrais. (É difícil encontrar javali no mercado local!) Devemos, no entanto, levar em conta a região em que vivemos e tentar comprar alimentos não encontrados em nossa área em suas fontes nativas. Eu venho da Nova Inglaterra e uso frutas e vegetais cultivados localmente, como maçãs e milho em muitas das minhas refeições de festival. E gosto de usar aveia com frequência, mas também da Irlanda, de onde a aveia vem originalmente. Sempre que possível, forneci as intenções mágicas dos ingredientes, mas sugiro que você consulte um dicionário de ervas para explicações mais elaboradas. E por último, a terceira seção de cada capítulo.

ATIVIDADES ANTIGAS: oferece artesanato e jogos transmitidos por muitas gerações de famílias de Bruxas, que são divertidos de se participar durante a temporada dos festivais.

Introdução

É minha esperança que, com este livro, cada leitor explore nosso Planeta intrigante e provocador como se fosse através dos olhos de uma criança, para mais uma vez experimentar a alegria dessas antigas tradições celtas. Encorajo cada um de vocês a participar da Roda do Ano e a acreditar em si mesmo e nos poderes restauradores que habitam dentro de cada ser humano. Agora é a hora de especular e agir sobre a conexão infinita de todas as coisas, a visão da universalidade. Devemos considerar e nutrir o florescimento radiante da sabedoria das Bruxas dentro de cada um de nós, sempre passado e sempre presente. Percebo agora que a poderosa Magia que possuímos é a resposta para curar a Mãe Terra.

Samhain

31 de outubro no Hemisfério Norte
30 de abril no no Hemisfério Sul

Samhain é sem dúvida o mais importante, embora menos compreendido, dos antigos festivais celtas. Ao contrário de suas contrapartes modernas de *Halloween* ou *All Hallows' Eve*, o festival das Bruxas de Samhain não tem nada a ver com práticas malignas ou com fantasias horríveis e macabras. Não há maçãs envenenadas ou lâminas, máscaras com machado ou estacas sangrentas. As Bruxas não têm rostos verdes! (Embora eu venha dizendo isso há muito tempo, estou neste momento com a cara azul!). Bruxas não usam chapéus pontudos! Chapéus altos e pontudos eram simplesmente a moda entre os campesinos durante o final da Idade Média. Nos tempos celtas antigos, todos eram Bruxos e todos praticavam a Bruxaria, que era, e ainda é, uma religião viva. Na verdade, é mais do que uma religião. É um modo de vida.

Considerado um festival repleto de energia positiva e cheio de esperança para o futuro do nosso Planeta, com os meses gelados e frios do inverno prestes a começar, é apropriado que em cada véspera de Samhain celebremos a união ritual de Morrighan, uma das três Deusas tríplices celtas com o poder de dar à luz para uma nova terra, com Dagda, o "Bom Deus", um dos mais altos e ilustres Deuses celtas. Morrighan é uma Deusa de proporções gigantescas, que aparece nos mitos nos dois lados de um rio quando encontra Dagda comendo de um Caldeirão ao longo da margem. Embora ela possua uma complexidade de habilidades boas e ruins, o papel de Morrighan nesta noite é o de reafirmar a vida diante das dificuldades e lutas iminentes do inverno. Para os antigos celtas, este grande festival dividia o ano em duas estações, inverno e verão.

Samhain é o dia em que o Ano Novo Celta e o inverno começavam juntos, então é um momento para começos e finais. No Samhain as tribos antigas celebravam a Festa Celta dos Mortos. Hoje continuamos a honrar as memórias dos nossos antepassados. Essa prática influenciou diretamente inúmeras outras religiões e costumes populares. O Dia de Finados, em 2 de novembro, comemora os mortos cristãos. No Samhain, o véu entre os mundos do espírito e da matéria é levantado e os vivos e os mortos são mais propensos a trocar informações psíquicas. No Dia de Todas as Almas, diz-se que as barreiras entre este mundo e o próximo caem e os mortos são sinistramente capazes de retornar de seus túmulos. Samhain, no entanto, é uma celebração muito menos assustadora. Neste festival, as Bruxas realizam rituais para manter qualquer coisa negativa do passado – o mal, danos, corrupção, ganância – fora do futuro. Lançamos feitiços para contatar psiquicamente nossos antepassados falecidos e recuperar conhecimentos antigos, preservando, assim, a grande teia que se estende por muitas gerações de famílias humanas.

Samhain é um tempo de mudança, é momento de olhar para o futuro. Hoje, como no passado, os Pagãos se vestem para o Samhain com uma fantasia que reflete o que esperamos nos tornar quando o próximo ano chegar. A forma como nos vestimos neste festival é, por assim dizer, a resolução de ano novo de uma Bruxa. Se queremos ser bonitos, podemos nos vestir como uma borboleta ou Rainha das Fadas, para garantir que nossa jornada espiritual pela vida tenha poder e doçura; se esperamos prosperidade e sucesso, podemos nos vestir de princesa; ou, se quisermos experimentar mais confiança e força, podemos nos vestir de lobo ou de urso.

Muitos de nós estão felizes como são, assim, vão vestidos com roupas cotidianas para as festividades de Samhain.

A ideia de "gostosuras ou travessuras", embora radicalmente alterada, também é descendente da tradição das Bruxas. Em nossas comemorações, não existem travessuras, apenas gostosuras. As Bruxas não fazem brincadeiras e travessuras na véspera de Samhain. Depois dos rituais do Círculo Mágico, não vamos às casas de estranhos, vamos às casas de amigos para mostrar nossas fantasias e provar guloseimas.

Samhain é uma noite mística e encantada, quando a Magia pode ser acessada para beneficiar nossas vidas pessoais e nosso Planeta.

Bruxaria Solidária

A demonstração mais impressionante da solidariedade das Bruxas é vista nas festividades do Samhain, mais do que em qualquer outro festival na Roda do Ano. Todos os anos, mais de três mil Bruxas de todo o mundo vêm a Salem, no Estado de Massachusetts, para participar da vigília à luz de velas de Gallows Hill. O ano de 1992 marcou o 300º aniversário dos julgamentos das Bruxas de Salem, nos quais dezenove pessoas foram enforcadas e um homem foi apedrejado até a morte. As Bruxas em Salem hoje discordam da comemoração, porque, ao longo de seu aniversário, o Comitê do Tricentenário da prefeitura perpetuou o uso incorreto da palavra "Bruxa" de forma flagrante e vergonhosa. Em toda a publicidade, exibições e exposições em museus, o comitê usou a palavra exatamente da mesma maneira que seus antepassados puritanos e caçadores de Bruxas usavam. Eles igualaram a palavra "Bruxa" com as palavras "malfeitor" e "pecador" e não permitiram que a comunidade das Bruxas de Salem corrigisse a definição incorreta com uma definição honesta e precisa. Um memorial foi erguido em homenagem às vítimas dos julgamentos de Salem, onde se lê: "EU NÃO SOU UMA BRUXA. EU NÃO SOU CULPADA POR ESSE PECADO". Em outras palavras, ainda estamos deixando que nossos inimigos nos definam. Além disso, para erguer o monumento, os corpos de alguns dos primeiros colonos foram desenterrados do cemitério de Charter Street, mas seus cintos de ouro e prata e fivelas de sapatos foram salvos! Esta ação "pecaminosa" foi totalmente autorizada pelo Comitê do Tricentenário. Se aqueles que foram enforcados e mortos eram realmente Bruxos ou não, nós os agradecemos no Samhain por terem sofrido em nosso benefício. As Bruxas devem falar contra a injustiça e o mal. Devemos nos unir se quisermos praticar aberta e livremente novamente a nossa Arte.

MAGIA DA TERRA

O ritual do Samhain nos mantém firmes em nossa compreensão de que a vida humana é paralela às mudanças das estações do ano e que, através da morte no inverno, passamos para uma nova vida na primavera.

Honramos nossos mortos – aqueles que vieram antes de nós e que podem ter sofrido em nosso benefício –, mas também reconhecemos a incrível mudança do verão para o inverno.

Nos tempos antigos, fogueiras rituais eram acesas em cumes sagrados para a proteção do povo e da terra. As fogueiras de Samhain eram acesas ao anoitecer, ao contrário das fogueiras de Beltane, em maio, que eram acesas ao amanhecer. Muitos textos modernos interpretam incorretamente essas fogueiras como um meio de livrar a Terra das Bruxas. O propósito original de uma fogueira, no entanto, era simplesmente destruir qualquer coisa prejudicial ou negativa do ano anterior. Quando a definição de "Bruxa" se tornou pervertida ao longo do tempo para significar o "mal", a intenção e o simbolismo por trás das fogueiras rituais também se foram pervertidos. Esses fogos eram acesos pelas próprias Bruxas e eram usados em ritos cerimoniais para proteção.

Antes da perseguição generalizada das Bruxas durante a "Era das Fogueiras" do final da Idade Média, os fogos rituais eram frequentemente construídos em locais sagrados dentro de círculos de pedras. Hoje, durante o ritual de Samhain, o fogo é usado simbolicamente em nosso "Círculo Mágico" (ver Apêndice: Alguns Elementos Básicos da Bruxaria) para construir um escudo de proteção e iluminar nosso caminho para coisas boas no futuro. No Samhain realizamos rituais de força e comprometimento para alcançarmos nossos objetivos no próximo ano.

Ao realizar o ritual de Samhain, é útil lembrar não apenas que o véu entre os vivos e os mortos fica mais fino neste momento, mas que também o véu entre todos os mundos fica vulnerável. No Círculo Mágico, todos os "Outros Mundos" são reconhecidos. Por exemplo, cada pessoa possui um reino que ela cria e visita. É um lugar onde só você é dono do palácio e da terra, uma paisagem interior magicamente vívida onde só você é soberano. Durante o ritual de Samhain, visitamos este mundo para remover quaisquer obstáculos ou problemas que possamos ter colocado em nossos caminhos. A clareza pessoal que buscamos na vida é muitas vezes abordada e às vezes encontrada nas revelações murmuradas e na fluência das imagens desse rito poderoso e emocional.

O ritual de Samhain também é o momento de projetar mudanças benéficas na Terra. Dentro do Círculo Mágico fazemos Magia para uma mudança favorável na comunidade maior. Usando nossas habilidades psíquicas, plantamos visualmente jardins e árvores semeados fisicamente em Beltane, no mês de maio. Tanto é assim, que para os Pagãos, a escuridão do inverno que se aproxima traz consigo as sementes de uma nova vida na primavera.

Preparações

Dourado intenso, vermelho-escarlate, marrom-escuro e bronze são as cores predominantes do final do outono e do altar de Samhain. As velas do altar devem ser pretas, laranjas, brancas, prateadas e douradas. O preto coleta e absorve a luz e mantém você aquecido. Laranja representa a Magia do fogo, bem como o fogo remanescente nas folhas de outono. O branco envia energia e a prata e o ouro representam a Lua e o Sol, respectivamente. As velas devem ser sempre acesas com fósforos de altar (fósforos sem escrita ou propaganda na caixa). Uma pedra nativa de sua região pode estar presente sobre o altar como símbolo da Terra. Uma vez que Samhain marca a conclusão da terceira e última colheita, a da carne, um chifre de animal, pena ou garra podem ser colocados no altar como um símbolo de poder. O corvo é um animal celta, totem da Deusa Macha. Uma pena de corvo, que geralmente é mais fácil de encontrar do que um chifre ou garra de animal, seria uma representação de Samhain apropriada da Grande Deusa.

Para o ritual dado a seguir, você vai precisar dos seguintes itens (todos os quais podem ser encontrados em lojas de artigos para Bruxas e em catálogos de pedidos pelo correio listados na seção Fontes deste livro): um Pentáculo de altar, uma lâmina ritual ou Athame, um Cálice cheio com água de nascente, sal marinho, incenso de Samhain, óleo de proteção (ver pág. 36), um chifre de animal ou chifres de veado, pelos de um lobo vivo, uma pena de cisne, castiçais de latão, uma bola de obsidiana, um Caldeirão de ferro, um Turíbulo (ou Incensário), dois cristais – um para a energia que entra, colocado no lado esquerdo do altar, e o outro para a energia que sai, colocado no lado direito – dois

Bastões prateados e quatro diferentes máscaras, cada uma representando o Cisne Branco, o Cervo, o Cisne Negro e a Corsa Branca. O "Bastão Prateado" é um Bastão das Fadas e pode ser feito de um galho pintado ou banhado à prata, geralmente com cerca de 50 cm de comprimento. Deve haver sete sinos de prata, ou sinos das fadas, amarrados em uma fileira. Se você não conseguir encontrar ou fazer as máscaras, pode usar uma foto de cada animal como representação.

Na preparação para o Samhain, passamos algum tempo sozinhos, muitas vezes dias ou horas antes do nosso ritual. Samhain é um momento para se comunicar com os ancestrais e explorar sua ancestralidade Ao fazer isso, tentamos "limpar" o ar para o próximo ano. Se, por exemplo, um de seus parentes faleceu recentemente ou há muito tempo, no Samhain você pode querer usar algo que pertenceu a essa pessoa, como um broche, um par de abotoaduras ou uma gravata. O Samhain pode ser um bom momento para lidar com a dor ou resolver problemas e obstáculos que o limitaram ou atrapalharam no ano anterior. Pergunte a si mesmo. Tente olhar para o ano que está chegando com força e determinação renovadas.

Os celtas não viam a morte da maneira que muitos em nossa sociedade veem hoje. Eles acreditavam na reencarnação e no círculo eterno de vida-na-morte e morte-na-vida representada pelo nosso panteão de Deusas e Deuses. No Samhain, às vezes é de auxílio escrever alguns de seus pensamentos e sentimentos sobre seus ancestrais ou a morte de parentes próximos ou amigos. Eu sei que isso me ajudou no passado. Aqui estão dois exemplos de anos anteriores de minhas contemplações sobre a passagem deste mundo para o próximo.

Ó mundo miserável, de morte e doença, que cobrimos com rendas, bugigangas e moedas enquanto esperamos nossa hora. Que paixão se gasta na ilusão de um outro mundo, ou de não acabar. Que fôlego pode o espírito inspirar? É doce? É interminável?

E:

A preocupação só pertence ao mundo dos vivos...?
Esperançosamente. O espírito invasor é o processo de pensamento? O pensamento pode acabar? Espera-se que o espírito corra para outro corpo vivo e, com isso, traga preocupação e pensamento, deixando o corpo hospedeiro desaparecer e decair em paz, quieto, sem ouvir, sem ver, sem pensar, misturando-se em um lugar que é imperturbável, mais silencioso que as asas de uma coruja.

SAMHAIN

Dois dias antes do ritual, contemple o significado desta época do ano e o ritual solene que você está prestes a vivenciar. Esta é a última colheita, então a sensação de perda é iminente. Nós nos sentamos e pensamos sobre as perdas que tivemos em nossas vidas. Antepassados, familiares e entes queridos que já se foram para Avalon ou para o País do Verão, nossa cidade sagrada de leite e mel, fazem muita falta. Muitas vezes penso em minha mãe e em meu pai nessa época do ano. Eu falo em voz alta com eles. Às vezes, passo várias horas sofrendo com a perda deles, lembrando das coisas maravilhosas, algumas coisas tristes e muitas coisas não resolvidas entre nós. Eu sei que, como o véu está fino entre o mundo deles e o meu no Samhain, juntos, podemos comunicar nossas preocupações, amor e felicidade. Relembro em minha mente que também irei para Avalon.

Para se preparar para o ritual de Samhain, tome um banho longo e quente na noite anterior. Adicione duas colheres de sopa de sal marinho – que pode ser comprado em uma loja de produtos naturais – à água do banho e queime um incenso de olíbano e mirra. Acenda uma vela branca e coloque-a na borda da banheira. Coloque uma música que seja nostálgica e que lembre seus ancestrais ou o passado antigo. Mergulhe na banheira e visualize-se purificando sua aura, corpo e mente. Use sabonetes com um aroma que o leve de volta no tempo. Após o banho, deite-se e conte até um estado *alfa* de consciência (ver pág. 245) e mude seu pensamento para o ano que está chegando e onde e o que você quer estar fazendo neste próximo ano. Visualize que você já está lá. Adormeça com uma lembrança profunda do passado e um vislumbre calmante do seu futuro.

Preparar-se para um ritual também significa refletir sobre os aspectos astrológicos daquele dia em particular. Para isso, você vai precisar de um calendário astrológico, que pode ser adquirido em qualquer loja de suprimentos para Bruxas ou em uma livraria. Em cada festival, encontre as respostas para as seguintes perguntas: Onde a Lua está? Quais são os aspectos da Lua? A Lua está minguando ou crescendo? Que signos astrológicos estão afetando a energia do Sol? Como esses signos astrológicos afetam meu próprio signo e mapa? Estas são perguntas a serem feitas em todos os rituais. Conhecer a natureza dessas energias cria uma forte influência para o bem ao fazer qualquer ritual.

O que vestir

No Samhain, como na maioria dos Sabbats, usamos nossas vestes negras e acrescentamos joias e símbolos mágicos para aumentar seu poder. Laranja e dourado, cores do fogo do Sol, são usadas neste momento para atrair a luz do sol para a Roda do Ano. Algumas Sacerdotisas e Sacerdotes usam uma túnica ou traje para significar luz ou uma túnica muito brilhante ou diadema para refletir a luz. Alguns usam pedras ou glitter nas mãos e no rosto. Salem fica cheia de figuras fantasiadas e brilhantes na noite de Samhain. Penas caem de seus cocares e máscaras, e capas pretas se desenrolam na brisa do outono. A pintura facial é uma antiga arte celta que costumamos praticar nos Sabbats. Adicionar brilho à pintura pode ser lindo. Muitas Bruxas optam por ser tatuadas, o que também é uma antiga arte celta. Claro, é preciso pensar duas vezes ou mais sobre marcar o corpo permanentemente, mas a tatuagem foi e é hoje considerada pelas Bruxas como sua passagem para o Outromundo.

O Ritual

Todos os rituais dados como exemplos neste livro destinam-se a grandes grupos de pessoas. Eles são dados como sugestões para você adaptar, diminuir ou aumentar, ou para desencadear ritos inteiramente novos. O seguinte ritual é uma colaboração entre dois Covens, o meu, e o Coven de Akhellarre, que é presidido pela Alta Sacerdotisa Lady Zara e pelo Alto Sacerdote Lord Azarel. Em 1990, viajei para a Inglaterra para o Samhain e pedi a Lady Zara e Lord Azarel para supervisionarem as festividades em Gallows Hill, em Salem, Massachusetts. Pedi-lhes para erigir Tara à maneira celta no ritual. Então escrevi algumas poesias para dar o tom e sugeri o uso do Cisne, do Cervo e do Dragão como animais totêmicos no rito. Lord Azarel sugeriu chamar as Quatro Cidades dos Tuatha de Danann, ou "Filhos de Dana", que são os Deuses e Deusas de nossa sagrada herança celta.

Antes de começar, o Alto Sacerdote e a Alta Sacerdotisa nomeiam um segundo Alto Sacerdote, para carregar as máscaras do Cisne Branco e do Cervo, e três outras Altas Sacerdotisas – uma para carregar as máscaras do Cisne Negro e da Corsa Branca e duas outras para carregar os Bastões prateados.

A Alta Sacerdotisa lança o Círculo com seu Bastão, andando no sentido horário de forma circular.

Alta Sacerdotisa:

Eu lanço ao nosso redor agora o Círculo de poder, convidando todos os Espíritos que estão alinhados com este rito para estarem conosco nesta noite de Samhain. Que este espaço seja protegido de todas as energias e forças que possam vir a nos fazer mal. Que a Deusa e o Deus cuidem de nós, seus filhos, nesta noite de Samhain. Que assim seja.

O Alto Sacerdote segura um Pentáculo de altar com a mão esquerda, aponta para o Leste e se move no sentido horário.

Alto Sacerdote:

Há quatro cidades que nenhum olho mortal jamais viu, mas que a alma conhece: Gorias, que está no Leste; Findias, que está no Sul; Murias, que está no Oeste e Falias, que está no Norte. O símbolo de Falias é a pedra da morte, coroada com fogo pálido. O símbolo de Gorias é a espada divisora. O símbolo de Findias é uma lança. E o símbolo de Murias é uma caverna que está cheia de água e luz fraca.

Cisne Branco:

De Gorias, a resplandecente cidade da aurora, que capta o primeiro raio do Sol, conjuramos assim a Espada de Nuada, para manter a doença distante. Nuada do Braço de Prata, proteja este Círculo de todo mal. Que assim seja.

Cisne Negro:

Da cidade iluminada por tochas de Findias com chamas tão brilhantes, conjuramos assim a Lança de Lugh nesta noite de Samhain. Pelo poder de Lugh de longa mão, que sua presença esteja aqui. Que assim seja.

Bastão de Prata #1:

Da cidade submersa de Murias, sob cujas ondas os Deuses agora sonham, conjuramos o Caldeirão de Dagda, com riquezas para nossas vidas. Abençoado Senhor da Abundância, que nossos Caldeirões nunca fiquem vazios. Que assim seja.

Bastão de Prata #2:

Da cidade gélida de Falias com céus de estrelas prateadas, conjuramos assim a Pedra de Fail, que os poderes da Terra se elevem. Por Dana, a Senhora da Terra, o poder preenche esta circunferência arredondada. Que assim seja.

As duas Altas Sacerdotisas carregando os Bastões prateados ficam no Oeste. Elas formam um arco com seus Bastões. A Alta Sacerdotisa e o Alto Sacerdote que presidem a cerimônia tomam seus lugares no lado Leste do arco. O Alto Sacerdote vestindo as máscaras do Cisne Branco e do Cervo fica voltado para o Norte, e a Alta Sacerdotisa usando as máscaras do Cisne Negro e da Corsa Branca fica voltada para o Sul.

Alto Sacerdote:

Grande Deusa, você tem sido o deleite de cada colina das fadas. Você tem sido a amada de todas as boas terras. Você tem sido um salmão pintado em um lago repleto, concedendo-nos sabedoria. Você tem sido uma astuta raposa vermelha na floresta dourada, raramente vista. Senhora brilhante, fale conosco.

Cisne Negro:

Eu fui um cisne negro com asas de ébano e olhos de azeviche.

Alta Sacerdotisa (invocando):

Grande Deus, você tem sido o poder da luz do sol aquecendo nossas almas. Você tem sido a chama do Solstício de Verão em volta do qual dançamos. Você tem sido um dragão perante os anfitriões, no início do ataque, levando-nos à vitória. Você tem sido um leão dourado com um hálito tão doce quanto o feno do verão. Senhor brilhante, fale conosco.

Cisne Branco:

Fui um cisne branco com asas de marfim e olhos de safira.

Alto Sacerdote e Alta Sacerdotisa (com os braços erguido) dizem juntos:

Pelo casal sagrado que existia antes da aurora dos tempos e existirá até o crepúsculo, como Cisnes unidos, transcendam os Planos Terrestres enquanto giramos a Roda do Verão ao Inverno, da Luz à Escuridão. Transcendam e sejam transformados pelo ramo prateado de Avalon, o arco da eternidade.

O Alto Sacerdote e a Alta Sacerdotisa passam pelo arco, enquanto os portadores dos ramos tocam os sinos agitando suavemente os Bastões. Enquanto eles passam pelo arco, o Cisne Negro muda de máscara para a Corsa Branca e o Cisne Branco muda de máscara para o Cervo.

Alto Sacerdote:

Do Cisne Negro à Corsa Branca e do Cisne Branco ao Cervo Negro, você muda de forma, assumindo seus disfarces de inverno!

Alta Sacerdotisa:

Senhor das Trevas, você é um lobo de olhos amarelos da grande Floresta, vigilante observador e protetor. Você é um carneiro barbudo que é poupado pela faca, para que a vida do rebanho continue. Grande Deus, fale conosco nesta noite sagrada.

Cervo:

Eu sou o Cervo negro do escuro Inverno, com chifres de prata.

Alto Sacerdote:

Dama Sombria, você é uma foca malhada brincando nas ondas do Mar do Inverno. Você é uma mãe coruja em um carvalho frio e oco com memórias de dias mais quentes. Grande Deusa, fale conosco nesta noite sagrada!

Corsa Branca:

Eu sou a Corsa Branca da floresta gelada. Minha presença é um presságio de boa sorte. Veja-me e seja abençoado.

As máscaras são removidas.

Alto Sacerdote e Alta Sacerdotisa:

Nesta noite de Samhain, fim do verão, saudamos o inverno sabendo muito bem que no brilhante Beltane nos despediremos. Com este pensamento em mente, sejamos alegres, apesar do crescente frio. Da morte para a vida e da vida para a morte a roda está sempre girando.

Os sinos são tocados nove vezes para a Anciã, e um feitiço de projeção é lido.

Canção: Vocês, Bruxos, ouçam as boas novas. Agora os fogos do Samhain estão ardendo. Venham dar a volta em solo sagrado. A Roda do Sabbat está girando. Liberte seus espíritos. Sejam abençoados. Pela Terra, Ar, Água e Fogo. Que ninguém tenha medo de quem entrar aqui, mas tenham seus desejos realizados.

O Alto Sacerdote aquece a lâmina do Athame na chama do Caldeirão, elevando o Cone de Poder. Ele mergulha a lâmina no Cálice realizando o Grande Rito simbólico.

Alto Sacerdote:

Assim como o Cálice é para a lâmina, como lança é para o Graal, como homem é para a mulher, que sua união traga bem-aventurança, amor, harmonia e fecundidade. Que assim seja.

Os bolos do Sabbat são abençoados e compartilhados pelos participantes. Enquanto conversam, a Alta Sacerdotisa solta as moedas e segura o Pentáculo de altar com a mão direita e caminha em sentido anti-horário, primeiro para o Norte, depois para Oeste, Sul e Leste.

Ramo de Prata #2:

Pelos poderes do Norte, Pedra de Fail, nós o libertamos para sua bela e nativa cidade de Falias. Vá agora em amizade e em paz como você veio, mas lembre-se de voltar quando o chamarmos. Vá agora, não ferindo ninguém em seu caminho. Em nome de Dana, nós o saudamos, Siga em paz.

Ramo de Prata# 1:

Pelos poderes do Oeste, Caldeirão de Dagda, nós o libertamos para sua bela cidade natal de Murias. Vá agora em amizade e em paz como você veio, mas lembre-se de retornar quando o chamarmos novamente. Vá agora, não prejudicando ninguém em seu caminho. Em nome de Dagda, nós o saudamos, Siga em paz.

Corsa Branca:

Pelos poderes do Sul, Lança de Lugh, da cidade iluminada por tochas de Findias, nós o liberamos. Vá agora em amizade e em paz, como você veio, mas lembre-se de voltar quando o chamarmos novamente. Em nome de Lugh, nós o saudamos, Siga em paz.

Cervo:

Pelos poderes do leste, a Espada de Nuada, Cidade do Amanhecer Brilhante, nós o liberamos para sua bela cidade de Gorias em amizade e em paz, como você veio, mas lembre-se de retornar quando o chamarmos novamente. Vá agora, não prejudicando ninguém em seu caminho. Em nome de Nuada, nós o saudamos, Siga em paz.

ERVAS MÁGICAS

As ervas melhoram muitos aspectos de nossa vida; seus usos variam de medicinais e decorativas a temperos e aromas. Embora seja louvável que finalmente tenhamos caído em si em meio ao redescobrimento do "renascimento das ervas" e muitas de suas virtudes, é surpreendente para mim que tenhamos praticamente esquecido ou descartado o potencial mágico dessas plantas notáveis.

Como tudo no Universo, as ervas têm uma aura, uma carga invisível de energia que irradia de dentro para fora. Este campo de energia interage com a energia luminosa emitida pelos planetas do nosso sistema solar. Dizemos que uma erva é "governada" por um determinado planeta, ou planetas, cuja energia luminosa está contida na erva. As Bruxas sabem como usar a energia de uma erva para fins mágicos.

Antes de usar ervas, é importante carregá-las em um Círculo Mágico ou segurá-las em sua mão, entrando em estado alfa de consciência (veja pág. 245) e visualizando o que você quer que a erva faça. Como as ervas possuem auras, elas interagem com as auras de outras substâncias. Ao carregar a erva, você causa ou acelera sua interação, aumentando assim sua potência e facilitando sua intenção mágica. As ervas carregadas não só funcionam melhor em poções, filtros e misturas, como também, se forem comestíveis, têm um sabor especial! No Samhain, a energia do Sol está sendo atraída para a Terra. Usamos ervas regidas pelo Sol para trazer a força e o calor do Sol para nós, mas também usamos muitas ervas governadas pela Terra, para aterramento e estabilidade.

O alecrim ocupa uma posição de alta estima no Samhain. Em *Hamlet*, Shakespeare escreveu: *"Tem alecrim, isso é para lembrança"*. Como Samhain significa a lembrança de nossos ancestrais, usamos alecrim com frequência em nossas decorações de festivais, Magia das fadas e refeições. Em tempos passados, os buquês de noiva sempre incluíam alecrim para lembrar a moça do lar amoroso que ela estava deixando. E o noivo usava para lembrá-lo de ser fiel. Alecrim é colocado nos caixões em ritos fúnebres como gesto de recordação. No Samhain, às vezes, trançamos alecrim em nossos cabelos para lembrança e proteção.

As sementes de verbasco também aparecem com destaque durante a época do Samhain. Usado para acender tochas, o verbasco é um grão que também pode nos alimentar bem. As Bruxas usam sementes de verbasco em filtros e óleos de Samhain como uma projeção de abundância. A seguir está uma lista de ervas, sementes, plantas ou flores que funcionam bem durante as festividades de Samhain:

Absinto	Folha de louro
Agulhas de pinheiro	Folha de maçã
Alecrim	Flor de maracujá
Alho	Ginseng selvagem
Amêndoa	Pétalas e sementes de girassol
Arruda	Raiz de mandrágora
Avelã	Sálvia
Calêndula	Sementes de abóbora
Cones de cicuta	Sementes de verbasco
Cogumelos	Sementes de nabo
Estragão	Urtiga

As bolotas também têm uma variedade de usos durante o Samhain. As Bruxas no Samhain às vezes dão bolotas umas às outras como presentes. Durante o Tempo das Fogueiras, dar uma bolota a alguém era um meio secreto de dizer a essa pessoa que você era uma Bruxa. Além de fortalecer sua Magia, as bolotas são símbolos de proteção, fertilidade, crescimento e amizade, valores que abraçamos de coração diante dos longos e frios meses de inverno à frente. As bolotas são os "frutos" do carvalho, uma das muitas árvores que os antigos celtas consideravam sagradas (ver pág. 250). Qualquer Magia pode ser realizada fazendo-se um pedido à uma árvore. Simplesmente lance seu Círculo Mágico e peça, em nome da árvore, seja o que for que você procura. As bolotas também são usadas em muitos filtros, óleos e incensos de Samhain.

FILTROS, INCENSOS E ÓLEOS

Um filtro pode ser uma mistura de ervas secas ou uma mistura de plantas, pedras ou penas – ou seja, qualquer coisa que você tenha carregado com uma missão mágica e possa ser levado com você em uma pequena bolsa mágica. O incenso é uma mistura de ingredientes usando uma goma ou resina aromática como base e deve ser queimado. As Bruxas usam incenso em rituais para purificar o ar ou para liberar certas energias no ar e na luz. Os óleos são usados em rituais para ungir velas e podem ser usados como perfume mágico ou como ingredientes em um feitiço ou filtro. Usar sua imaginação para experimentar ingredientes transporta você para uma terra fantástica de misturas únicas e resultados surpreendentes. Uma pitada de sal marinho, duas partes de óleo de bolota de carvalho, pelo de lobo! Preparar uma bebida ou mistura para criar um filtro, incenso ou óleo enche a pessoa com uma antecipação infantil do que será. Viver por Magia, como as crianças, é excitante.

No Samhain, há uma vantagem extra ou expectativa no ar que contribui com as aventuras que você encontrará na cozinha. O vento carrega a Magia com ele e o ar fresco e as nuvens limpas do outono fazem parecer que tudo é possível quando se trata de criatividade.

A seguir estão algumas das minhas misturas favoritas de Samhain, mas estas são apenas sugestões. Não tenha medo de adicionar um pouco mais ou menos disso ou daquilo para criar suas próprias misturas fantásticas.

Óleo de Carvalho Sagrado

1 bolota
1 pitada de sal marinho
Óleo de folhas de carvalho trituradas (ou óleo de girassol)

Misture os ingredientes e cozinhe em fogo baixo em uma panela esmaltada. Retire do fogo e deixe esfriar. Coloque a mistura em uma pequena garrafa ou tigela que será usada apenas para carregar e ungir os itens, como velas, por exemplo, em seu Círculo Mágico. Para carregar o próprio óleo, traga-o para o seu Círculo Mágico ou Espaço Sagrado.

Óleo de Proteção

1 colher de chá de pedaços quebrados de raiz de mandrágora
1 pouco de óleo de olíbano e mirra
1 pouco[1] de óleo patchouli
3 colheres de sopa cheias de sal grosso

Filtro de Macha

Agulhas de pinheiro
Alecrim
Cogumelos
Folhas de maçã
Pétalas de girassol
Sálvia

No Samhain, Macha aparece no aspecto Anciã da Deusa Tríplice. Seu animal totêmico é o Corvo. Carregue este filtro em uma bolsa mágica na cor laranja ou preta e amarre uma pena de corvo se quiser representá-la. Adicione 3 gotas de Óleo de Carvalho Sagrado para ligar os ingredientes do filtro.

Incenso de Samhain

Misture uma colher de sopa de cada um dos seguintes ingredientes:

2 gotas de óleo de olíbano ou mirra
Calêndula
Estragão
Folha de louro
Sálvia
Um pouco de folha de carvalho
Urtiga

---

[1] N.T.: o original "*dram*" não é uma medida exata. É uma virada do frasco.

Coloque todos os ingredientes em uma tigela apenas para ser usado para fins mágicos. Olíbano (ou mirra) é uma resina usada para ligar os ingredientes e reter o aroma. Queime em um Turíbulo com um carvão de acendimento instantâneo.

Óleo de Macha

1 medida de óleo de pinho
1 pena de corvo
1 pouco de óleo de cicuta
2 cogumelos secos
7 ml de óleo de semente de uva

Carregue todos os ingredientes em um Círculo ou Espaço Sagrado. Misture os óleos e os cogumelos. Para chamar Macha, mergulhe a pena de corvo na mistura de óleo três vezes.

PEDRAS MÁGICAS

As pedras são provas perfeitas de que as ferramentas da Magia estão ao nosso redor. Pedras são forças da natureza encontradas em seu próprio quintal. Gemas, cristais, metais ou quaisquer pedras nativas de sua área possuem poder e energia mágicos que as Bruxas acham especialmente úteis no Samhain.

Muitas vezes usamos obsidiana-negra em rituais e feitiços de Samhain. A obsidiana-negra é um catalisador para o que eu chamo de "Magia instantânea". É uma pedra com o poder de fazer as coisas mudarem em qualquer direção, do bom para o ruim, por exemplo, ou do caos para a clareza. No Samhain, primeiro neutralizamos a energia da pedra e depois a recarregamos para causar apenas uma mudança positiva. As Bruxas costumam usar joias pretas e douradas para este festival.

O preto, um composto de todas as cores do espectro, retém a luz e aquece. Podemos usar joias feitas de azeviche, obsidiana ou quartzo-fumê. No entanto, nunca usamos ônix-preto, porque o ônix dispersa sua energia. Apenas os capricornianos podem lidar com o poder mágico que vem de usar ônix. O cristal de quartzo transparente é usado em cada festival na Roda do Ano para fortalecer e aprimorar sua Magia.

Pedras, metais, cristais e gemas para Samhain incluem:

Aço	Hematita
Âmbar	Mármore
Arenito	Obsidiana
Azeviche	Ônix (somente para capricórnio)
Bronze	Ouro
Diamante	Pirita
Ferro	Quartzo claro
Granada	Quartzo-fumê
Granito	Rubi

Qualquer um deles pode ser usado como um amuleto para proteção ou para atrair a energia do Sol ou os aspectos estabilizadores da Terra.

 FEITIÇOS MÁGICOS

Feitiços são orações que as Bruxas enviam ao Universo para efetuar mudanças benéficas. São projeções mentais que falamos, escrevemos ou pensamos. Em meu próprio Coven, escrevemos nossos feitiços, pensamos neles e os lemos em voz alta antes de realmente lançá-los em um Círculo Mágico. Formular seu feitiço corretamente é importante. As palavras são instrumentos poderosos em si mesmas. Na forma de um feitiço, lançadas no cenário mágico de um Círculo de Bruxa, elas exercem uma força inefável. Antes de lançar um feitiço, certifique-se de saber o que está pedindo, porque uma vez que pedir, você receberá. Eu escrevo feitiços em pergaminho ou folhas soltas, sem linhas e sem encadernações, de 10 a 15 cm de tamanho. Use papel reciclado para tudo, exceto para escrever feitiços, porque o que foi escrito lá antes entrará em conflito com o feitiço que você está escrevendo. Qualquer feitiço pode ser lançado usando três ingredientes ou ervas. Quanto mais ingredientes você usar, porém, mais poderosas serão as energias levantadas.

Os feitiços também são formas que as Bruxas usam para se proteger através da Magia. Não há dúvida de que dano, sofrimento, tristeza e luta existem no mundo, mas as Bruxas assumem a responsabilidade por sua própria segurança. Rejeitamos a crença de que nossas vidas são determinadas pelo destino ou forças do mal além de nossa compreensão. Tampouco acreditamos que nossa sorte na vida seja a retribuição por alguma má ação que possamos ter cometido em uma vida passada. As Bruxas sabem se defender sem causar danos aos outros. Acima de tudo, todos nós temos que viver com o que criamos. Nós, Bruxas, acreditamos que qualquer feitiço que lançamos ao Universo volta para nós três vezes; portanto, emoções como ganância, ciúme, inveja ou vingança são contraproducentes na Magia. Em vez disso, praticamos uma "resistência ativa" em vez de usar a Magia para causar dano. Lançamos feitiços de proteção e sabemos como neutralizar o dano. Após cada feitiço, pedimos *"que seja correto e para o bem de todos"*. Acima de tudo, o Credo das Bruxas afirma: *"Sem a ninguém prejudicar, faça o que desejar."*

Lançar feitiços de proteção e neutralizar danos podem ser praticados em qualquer época da Roda do Ano, mas Samhain, a metade sombria do ano, geralmente é um bom momento para reforçar sua confiança e segurança.

Feitiço de Proteção de Samhain

Você vai precisar de:

1 Cálice
1 caneta preta
1 carvão de acendimento instantâneo
1 fita laranja (1 m de comprimento)
1 fita preta (1 m de comprimento)
1 pena de cisne ou pena de corvo
1 Pentagrama
1 pequena garrafa com tampa ou rolha
1 pote de cinzas
1 quadrado de 10 cm de papel
1 saquinho preto ou quadrado de 10 cm de tecido preto

1 Turíbulo
1 vela branca
1 vela preta
33 cm de cordão preto ou corda
Foto de um cervo
Incenso de Samhain (ver pág. 36)
Óleo de Proteção (ver pág. 36)
Pelo de lobo (de quando o lobo troca de pelo)

Use uma túnica preta e um Pentáculo. Unja-se com óleo de proteção antes de montar o altar. Defina o altar no estilo Samhain, adicionando os elementos listados acima. Fique de frente para o altar de modo que fique voltado para o Norte. Depois de ungir o Bastão com Óleo de Proteção, lance o Círculo com o Bastão três vezes no sentido horário. Diga:

> ESTE CÍRCULO VAI ME PROTEGER DE TODAS AS ENERGIAS E FORÇAS POSITIVAS E NEGATIVAS QUE POSSAM ME FAZER MAL. QUE ASSIM SEJA. EU LANÇO UM ANEL DE TERRA, UM DE AR, UM DE ÁGUA, UM DE FOGO E UM DE CRISTAL.

Em seu terceiro olho mágico, visualize cinco anéis ao redor de seu Círculo. Dê um passo à frente ou sente-se em frente ao seu altar, levante as mãos para o céu e diga:

> EU CONJURO ESTE ESPAÇO SAGRADO COM A MAIS PERFEITA E EQUILIBRADA ENERGIA DO COSMOS. PEÇO QUE ESTEJAM CORRETAS PARA TODOS NESTE CÍRCULO. QUE ASSIM SEJA.

Unja as velas com Óleo de Proteção e Incenso de Samhain. Toque na vela preta e diga:

> EU INVOCO NESTE CÍRCULO O DEUS E A DEUSA. ABENÇOADOS SEJAM OS ANTIGOS. VENHAM E FIQUEM COMIGO PARA LANÇAR ESTE FEITIÇO.

Toque na vela branca e diga:

> EU CONSAGRO ESTA VELA PARA ENVIAR AO COSMOS MEU FEITIÇO PARA CONTECER – SOMENTE SE – AGRADAR O DEUS E A DEUSA. QUE ASSIM SEJA.

Acenda as duas velas, unja sua faca ritual com uma gota de Óleo de Proteção (apenas uma gota!). Erga a faca ritual para o céu sobre o Cálice com água e diga:

Assim como o Cálice é para a lâmina, como a lança é para o Graal, como o homem é para a mulher, que sua união traga bem-aventurança.

Em seguida, coloque a faca ritual no Cálice e mexa-o três vezes, dizendo:

Consagro este Cálice com o poder da Deusa e do Deus. Que assim seja.

Levante o Cálice e beba a energia da Deusa e do Deus. Sinta a água fria e o poder mágico correr dentro de seu corpo. Visualize a Deusa e o Deus de pé à sua esquerda e direita, suas auras misturadas com a sua.

Acenda o carvão e coloque o Incenso de Samhain sobre ele. Pegue sua caneta e escreva:

Peço aos Deuses e Deusas que protejam a mim, a minha família, meu Coven, animais, lar e amigos de qualquer pensamento, ações ou atitudes malignas de outros. Peço que todos sejamos colocados em seu escudo de proteção. Que assim seja. Peço que isso seja correto e para o bem de todos.

Coloque mais incenso sobre o carvão e incense o feitiço passando o papel pela fumaça do incenso. Abra o pote de cinzas. Queime o feitiço, tocando-o na vela preta e depois na branca. Coloque-o no pote de cinzas para queimar. Quando as chamas se apagarem, levante as mãos para enviar o feitiço ao Cosmos.

Segure todos os outros objetos em suas mãos e consagre-os para proteção. Em seu saquinho mágico, coloque o pelo do lobo, o Incenso de Samhain, uma gota de Óleo de Proteção e o cristal. Quando seu feitiço terminar, você pode usar o saquinho ou pendurá-lo em sua casa, escritório ou carro. Consagre as fitas e use-as ou amarre-as em coisas que precisam de proteção. Amarre as penas no saquinho mágico ou nas fitas.

Desfaça o Círculo andando no sentido anti-horário e dizendo:

Este Círculo está aberto, mas não foi quebrado.

Feitiço de Samhain para o Ano Novo

Lance seu Círculo e diga:

Falo em nome de todos que participam, como Alta Sacerdotisa, soberana de meu tempo e Espaço Mágicos. Peço à Deusa e ao Deus que me concedam um Ano Novo brilhante e próspero, a sabedoria de meus ancestrais e meu passado para serem usados de maneira correta, que meu espírito se encha de gratidão à Nossa Senhora e Senhor, que eu cure a mim mesma, ao mundo, e todos nele, sejam grandes ou pequenos. Que a Mãe Terra seja curada, o ar limpo, a água pura e a Terra rica. Peço clareza e harmonia para todos. Que assim seja.

Samhain marca a conclusão da terceira e última colheita na Roda do Ano – "a colheita da carne". Nos tempos antigos, nesta noite, os animais com melhor chance de sobreviver ao inverno eram cercados e alojados em paliçadas. Os demais eram abatidos. O que não era comido na festa de Samhain era guardado – seco, curado ou defumado para uso posterior durante os meses mais frios.

Para as tribos antigas, matar e comer um animal não era de forma alguma um ato sem sentido ou gratuito. Na rara ocasião em que tinham que abater um animal, eles o colocavam sobre um altar e, com uma grande cerimônia e um ritual solene, davam graças à Deusa e ao Deus por trocar vida por vida. Rejeito a ideia de que os celtas praticassem sacrifícios de animais – muito menos de humanos – em tais reuniões, da maneira que muitos textos modernos propõem. A chamada evidência traz consigo muita especulação sobre uma época tão distante que o tempo que conhecemos não existia. Muita ênfase é colocada neste aspecto da história celta em uma tentativa, acredito, de opositores e fanáticos religiosos pintarem um retrato unidimensional das Bruxas como malfeitoras.

Hoje honramos a sabedoria celta em considerar a vida animal como sagrada, representando o poder do espírito animal em nossos altares e reconhecendo, principalmente durante as festas, a supremacia da compaixão. Damos graças à Deusa – nossa Mãe, a Terra – por sua generosidade, e por percebermos que a carne, peixe ou ave que estamos prestes a desfrutar já teve um corpo e um espírito.

🍁 COMIDAS DO FESTIVAL

A tradição da Wicca abraça um princípio de cuidado que exige que nos comportemos de maneira compassiva com todos os outros seres vivos.

Samhain oferece alguns dos aromas mais deliciosos e convidativos de todos os festivais Pagãos. De pães de abóbora e tortas de maçã à carne de porco assada e sopa de galinha, a Festa de Samhain para Morrighan é um ingresso cobiçado na cidade de Salem, por suas qualidades nutritivas, curativas e encantadas. Certo ano, decoramos um grande salão com o esplendor da Terra das Fadas com cristais, fitas e cestas de frutas e milho. Uma peça central gigante de musgo e teias de aranha enfeitava nossas longas mesas de jantar e uma harpista celta enchia o ar com belas músicas.

Faça uma decoração para o jantar de Samhain usando cores de outono e ervas, pedras, frutas e vegetais comumente encontrados em sua área nesta época do ano.

Aqui estão algumas sugestões sobre o que servir em uma refeição Samhain.

Banquete de Morrighan

- Cidra quente com especiarias
- Pão de abóbora
- Sopa de frango na moranga à la Cabot
- Porco assado com alecrim e hortelã
- Batatas vermelhas assadas no forno com maçãs
- Biscoitos de Sabbat da Roda do Ano, por Candy Kelly

Cidra Quente com Especiarias

2 paus de canela
3 ou 4 cravos-da-índia
4 ou 5 xícaras de cidra de maçã

Em uma panela grande, aqueça a cidra, mas não ferva. Sirva em um Caldeirão grande.

Pão de Abóbora

¾ copo de água
1 ½ colher de chá de sal
1 colher de chá noz-moscada
1 xícara de manteiga ou margarina derretida, levemente salgada
1 xícara de nozes picadas
1 xícara de passas
2 ¼ xícaras de açúcar
2 colheres de chá de bicarbonato de sódio
2 colheres de chá de canela
2 xícaras de abóbora, enlatada ou cozida
3 ⅔ xícaras de farinha
4 ovos

Misture bem a abóbora, a manteiga, a água e os ovos. Adicione a farinha, o açúcar, o sal, a noz-moscada, a canela e o bicarbonato de sódio. Em seguida, adicione as passas e as nozes. Forme o pão em formas untadas e enfarinhadas. Asse a 180º C por 1 hora ou até que o topo esteja dourado.

Sopa de Frango na Moranga à la Cabot

Antes de preparar a sopa, corte quatro abóboras do tamanho de um quarto e uma abóbora grande de três quartos para usar como tigelas e terrina de sopa. Leve à geladeira até que a sopa esteja pronta para ser servida.

Para fazer a sopa:

½ colher de chá sal
1 dente alho
1 litro de caldo de galinha
2 cebolas grandes, picadas
2 cenouras grandes
2 pitadas de estragão seco
2 xícaras de abóbora amassada
2 a 4 talos de aipo, bem picados
4 peitos de frango desossados e sem pele, em cubos

SAMHAIN

Adicione todos os ingredientes, exceto as ervas e o sal, à panela. Cozinhe lentamente por 30 minutos, depois adicione as ervas e o sal. Deixe cozinhar por cerca de mais 1 hora lentamente, ou até que o frango esteja macio. Despeje a sopa cuidadosamente na terrina de abóbora e nas tigelas quando estiver pronto para servir.

Porco Assado com Alecrim e Hortelã

A carne de porco era considerada uma fonte sagrada de nutrição para os celtas. Certas partes do porco eram oferecidas em festas para homenagear aqueles que se saíam bem na batalha e na liderança.

1 dente de alho, cortado em lascas finas
Lombo de porco assado
Raminhos de alecrim frescos cortados em comprimentos de 5 cm
Raminhos de hortelã fresca (reserve 4 folhas para decorar)

Pré-aqueça o forno a 230º C. Faça pequenos cortes sobre a carne de porco e insira as lascas de alho. Esfregue bem com alguns ramos de alecrim e hortelã. Coloque em uma grade, com a gordura para cima e leve ao forno, reduzindo o calor para 180º C. Asse descoberto, calculando 35 minutos para cada 500 g. Perto do final, adicione alguns raminhos extras de alecrim e hortelã, tomando cuidado para não queimar as ervas. Recolha o caldo e a gordura para reduzir e coar. Mantenha aquecido e sirva em uma molheira.

Batatas Vermelhas Assadas no Forno com Maçãs

2 colheres de sopa de óleo
6 a 8 batatas vermelhas
6 a 8 maçãs

Com as batatas já cozidas, esfregue-as com as cascas no óleo e coloque na assadeira ao lado das maçãs. Asse a 180º C por 30 minutos.

Biscoitos de Sabbat da Roda do Ano, por Candy Kelly

Esta é a receita que usamos para fazer os biscoitos solicitados em todos os nossos rituais de Sabbat da Roda do Ano.

¼ xícara de óleo
½ xícara de manteiga
1 colher de fermento em pó e sal
1 xícara de açúcar
1/4 xícara de banha
1½ colher de sopa de mel
2 colheres de sopa de aveia
2 ovos
2½ a 3 xícaras de farinha
Extrato de baunilha e de amêndoa, canela, vinho branco (1 colher de chá de cada)

Misture a manteiga e a gordura e derreta. Adicione açúcar, ovos, mel, baunilha, vinho, canela e amêndoa. Em uma tigela separada, misture o fermento, o sal, a farinha e a aveia. Combine ingredientes secos com molhados. Refrigere por 1 hora. Abra a massa em uma tábua enfarinhada. Corte com cortador de biscoito em forma de crescente ou enrole a massa em bolas e carimbe em forma de estrela com carimbo de biscoito. Coloque sobre uma forma de *cookie* não untada. Asse a 180º C por 6 a 8 minutos ou até dourar.

ATIVIDADES ANTIGAS

Há tantas tradições memoráveis associadas à diversão moderna do Dia das Bruxas – esculpir lanternas de abóbora de *Jack-o'-lantern*, fazer fantasias para pegar maçãs, brincadeira de gostosuras ou travessuras – que começaram como práticas Pagãs. As Bruxas se fantasiam no Samhain, mas não com vestimentas assustadoras. Samhain é o nosso Ano Novo. Na nossa Tradição, vestimos trajes que refletem o que esperamos ou desejamos para o próximo ano. A prática de cortar rostos ou símbolos em abóboras ou cabaças também é uma tradição da Bruxa. *Jack-o'-lantern*, como ficaram conhecidas essas abóboras, eram um meio prático de iluminar o caminho no escuro e manter os animais da floresta afastados. A seguir estão alguns outros costumes das Bruxas, preciosos e consagrados pelo tempo, que ampliarão seu escopo de diversão neste festival.

Fazendo uma Corda de Bruxa

O significado e as origens do nó celta são tão entrelaçados e misteriosos quanto os próprios nós. A Corda de Bruxa é um excelente exemplo de nó celta. Ela pode ser tão simples quanto três fios trançados juntos ou tão intrincada quanto o mais elaborado nó celta. Existem livros de padrões de nós celtas que podem ser adquiridos em livrarias especializadas em mitologia e história celta ou através de fontes de suprimentos por correspondência de Bruxas.

As Cordas de Bruxa são lindas e dão belos presentes ou enfeites de casa. No Samhain, a Corda de Bruxa deve se tornar uma expressão do que se deseja ou espera para o próximo ano. Para fazer uma Corda simples, você vai precisar de três fios de fita preta, branca e dourada ou cordões de seda, cada um com cerca de um metro de comprimento. Dobre uma extremidade para baixo, cerca de 10 cm e amarre em um nó, fazendo um laço para que a corda possa ser pendurada em uma porta ou parede. Trance os três fios juntos, recitando coisas que você espera trazer para o futuro. Em seguida, dê um nó. Faça pelo menos três nós na cauda. Na corda, pendure ervas, poções e um pedaço de madeira mágica. Um saquinho mágico ou filtro contendo pelo de lobo deve sempre ser incluído na Corda de Bruxa para Samhain, porque o pelo de lobo serve para proteção, mas deve ser sempre de um animal vivo e livre. Isso pode ser obtido em lojas de suprimentos para Bruxas ou em reservas de animais que mantêm lobos (consulte Fontes). Mas seja criativo. Use sua imaginação. Pendure um talismã, talvez, ou um brinco do qual você perdeu o par, ou uma lembrança de um ente querido. Todos os cordões ou nós celtas são pequenos feitiços lançados no Universo, então, qualquer coisa que tenha algum significado para você pode ser apropriada para acrescentar.

Encontrando um Bastão

Samhain é um bom momento para procurar um Bastão Mágico. O ar está fresco e claro, mas ainda não está tão frio que não podemos nos aventurar a céu aberto. Havia muitos tipos de madeira que os celtas consideravam sagradas ou mágicas. Estas incluem carvalho, azevinho, freixo, sorveira, bétula, aveleira, olmo, espinheiro e salgueiro. Embora qualquer uma delas possa ser usada como Bastão, a madeira de avelã é a mais popular. A avelã tem um forte poder mágico, ela representa toda a sabedoria. Qualquer madeira que tenha sido atingida por um raio é infinitamente mais desejável e poderosa para um Bastão. A madeira atingida por um raio contém uma carga elétrica que pode realmente ser sentida ao tocar nela. As folhas geralmente permanecem vivas em um galho atingido por raio, mesmo que ele tenha sido cortado. Tenho os ramos dos carvalhos vivos mais antigos da Inglaterra, dados a mim por um arquidruida que faleceu há muito tempo. Eles são de carvalhos druídicos, *gog* e *magog*, ou macho e fêmea. Suas folhas ainda estão verdes e eu as tenho há mais de dez anos. Quando encontrar seu Bastão e cortar o galho, você deve agradecer à árvore, às fadas, à Deusa e ao Deus por seu presente. Durante esta época do ano, não deixe o galho tocar o chão, para que suas energias e poderes não retornem à Terra.

Fazendo velas

As Bruxas sabem quão rapidamente as coisas brilhantes podem se transformar em escuridão. A aparente chama modesta de uma vela tem grande importância em nossa Magia. Em qual outro lugar na Natureza a matéria física se transforma primeiro em pura chama e depois em luz de forma tão simples? Como os humanos, as velas têm presença física e espiritual. Nos tempos antigos, eram geralmente feitas durante a "colheita da carne", no Samhain, quando havia gordura para ser usada como sebo. Eu costumo fazer minhas próprias velas perto do Samhain. No verão, em Lughnasadh, uso cera de abelha para selar frascos usados para enlatar frutas frescas, vegetais e ervas para o inverno.

Para fazer uma vela, você vai precisar de parafina ou cera de abelha, uma caixa de leite vazia de qualquer tamanho que escolher, um lápis, um pavio ou pedaço de barbante e um giz de cera de qualquer cor que goste. Em banho-maria, derreta a cera lentamente em fogo muito baixo. Adicione o giz de cera e derreta. Enquanto a cera e o giz de cera estão derretendo, amarre o pavio ou barbante no centro do lápis e suspenda na boca quadrada aberta da caixa de leite. Quando a cera estiver derretida, despeje-a lenta e cuidadosamente no molde da caixa de leite. (É uma boa ideia colocar a caixa de leite em uma panela para conter qualquer coisa que possa pingar.) Quando a cera estiver endurecida, rasgue a caixa. Você pode tornar sua vela mais interessante e mágica adicionando um ou dois cristais, uma pequena pitada de uma erva ou folha de sua planta favorita ou um pequeno feitiço escrito em pergaminho. Para fazer isso, despeje a cera na altura de um quarto da caixa. Em seguida, adicione suas ervas ou cristais ou feitiços, colocando-os suavemente nas bordas usando outro lápis. Despeje um pouco mais de cera e adicione outro cristal, erva ou feitiço em miniatura e assim por diante, até encher a caixa. Se quiser dar uma aparência de renda à vela, despeje a cera sobre alguns cubos de gelo no fundo da caixa, antes de adicionar seus itens mágicos.

MAGIA DAS FADAS

Para os antigos celtas, o Mundo das Fadas ou *sidhe* (pronuncia-se "*she*") era um lugar real, um Outromundo mágico ou tempo fora do tempo, composto por uma raça de pessoas talentosas. Todos os celtas têm sangue de fada até hoje. Esses seres moram nas Planícies das Fadas ou no topo das colinas e muitas vezes os encontramos em junções sagradas, geralmente lugares mágicos na Terra que são na verdade costuras entre os mundos.

O Povo das Fadas era originalmente nossos Deuses e Deusas. Eles são os eternos Tuatha de Danann, ou "Filhos de Dana", a Mãe de todos nós. Com o tempo, à medida que as Bruxas foram sendo perseguidas e a Antiga Religião humilhada e degradada, nossas Deusas e Deuses sagrados foram reduzidos em status para se tornarem "fadas" ou considerados seres míticos e supersticiosos muito parecidos com a "Sininho" de Hollywood. Embora muitos usem a palavra "fada" de maneira depreciativa até hoje, as Bruxas mudam seu significado e a usam orgulhosamente como um emblema de integridade, força e Magia. Como W. Y. Evans-Wentz afirma em seu livro *The Fairy Faith in Celtic Countries*: "*São apenas os homens que temem a maldição dos cristãos; o povo das fadas não a considera*".

Durante cada festival da Roda do Ano, devemos fazer a "Magia das Fadas", ou seja, fazer algo para receber mensagens psiquicamente. Tente ver o que você puder. Tente descobrir o que foi e o que será. A Magia das Fadas é divertida e intrigante.

Vivemos na era da informação. No Samhain, é importante lembrar que muita informação faz afundar o barco da admiração e da surpresa. Samhain, acima de tudo, é um momento para construir em sua imaginação. Sinta em seus próprios ossos o que é imaginar e fazer de conta. Tudo o que fazemos no Samhain apela para um senso de mistério e Magia. Como Albert Einstein escreveu uma vez: "*A mais bela experiência que podemos ter é o misterioso. É a emoção fundamental que está no berço de toda arte e ciência verdadeiras.*" Os Wiccanianos têm sabido, por incontáveis séculos, que isso é verdadeiro. Somente quando virmos o mundo como um lugar misterioso, estranho e mágico teremos interesse sobre aquilo que o faz funcionar, mover-se e respirar. O encantamento de Samhain acende o fogo da ciência com uma dose saudável de admiração e surpresa. Não se engane: nesta noite, a Magia está no ar.

A adivinhação é uma atividade favorita no Samhain. A comunicação entre os vivos e os mortos é mais favorecida neste momento, por isso muitas vezes nos indagamos sobre nosso futuro, buscando respostas para as perguntas que estão por vir. Há muitas maneiras divertidas de tomar parte na adivinhação que foram transmitidas ao longo dos tempos e entre os mundos. Por exemplo, descasque uma maçã e jogue a casca sobre o ombro esquerdo. Qualquer que seja a forma de letra que a pele formar, diz que é a inicial da pessoa com quem você vai se casar. Outra diz que se você assar duas nozes no fogo e elas queimarem silenciosamente, logo estará casado. Vidência, ou perscrutar no espelho, é outra maneira favorita de as Bruxas determinarem o futuro.

SAMHAIN

O Espelho Mágico

Ver seu próprio reflexo em um espelho em estado meditativo é como olhar através de uma porta para o Mundo das Fadas. O espelho pode ser de mão ou de parede. Um espelho usado para vidência deve ser usado apenas para esse propósito. Abaixe as luzes, acenda uma ou duas velas e faça a contagem regressiva para *alfa* ou use o gatilho *alfa instantâneo*, cruzando os dedos (ver o Apêndice). Veja o que conseguir. Você também pode vestir um espelho para vidência em Samhain, ornando-o com penas de corvo ou colando pedras usadas neste Sabbat ao redor de sua borda. Pode também fazer seu próprio espelho. Compre um quadrado de vidro e cole-o em um pedaço de papelão preto. Decore o espelho colando uma Corda de Bruxa laranja e preta ao redor da borda, adicionando pedras como quartzo-fumê ou pirita e penas de corvo, ou um saquinho mágico de pelos de lobo. Coloque seu espelho em um suporte de prato para facilitar a observação. Cubra-o com veludo preto para que ninguém mais olhe para ele. O espelho mágico apela ao mais profundo senso de mistério e Magia de Samhain. Divirta-se com isso, seja curioso e esteja disposto a ser surpreendido.

Bolo de Aisling

Assar encantos de adivinhação em bolos ou pães é uma antiga tradição celta que costumava fazer parte de todos os festivais de Samhain. Eu chamo os meus de *Bolos de Aisling*, porque *Aislings* são fadas que nos trazem o que pedimos. Lave e esfregue os itens a serem colocados dentro do bolo. Normalmente eu não os cozinho junto, mas coloco-os mais tarde, cobrindo-os com glacê por cima do bolo ou dentro das camadas. Assar os itens às vezes pode arruiná-los e arruinar seu bolo. Um grande osso de peru, seja a coxa ou o osso pesado da asa, é essencial para qualquer bom *Bolo de Aisling*. O osso do peru significa que você terá que olhar para o passado para ver o seu futuro. Em outras palavras, terá que procurar um sinal de seus ancestrais. Outros itens que uso incluem uma moeda para riqueza; um anel para casamento; uma bonequinha para o nascimento ou um cristal.

AISLING! AISLING!
PEQUENA AMIGA, PODEROSA E ANTIGA
TRAGA PARA MIM A FORTUNA PROMETIDA!

Por volta de 22 de dezembro no Hemisfério Norte
Por volta de 21 de junho no Hemisfério Sul

A temporada de Yule nos oferece uma oportunidade ideal para refletir sobre o antigo mito galês de "Bran, o Abençoado", um conto vívido e compassivo que incorpora os valores Wiccanianos de doação, luz e renascimento. A história de Bran é de responsabilidade real e grande sacrifício pessoal, conciliação e amor de um rei por seu povo e pela terra. Na mitologia celta, um rei ou herói é considerado protetor ou campeão da terra. Se ele não cumprir suas obrigações com a Deusa, a Mãe Terra, a própria terra se volta contra ele. O mito de Bran é uma história sobre como ser um bom rei.

A irmã de Bran, Branwen, é a Deusa da Terra e, como tal, ela é a razão de ser de Bran. Como Rei das Fadas e Guardião do Caldeirão do Renascimento, Bran está comprometido com seu papel de campeão da causa dela. O Caldeirão do Renascimento, originário da Irlanda, tem o poder de trazer guerreiros mortos de volta à vida e é um símbolo da lei e do poder da terra. Na história, Branwen se casa com Matholwch, o rei da Irlanda, a fim de formar um vínculo entre a Grã-Bretanha e a Irlanda. O irmão de Branwen, no entanto, fica chateado com o casamento e mata todos os cavalos de Matholwch. Bran substitui os cavalos, mas Matholwch não fica nada satisfeito. Para curar a ruptura, Bran também deve dar a Matholwch o Caldeirão do Renascimento. Apesar de um presente tão generoso, Matholwch ainda não se satisfaz. Ele maltrata tanto a irmã de Bran que ele decide marchar para a Irlanda no intuito de salvá-la. Para evitar sua chegada, Matholwch queima a ponte que atravessa o rio Shannon. Mas Bran se transforma em um gigante e age como sua própria ponte, carregando seus homens em seus enormes ombros pelo mar. Assim, encontramos na história de Bran o importante ditado, que serve de lição para todos os futuros líderes: *"Aquele que quer ser chefe, que faça uma ponte para si mesmo".*

Sem o Caldeirão do Renascimento, as forças de Bran são derrotadas e ele é ferido. Bran ordena sua própria decapitação e, enquanto seus homens transportam sua cabeça para ser enterrada na Torre Branca de Londres, ele ensina ao seu povo tudo o que aprendeu com o Caldeirão do Renascimento da Deusa, passando sua sabedoria para todas as gerações futuras. Esta imagem da cabeça de Bran é um dos muitos exemplos encontrados na mitologia celta e na Bruxaria sobre o crânio como símbolo de poder e sabedoria. O crânio não é algo a ser temido. As Bruxas modernas muitas vezes usam uma caveira como joia, simbolizando a casa do cérebro.

O Solstício de Inverno marca um ponto de dramática transformação natural na Terra. Este é simultaneamente um momento de equilíbrio e mudança. Em sua jornada pelo céu, o Sol, em Yule, está em seu ponto mais ao sudeste, sobre o Trópico de Capricórnio no Hemisfério Norte e sem movimento aparente para o Norte ou para o Sul. O Solstício de Inverno marca a noite mais longa e o dia mais curto do ano. Deste ponto em diante, o Sol nasce cada vez mais cedo, acrescentando um pouco mais de sua luz e calor aos dias frios e silenciosos do Inverno a cada dia. No Yule nós honramos a Deusa, a Mãe Terra, por dar à luz ao Sol mais uma vez. Assim como ela atrai a luz dentro de seu ventre durante a época mais escura do ano, do Samhain ao Yule, ela também cria a luz no Solstício de Inverno.

Com cada movimento da Roda, as Bruxas percebem as mudanças naturais na Terra como um panteão de divindades intrigantes e apaixonadas. No Yule, os dois temas do Deus, morte e renascimento, coincidem. O Rei do Azevinho, retentor da luz, que simboliza a morte e as trevas desde o Samhain, é derrotado pelo renascimento do Rei do Carvalho, que simboliza a vida. O azevinho e o carvalho são duas das muitas árvores sagradas para os celtas (ver pág. 250). No ritual de Yule, é tarefa da Sacerdotisa, invocando a Deusa no Círculo Mágico, dar luz ao Sol. A Deusa guarda o eterno retorno da vida que testemunhamos e experimentamos em todas as estações da Terra. Ela é sempre Donzela, Mãe e Anciã. Ao cuidar e nutrir a Deusa, cuidamos e nutrimos a nós mesmos.

Yule é uma boa época do ano para pensar sobre o que aprendemos com o mito de Bran. Este é um momento mágico na roda que está sempre girando: como na história de Bran, este momento está repleto de coração e paixão, leveza e gravidade, esperança e realismo. As cores parecem mais brilhantes em Yule; memórias mais nítidas, mais doces, quentes e sombrias, quando começamos a ver novamente com os olhos de uma criança nossos sonhos e imagens nas chamas. Com calor e brilho, o coração vermelho do fogo de inverno nos recebe nas noites frias de abetos farfalhantes e cercas cobertas de neve. Este é o momento em que refletimos sobre o espírito humano invencível que a história de Branwen e Bran representa. Buscamos a sacralidade do todo, a unidade de tudo no Universo. Sentimos uma tremenda fome de alma.

Acredito que o Yule, mais do que qualquer outro momento na Roda do Ano, é indicativo da unidade da Wicca. A beleza da Antiga Religião é que ela reconhece a natureza interconectada de toda a existência. O objetivo da Wicca não é invadir os centros sagrados de nossa herança desmascarando outras fés, mas compreender, nutrir e desfrutar o relacionamento especial que conecta nossos festivais modernos às nossas tradições antigas e ainda vitais. Enquanto acredito que não seja possível ser uma Bruxa católica, tanto quanto ser um batista budista, a Bruxaria respeita todas as fés. Você, no entanto, não é uma Bruxa até que participe de uma Tradição de Bruxaria e a adote como sua religião. Muitas pessoas são de diferentes religiões, porém se dedicam ao estudo da Bruxaria. Especialmente em torno de Yule, desejamos valorizar o melhor de tudo o que temos e buscar e reconhecer o que é de grande valor nos outros. Yule é um despertar e uma gratidão por nosso conhecimento e conexão com a Roda do Ano.

Magia Arbitrária

Muitas pessoas querem Magia em suas vidas, mas têm medo até de fazer pedidos. Quando olho para a religião moderna hoje, infelizmente fica claro para mim que em algum lugar ao longo do caminho a prática da religião em geral passou de algo que estava ao alcance das pessoas para algo inalcançável. Na Bruxaria, todos são capazes de falar e de se comunicar com os Deuses e Deusas. Não há hierarquia e não tem nenhuma pessoa agindo como um elo ou ponte entre você e sua divindade. Acredito que quando as pessoas abrem mão desse controle, seja livremente, seja pela força, elas estão sendo roubadas de sua espiritualidade. Praticar a Arte é se afastar da solidão e da separação e retornar à paz e a integração consigo mesmo e com o Planeta. Acredito que, em questões de religião, suas escolhas interpretativas são e devem ser uma questão totalmente pessoal. Magia arbitrária é sobre tomar conta da própria vida. Trata-se de ser capaz de desenvolver e usar as habilidades psíquicas com as quais cada um de nós nascemos, para trabalhar em nosso benefício. Claro, com o poder da Magia vem uma grande responsabilidade. As tribos antigas não tinham medo disso. Conforme o ataque insidioso à religião da Bruxaria cresceu, as pessoas foram perseguidas por terem essas habilidades. Elas foram culpadas por serem capazes de se transformarem em outras formas. Deusas e Deuses foram humilhados e fizeram com que eles parecessem malignos até diminuírem em status e se tornarem o povo das fadas. Com isso, muitos de nós ficaram sem religião alguma. Em Salem, as pessoas vêm a mim o tempo todo, de todo o mundo, para me dizer que falta algo em suas vidas. Elas se sentem desesperadas e desconectadas. São curiosas em vez de praticantes. Suas vidas são obsoletas. Elas se sentem fora de controle, mas não sabem ao certo por quê. Sentem exatamente a mesma sensação como se algo tivesse sido roubado. Magia arbitrária é sobre recuperar o que foi roubado.

MAGIA DA TERRA

O ritual de Yule é uma experiência calorosamente memorável e enriquecedora que nos ajuda a reconectar à nossa essência espiritual e à afirmação da vida que este festival mágico traz. No ritual, nosso Círculo Mágico é um Espaço Sagrado, onde criamos um mundo entre mundos, um lugar onde somente nós governamos. Em Yule, em nossa mente podemos querer viajar para a terra da Rainha da Neve e do Rei de Yule. Podemos imaginar flocos de neve polvilhando o chão como diamantes brilhando nas encostas e prados. Podemos querer descansar dentro do grande salão do palácio da nossa mente, onde há uma enorme lareira quente para desfrutarmos. O ritual de Yule é uma parceria de empoderamento que respira com o vento como o fogo, uma odisseia às alturas da alegria e maravilha espiritual. Nós nos reunimos no Yule para renovar, celebrar e ver através de olhos inocentes.

Preparações

O altar em Yule é semelhante a um sonho acordado no Mundo das Fadas. Enfeitado com folhas verdes brilhantes e bagas vermelhas escarlates de azevinho e hera e cristais prateados e cones dourados de luz de vela que espalham um brilho suave, tornando-se estranhamente poderoso e luminoso. Contemplando as chamas e os modestos fios de fumaça do fogo, é de se admirar as transformações que o fogo pode produzir. Para montar o altar de Yule, além das velas pretas e brancas padrão, acrescente uma vela de cada nas cores verde, vermelha, prata e dourada, que são os tons do Sol de Inverno, representando a flora, o fogo, o Sol e a Lua, respectivamente. Cubra o altar com um pano vermelho e enfeite com pinhas, galhos verdes e visco. Para o ritual a seguir, você também vai precisar de um Pentáculo de altar, um Turíbulo, Incenso do Solstício de Inverno, Óleo de Yule (consulte a página 66 para ambas as receitas), carvão, um anel de ouro, um Cálice cheio com água de nascente e uma lâmina ritual. Também trazemos duas Toras de Yule, uma do ano anterior e outra para o ano seguinte.

O que vestir

A Alta Sacerdotisa em Yule usa vestes clássicas em vermelho, verde ou preto. Nossos mantos para o Solstício de Inverno são de veludo vermelho, enfeitado em verde escuro e bainhadas com sinos dourados. Um capuz enorme e comprido com um sino dourado é pendurado nas costas. No Círculo Mágico nomeamos um Rei do Azevinho, que usa uma capa vermelha e uma coroa de partes iguais de folhas de carvalho e azevinho. Também nomeamos uma Rainha da Neve, que usa uma capa branca e uma coroa brilhante, e um Pai Inverno, que tem uma longa barba branca e usa um manto vermelho e uma coroa de bolotas de azevinho. Estas são posições de grande honra. Procuramos escolher jovens ou casais de nosso Coven que gostam de crianças, da Magia e da bondade que Yule traz.

O Ritual

Sempre espero ansiosamente pela reunião das Bruxas em Salem no Yule, em antecipação aos nossos ritos mágicos. Este é um momento para os risos e os maravilhosos sons e energia das crianças brincando, cantando e dançando. Nós, como comunidade, reunimo-nos para fazer ou comprar presentes que serão entregues pelo Pai Inverno. Nossas casas são decoradas e, se vamos a um salão, toda a comunidade se junta para ajudar a planejar e fazer a festa de Yule.

Durante o inverno, tendemos a fazer a maioria das coisas dentro de casa. Antes do ritual do Solstício de Inverno, sugiro encontrar um lugar para passear ou aproveitar o mundo exterior, talvez uma praia rochosa ou mesmo um parque ou jardim. Tente encontrar diferentes tipos de pássaros, animais e árvores e veja quais mensagens eles trazem. Ouça a música ao vento. Em Uma história que nos foi transmitida pelos antigos, Hearne, o Cervo de Sete Chifres e Deus da Floresta, ouve o regougar de uma raposa. É boa sorte, de acordo com a história, encontrar uma única raposa em uma noite de inverno, mas não é tão bom se deparar com várias. Ao saber disso, um de meus alunos, em uma noite fria de inverno, projetou encontrar uma raposa. Ele mora na cidade de Salem, onde as raposas não são vistas com frequência. Depois de projetar, ele dirigiu para casa. Quando saiu do carro, uma raposa vermelha estava parada no estacionamento, a poucos metros dele. Eles ficaram parados, olhando um para o outro com admiração, antes que a raposa vermelha corresse para a floresta além do estacionamento. Apesar do frio e da época "caseira" do inverno, é importante sair pelo menos em uma curta visita para ficar em contato com o seu entorno natural e perceber a notável mudança que está prestes a acontecer.

O propósito do rito do Solstício de Inverno é simples: garantir que a luz do Sol se fortaleça e continue nos trazendo luminosidade e calor. No rito do nosso Coven, temos um coro para cantar nossas canções da época de Yule e temos bolos do Sabbat suficientes para compartilhar com todos os presentes. Sabemos que girar a roda sempre dá certo e que as noites frias darão lugar a dias de verão mais longos. Este é um momento de grande alegria, paz e bondade aqui na Terra.

A Alta Sacerdotisa lança o Círculo. Ela carrega as velas douradas, prateadas, verdes, vermelhas, brancas e pretas.

Alta Sacerdotisa:

A semente dentro da Grande Mãe começa a crescer continuamente.

Ela acende todas as velas. Ao acender a vela preta, ela a unge com o Óleo de Yule e diz:

Esta vela atrairá para a Terra toda a generosidade e equilíbrio do Universo.

Ao acender a vela branca ela diz:

Esta vela enviará a luz do Deus ao mundo para trazer generosidade, equilíbrio e paz.

Ao acender a vela dourada ela diz:

Esta vela trará a luz do Sol.

Ao acender a vela prata ela diz:

Esta vela trará a luz da Lua para este Espaço Sagrado. Senhor e Senhora, renovai a luz mais uma vez.

Em seguida, ela acende o carvão, coloca o Incenso do Solstício de Inverno sobre ele e toca um pequeno sino das fadas nas quatro direções Norte, Sul, Leste, Oeste.

Ela abaixa o sino, pega o Pentáculo de altar com a mão esquerda e, mostrando-o ao Norte, diz:

Chamo para o meu Círculo o elemento Terra, o lobo prateado.

Apontando para o Leste ela diz:

Eu chamo o elemento Fogo, a raposa vermelha.[2]

Apontando para o Sul:

Eu chamo o elemento Ar, a grande coruja.

---

2. N.T.: na Tradição Cabot de Bruxaria o Fogo está relacionado com o ponto cardeal Leste e o Ar com o Sul, diferente do que ocorre na maioria das Tradições da Arte.

Apontando para o Oeste:

Eu chamo o elemento Água, o sábio salmão.

A Alta Sacerdotisa devolve o Pentáculo ao altar. Ela coloca a vela dourada e o castiçal em um Caldeirão. O anel de ouro é retirado do altar pelo Alto Sacerdote e colocado no dedo dela.

Todos cantam:

Gire o Feliz Encontro,
feliz encontro em boa medida,
Siga enquanto nos juntamos em uma dança.
Cante o feliz encontro,
feliz encontro no Círculo.
Venha, você pode participar da canção,
traga de volta a luz,
A luz sem fim,
através da escuridão da noite,
este chamado estamos enviando,
com todo nosso poder,
traga de volta a luz.

Traga de volta a luz,
nossos corações estão abertos,
na noite do solstício,
estamos invocando,
O senhor da vida,
traga de volta a luz, a luz

Refrão:

Rainha das estrelas,
rainha da lua,
rainha dos chifres e rainha do fogo,
senhor da vida, semente da luz,
chama que aquece a noite mais fria,
Rainha das estrelas, Rainha da Lua,
Rainha dos chifres e Rainha do fogo,
ouça a runa das Bruxas,
trabalhe nossa vontade como desejamos,
senhor da vida, semente de luz,
chama que aquece a noite mais fria,
traga a luz crescente,
esteja conosco na noite do solstício.

Traga de volta a luz,
a luz está descendo,
Em direção à Terra nesta noite,
luz sem fim
Em direção à Terra nesta noite,
traga de volta a luz.

YULE

Gire o feliz encontro,
o feliz encontro em boa medida.
Terra, Água, Fogo e Ar,
façam deste ano uma bênção.
A luz, a luz, a luz, a luz, a luz.

Então todos cantam:

O anel de ouro é o anel do sol,
sem fim e nunca quebrado.
O rei do carvalho dá lugar ao retorno do rei do azevinho,
sua morte e seu nascimento estão sempre a girar.
O anel de ouro é o anel do sol, sem fim e nunca quebrado.
A folha de azevinho pinica e pica,
a baga vermelha dá cor à sua testa,
o final do rei do azevinho é agora.
Verde é o fogo, vermelho é o frio,
preto para entrelaçar, branco para revelar,
a baga vermelha dá cor à sua testa,
o final do rei do azevinho é agora.
A folha de azevinho pica e pinica,
assim como o poder do anel de ouro.

Todos cantam:

Mãe Terra, Pai Sol, somos um,
Pai Sol, Mãe Terra, dão luz à vida.
Rainha da neve, Rainha da Terra,
as sementes da luz das estrelas dão à luz,
giram a roda e formam o anel,
o Sol retorna e ele é rei.
Mãe Terra, Pai Sol, somos um.

O Alto Sacerdote e a Alta Sacerdotisa erguem as mãos acima de suas cabeças e dizem juntos:

Nossa casa, a Terra, é adornada com azevinho e abeto verdes. Vermelho é a chama da lareira e a chama do Caldeirão. O inverno tocou as janelas de nosso palácio e o gelo brilha com a luz de nosso Espaço Sagrado. Damos graças à Grande Deusa Rainha e ao Rei do Azevinho. O Deus e a Deusa renovam o círculo da vida, da paixão e banham-se na essência unida da criação. Ó sagrados, plantem a semente da luz no ventre da Grande Mãe.

O Alto Sacerdote e a Alta Sacerdotisa de mãos dadas mergulham o dedo da Alta Sacerdotisa com o anel de ouro no Cálice com a água da nascente e dizem juntos:

Chama de vida que acende e ilumina o mundo, aqueça este longo e frio Yule.

Alto Sacerdote:

Rainha da vida, agradecemos por trazer o Sol recém-nascido.

Juntos, Sacerdote e Sacerdotisa seguram o Cálice. Cada um toma um gole da água carregada e depois colocam o Cálice no altar. Ambos tocam a nova Tora de Yule e a carregam magicamente para o fogo do próximo ano. Eles levantam seus braços para o céu e pedem em voz alta uma grande recompensa para abençoar a si mesmos, suas famílias, amigos, Covens e animais.

A Alta Sacerdotisa pega o Pentáculo de altar em sua mão direita e o mostra ao Norte e diz:

Eu dispenso o elemento Terra; eu honro o grande lobo.

Ela vira de frente para o Oeste e diz:

Eu dispenso o elemento Água; eu honro o sábio salmão.

Ela se volta para o Sul e diz:

Eu dispenso o elemento Ar; eu homenageio a grande coruja.

Virando para o Leste ela diz:

Eu dispenso o elemento Fogo; eu honro a raposa vermelha.

Os bolos do Sabbat são então consagrados e passados a todos os presentes. A Alta Sacerdotisa abre o Círculo e a alegria é abundante. O Sacerdote e a Sacerdotisa colocam a Tora de Yule do ano passado na lareira. Se você não tiver uma lareira, peça a um amigo para queimar o tronco em algum lugar seguro do lado de fora.

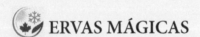

ERVAS MÁGICAS

As ervas de Yule podem fazer de uma casa de férias um lugar maravilhosamente vibrante e atmosférico, acrescentando beleza e dimensão ao significado do Solstício de Inverno. As plantas do sol, como o visco, o bálsamo e o abeto, e as ervas secas do verão, são predominantes nesta época do ano, porque contêm luz e calor. No Yule, quando as Bruxas decoram suas casas, elas o fazem da porta para dentro, convidando assim a luz a entrar. Enfeitamos as portas e as sancas com galhos sempre verdes, cachos de ervas secas de verão e Cordas de Bruxa em vermelhos, pretos, verdes e dourados. Nossos antigos ancestrais traziam um pinheiro para dentro a fim de garantir misticamente que houvesse luz durante todo o ano. O pinheiro retém a luz do sol, permanecendo verde o ano todo. Ele nos lembra que a vida está sempre presente e renovável.

Eu costumo ir com alguns amigos Bruxos a uma fazenda para cortar uma árvore, principalmente, porque sei que ela foi cultivada lá para esse propósito específico. Quando cortamos a árvore, realizamos um ritual. Agradecemos e deixamos presentes, podendo ser algumas ervas ou comida para os animais e pássaros, e fazemos uma muda para uma nova árvore a ser plantada em Beltane. Num certo ano, quando fomos para essa fazenda, estava um dia gelado, com muita neve no chão de uma tempestade anterior. A arborização ficava em um terreno preservado, próximo a um reservatório, um local de grande beleza natural. Enquanto estávamos ocupados com nosso ritual, um cervo com uma enorme galhada saiu da floresta para nos observar. Era Hearne, o Grande Cervo, dando as boas-vindas às Bruxas e aparentemente se certificando de que estávamos fazendo nosso trabalho direito. Ele apenas observou por um momento ou dois antes de correr para a floresta. Assim que a árvore foi cortada, nós a pegamos e o menor coelho que eu já vi – todo fofo em seu casaco de inverno – saltou de debaixo da árvore e foi na mesma direção do Cervo. Tivemos a sorte de fazer parte de um momento tão mágico.

O visco, que se enrola ao redor do poderoso carvalho, é sagrado para os celtas e deve sempre ser cortado com uma foice de ouro (na verdade, bronze ou latão). Esta erva cura tudo, suas raízes e folhas são usadas em uma variedade de tratamentos mágicos e medicinais e ela traz consigo uma sensação de calor, carinho e amor. Nunca coma as bagas; a lenda diz que quando o visco é ingerido, a pressão arterial diminui. Pendurar o visco no telhado ou no beiral protege sua casa de raios. A prática de beijar sob o visco é uma antiga tradição das Bruxas para garantir a centelha de luz entre masculino e feminino. O visco é um reforço para o amor e o romance e um símbolo de fertilidade.

A seguir está uma lista de algumas das ervas, plantas, flores e sementes mais comuns do Yule:

Abeto	Gaultéria
Agulhas de Pinheiro	Girassol
Azevinho	Hera
Bétula	Maçã desidratada
Camomila	Mirra
Canela	Noz moscada
Casca de avelã	Olíbano
Cinzas de uma Tora de Yule	Pinhas
Confrei	Salgueiro
Cravo-da-Índia	Sândalo
Folhas de Carvalho	Visco
Folhas de Maçã	

 FILTROS, INCENSOS E ÓLEOS

No momento do Solstício de Inverno, passado, presente e futuro estão lindamente sobrepostos, colidindo um com o outro. Este momento requintado de conexão, tanto terrestre quanto sobrenatural, é refletido na mistura de um filtro, incenso ou óleo. As auras carregadas dos ingredientes da época de Yule formam uma parceria vital e atemporal com um fogo interior que é liberado pelo calor e luz interna dos ingredientes. Misturado em um saquinho mágico, que foi energizado em um Círculo, o filtro pode ser carregado com você, pendurado acima de uma porta ou janela em uma Corda de Bruxa de Yule, ou colocado em uma tigela especial em uma mesa ou prateleira como um encantamento aromático com intenção mágica. Incenso e óleos podem ser queimados ou usados em feitiços de férias. Misturas de ervas também são ótimos presentes de Natal.

A seguir estão alguns exemplos dados como ponto de partida e que podem ser expandidos ou construídos para se adequarem ao seu propósito e personalidade. Lembre-se, todos os ingredientes devem ser carregados em Espaço Sagrado antes de serem misturados.

Filtro de Bran para Yule

Abeto
Agulhas de pinheiro
Bagas de azevinho esmagadas
Bálsamo
Canela
Confrei
Folhas de maçã ou casca de macieira
Ouro
Salgueiro
Visco seco

Misture os filtros em uma tigela especial e coloque-os em um saquinho mágico vermelho. Use olíbano, mirra, sândalo ou raiz de lírio como possíveis fixadores para reter o aroma. O ouro pode ser uma peça de joalheria – um anel, talvez, ou um brinco.

Incenso de Solstício de Inverno

Agulhas de pinheiro
Canela
Folha de maçã seca ou casca da macieira
Mirra
Olíbano

Misture todos os ingredientes. Faça o suficiente para usar durante o seu ritual e compartilhar com os outros. Coloque um pouco em uma pequena garrafa com uma rolha e amarre uma fita para dar de presente. Para carregá-lo, coloque-o em uma tigela em seu Espaço Mágico antes de usar no ritual.

Óleo de Yule

1 gota de óleo de almíscar
1 pau de canela
1 pouco de óleo de abeto
1 pouco de óleo de pinheiro
1 punhado de cravos-da-índia
17,5 ml de óleo de amêndoa
Pequenos pedaços de casca de macieira

Usando o óleo de amêndoas como base, misture todos os ingredientes em uma panela esmaltada e aqueça em fogo bem baixo. Coe e coloque em uma pequena garrafa com tampa ou rolha. O óleo de almíscar pode ser comprado em qualquer loja de suprimentos para Bruxas.

Óleo do Amor

Um pouco de óleo de laranja
Um pouco de óleo de jasmim
Um pouco de óleo de maçã
5 pétalas secas de rosa
5 sementes de coentro

Misture tudo em uma panela esmaltada em fogo muito baixo. Coe e coloque em uma pequena garrafa com tampa.

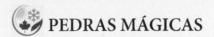 PEDRAS MÁGICAS

No inverno, os bosques escuros são iluminados com neve brilhante, que veste a terra como se fossem joias em cada árvore. Luzes brilhantes prateadas e brancas contam histórias luminosas de terras maravilhosas enquanto estamos de lábios azuis de tão gelados no ponto de virada do Sol. Pedras, gemas e cristais tornam-se nossos companheiros especiais no Yule, presenteando-nos com significado físico e espiritual. Cristais e gemas nos permitem ver muitas vezes sob uma nova luz. Eles podem ser usados para curar ou para nos trazer amor, proteção e prosperidade. Como geradoras de luz e eletricidade, as pedras ajudam a nos equilibrar com a energia e a luz da terra. Como as Bruxas sabem há séculos, embora os cientistas tenham descoberto apenas recentemente, o solo real da Terra respira, absorve oxigênio, exala. As pedras, embora objetos aparentemente inanimados, são nossos seres vivos, energizados, ferramentas mágicas que saltam e pulsam com vida.

A seguir está uma lista de pedras mágicas para ajudar a fortalecer nossa Magia durante a temporada de Yule:

Alexandrita   Kunzita
Azeviche   Quartzo claro
Citrino   Rubi
Diamante   Turmalina-verde
Granada

FEITIÇOS DE SOLSTÍCIO DE INVERNO

Quando compreendemos a relação com o mundo ao nosso redor, entendemos os ensinamentos das Deusas e Deuses e voltamos a um lugar de paz e integração com nosso Planeta, a Mãe Terra. Feitiços ajudam nosso corpo e mente alcançarem a harmonia. Muitas vezes, no Yule, estamos cheios de uma agitação e uma ânsia que são ao mesmo tempo excitantes e um pouco inquietantes. Tudo parece aberto a novas interpretações. Após o silêncio de uma neve recém-caída, o brilho do espaço parece se desdobrar infinitamente, a perspectiva resultante é de tirar o fôlego. Feitiços da época de Yule se esforçam para elevar seu espírito e dar uma sensação de equilíbrio, beleza e paz.

Toda a Temporada da Luz nos oferece a oportunidade de refletir sobre a ideia de que o prazer é algo que encontramos fora de nós mesmos, mas a felicidade é encontrada dentro. As respostas que buscamos devem incluir a possibilidade de uma realidade não percebida fisicamente.

Durante a temporada do Solstício de Inverno, muitas vezes faço uma caminhada noturna ao ar livre para aproveitar a neve recém-caída ou o ar vivo e fresco do inverno. É bom deitar e rolar na neve ou se sentar no chão frio por um minuto ou dois para refletir sobre esta época especial do ano. Quando eu era pequena, minha mãe levava uma tigela de neve para dentro de casa. Ela a adoçava com creme, açúcar e baunilha, e nós nos sentávamos em frente à lareira para comê-la. Meus gatos sentavam e esperavam que eu colocasse a tigela para que pudessem lambê-la. Foram momentos mágicos que compartilhamos, que eu nunca esquecerei. É triste pensar que meu neto não pode desfrutar de tal festa, porque nos dias de hoje nem sempre podemos comer neve ou beber a água da chuva. O Solstício de Inverno é um momento para focar nossa Magia em devolver a nós mesmos e ao nosso Planeta o seu equilíbrio natural.

Aqui estão algumas meditações que você pode fazer para ajudá-lo a se conectar ao seu ambiente natural, seguido por um feitiço de amor para ajudar a afastar a tristeza desse período invernal.

Meditação de Epona

Epona é uma Grande Deusa da Terra, que assume a forma de um cavalo branco veloz. Ela percorre grandes distâncias espirituais e ajuda a fortalecer nossa Magia. Esta meditação ajudará não apenas nos meses frios, mas possivelmente no final do ano, a levar você para fora do inverno e em direção a uma sensação de primavera.

Encontre um lugar confortável para se deitar. Conte para entrar em *alfa*. Na tela de sua mente, veja um antigo campo de seus ancestrais. Visualize uma estação fria, imagine um céu cinza-aço e veja a neve macia começando a cair silenciosamente no chão. Ao longe, em uma colina, aparece um cavalo branco. É Epona, a Deusa. Ela tornou sua presença conhecida. Chame-a até você. Em sua mente, diga o nome dela, "EPONA, EPONA", e observe enquanto ela galopa em sua direção. Veja-se montando nela. Segure sua crina branca e brilhante em suas mãos. Peça para levá-lo com ela em um passeio para o futuro, para lhe mostrar coisas que precisa saber sobre sua vida e o que está por vir. Ao andar com ela, sinta a neve macia em seu rosto e braços. Tome muito cuidado e diga a si mesmo que vai se lembrar de todas as coisas que vê e ouve em sua viagem para o futuro. Quando o passeio terminar, ela o levará de volta para onde está agora. Visualize-se saindo das costas dela, depois acene e agradeça. Diga:

AGRADEÇO-TE, EPONA, GRANDE DEUSA, LEMBRAR-ME-EI DE TUDO O QUE ME MOSTRASTE. TENTAREI ABRAÇAR AS COISAS CORRETAS QUE ESTÃO POR VIR E EVITAR AS COISAS ERRADAS EM MEU FUTURO.

Conte a partir do *alfa* e anote imediatamente em um livro ou bloco de notas tudo o que lembrar.

Meditação de Equilíbrio de Inverno

Esta meditação é para equilibrar sua natureza, espírito e vida física e ajudá-lo a ver e a sentir sua relação com seu totem divino do inverno. É importante ver como nossas necessidades mundanas se conectam com as necessidades da Mãe Terra. Precisamos de calor, fogo e sol, assim como o frio purificador. Estamos tão protegidos por nossa tecnologia moderna, que esquecemos que a Natureza muitas vezes nos fornece tudo o que precisamos se estivermos conscientes.

Sente-se de forma confortável, mas procure um lugar onde possa ver o frio do lado de fora por trás de uma janela quente. Desligue todos os telefones e fique o mais quieto possível por alguns minutos antes de iniciar a meditação. Conte para entrar em *alfa*. Visualize o Tor, uma torre em uma colina sagrada na forma espiral de importância mágica em Glastonbury, Inglaterra. Veja as colinas ondulantes e a antiga força da Natureza que existia nos tempos antigos. Veja um céu claro de inverno com nuvens brancas e cinzentas movendo-se sobre a colina sagrada. A neve macia e açucarada cai suavemente sobre você. Sinta-se caminhando pela trilha em espiral em direção ao topo do Tor. Enquanto caminha, os flocos de neve caem em seu rosto, nos seus cílios e na borda de seu manto com capuz. À sua frente, o Cervo, Hearne, o totem do Deus Cornífero de Inverno, espera no topo da grande colina. De pé majestosamente, ele observa seus passos. Ao chegar ao topo deste lugar mágico, tudo o que deve fazer é estender a mão e tocar o grande Cervo. Você pode ver em sua mente seu hálito quente congelado no ar. Seus fortes olhos castanhos olham para os seus. Coloque os braços em volta do pescoço dele e descanse a cabeça em seu dorso. Dê um passo para trás e agradeça a ele por sua força e amor. Diga adeus e observe-o enquanto ele salta para a base da colina e para os bosques antigos.

Olhe ao seu redor, esticando os braços, quase girando para observar o campo frio. Ao longe, no horizonte, você pode ver a fumaça subindo de uma lareira quente. É sua casa. A fumaça crescente o chama para casa enquanto a luz do dia diminui. Comece sua descida da colina sagrada. Você desce, quase correndo para a mesma floresta que abriga o Grande Cervo. Ao caminhar em direção ao seu castelo, veja novamente a fumaça e o brilho quente de uma lareira acolhedora. Caminhe para o grande salão. A neve derrete de suas roupas, mãos e rosto. Você é saudado pelo brilho vermelho dourado das chamas. Aproxime-se da lareira e aqueça as mãos e o coração. Agora volte para o lugar de onde começou – em sua própria cadeira na sua casa – e seja grato. Conte até *alfa*, beba uma xícara de chá quente e lembre-se do Cervo e de seu toque.

Sozinho com a Meditação de Inverno

Entre em *alfa*. Visualize-se nas antigas florestas de seus ancestrais no Solstício de Inverno. Você está nu e de pé no gelo e na neve, cercado por árvores estéreis e pela flora verde do inverno. Ao seu lado está um coelho com sua pele de inverno. Um lobo e sua parceira passam na sua frente. O Cervo e a Corsa pastam ao seu redor. Você começa a sentir o chão frio e a brisa gelada. O que você deve fazer para manter o calor do seu corpo e atrair o calor do Sol minguante para salvá-lo? Olhe ao redor da floresta enquanto procura um lugar de calor e abrigo. Sob uma árvore há um buraco cavado no chão com pontas de abeto secas ao redor. Você tem a ideia de encontrar uma árvore escavada. Você encontra o buraco e fica lá dentro por algum tempo, mas ainda está com frio, então começa a procurar uma rocha, caverna ou inclinação natural que possa abrigá-lo. Você começa a colher as pontas de abeto e ramos sempre verdes e os empilha alto e fundo e começa a enterrá-los, mas em seu abrigo você começa a chorar como um cachorrinho perdido. Fora da floresta vem a lebre coberta de peles. Ela se senta ao seu lado, aos seus pés. Em seguida, vêm dois lobos, um macho e uma fêmea. Eles vêm até você beijando seu rosto com suas línguas molhadas e ásperas e deitam-se um de cada lado seu. O Cervo e a Corça juntam-se à celebração reconfortante e aconchegam-se juntos no seu ninho protegido. Seu corpo começa a aquecer. À medida que a noite passa, a temperatura sobe e surge uma tempestade. Um raio atinge um galho de carvalho caído e o incendeia. Você corre e junta mais lenha para queimar e cerca o fogo com pedras, fazendo um círculo ao redor dele. Enquanto cuida do fogo de inverno, mexendo-o e mantendo-o aceso, você pega pedaços de casca e penas macias e começa a tecer partes de peles desfiadas, amarrando-as com tiras de casca e madeira, fazendo uma capa para vestir. Você se tornou o guardião da chama, e os animais da floresta vêm se aquecer, sabendo que este é o seu lugar na Natureza.

Feitiço de Amor de Inverno

O inverno pode ser uma estação solitária. Às vezes, em desespero, podemos dizer coisas cheias de drama e emoção. Nesta época, clamamos por amor. É bom e, às vezes, saudável extrair sentimentos e pensamentos reprimidos do seu sistema, mas também é importante neutralizá-los para que não causem danos a você ou aos outros. No feitiço seguinte desejamos ser amados, mas também pedimos que seja para o bem de todos. Você vai precisar de:

1 Bastão Mágico
1 cristal de quartzo
1 lua de papel prateado
1 pedaço de papel manteiga quadro (15 cm de cada lado)
1 Pentáculo de altar
1 pitada de pelo de lobo
1 saco mágico verde
1 saco mágico vermelho
1 tigela de porcelana branca
1 Turíbulo e carvão de acendimento instantâneo
1 vela branca, 1 vela preta e 1 vela vermelha,
3 estrelas de papel prateado
Alguns raminhos de visco e sempre-viva, e um galho de azevinho
Filtro de Yule de Bran (ver pág. 65)

Fósforos
Incenso de Solstício de Inverno (ver pág. 65)
Óleo do Amor (ver pág. 66)
Óleo de Yule (ver pág. 65)

Na noite anterior à lua cheia antes do Solstício, coloque seu altar voltado para o Leste. Arrume as velas preta e vermelha no lado esquerdo do Turíbulo e a branca no lado direito. Coloque alguns raminhos de azevinho, sempre-viva e alguns pelos de lobo ao redor da tigela de porcelana branca. Encha a tigela com neve fresca ou gelo do seu freezer. Coloque as estrelas e a lua no lado esquerdo do altar, o Pentáculo de altar à sua frente e os dois óleos à sua direita. Acenda seu carvão. Use uma túnica ou vestido vermelho, preto ou branco. Tire os sapatos e as meias para sentir o piso frio ou o chão.

Lance seu Círculo em deosil (no sentido horário) com seu Bastão Mágico, dizendo:

Círculo branco, Círculo perfeito, mostre sua luz, através da noite fria e de inverno.

Faça um segundo Círculo e diga:

Círculo vermelho, Círculo perfeito, mostre sua luz, anel perfeito de poder e brilho.

Faça um terceiro Círculo e diga:

Círculo preto, Círculo perfeito, mostre sua luz, traga para mim a alegria do meu coração.

Unja suas velas com Óleo do Solstício de Inverno e Óleo de Amor. Coloque incenso no carvão e escreva estas palavras em seu pergaminho:

A lua sombreia o falcão enquanto ele voa sobre as colinas cobertas de neve. A lua brilhante ilumina o pelo prateado do lobo, e o vento da noite carrega seu lamento. Poderia meu coração que grita ser ouvido tão claramente! A luz da lua deve tocar a minha semelhança em sua mente, amor e coração. Você é minha vida! Minha última razão de viver. Eu peço aos deuses e deusas que o meu desejo seja de seu agrado e correto para todos. Eu neutralizo qualquer coisa que seja prejudicial.

🍁 COMIDAS DO FESTIVAL

Na refeição da época de Yule, comida e gratidão pela abundância da Deusa Epona ocupam o centro das atenções. Epona, uma Deusa que costumo honrar em Yule, tem muitas associações com os símbolos reais dos cavalos, assim como suas contrapartes britânicas e galesas, Rhiannon e Cerridwen. Uma mistura mística e intrincada de ervas culinárias proporciona uma rica tapeçaria de aromas e sabores de dar água na boca para deleitar os sentidos. Como em todo Sabbat, em Yule, as Bruxas se tornam amantes e mestres do entretenimento. Mesa e área de jantar são definidas com o esplendor das fadas. Entre cristais mágicos e luz de velas, descobrimos novos prazeres e a satisfação abundante que vem dos presentes mágicos da Festa de Epona, a Deusa que se transforma em cavalo e cavalga todos os reinos, zelando pela generosidade de todos. Peru assado, abóbora, bolos e biscoitos nos enchem de bons sentimentos e pensamentos amigáveis. Uma vela fumegante de Yule nos chama para o interior, afastando a noite e aquecendo nossos espíritos, corpos e mentes. Não há melhor maneira de saborear o espírito da estação do que compartilhando sua casa e os presentes da natureza com a família e amigos queridos. As refeições da época de Yule são momentos mágicos e saborosos, que deixarão uma impressão duradoura em todos os participantes.

Seguem algumas sugestões do que servir em Yule. Tenha em mente ao preparar essas receitas, que as ervas secas são usadas em quantidades um pouco menores do que as frescas. Claro, todas as ervas devem ser carregadas em um Espaço Sagrado antes de serem cozidas.

Banquete de Epona

- Bebida Pagã
- Bolo Celta Mágico de frutas
- Peru assado com limão e recheado com ervas
- Abóbora de inverno
- Ensopado escocês
- Biscoitos do Sabbat de Yule, por Candy Kelly

Bebida Pagã

Para as maçãs assadas da bebida:

¾ xícara de água fervente
1 dúzia de maçãs
1 xícara de açúcar mascavo
2 colheres de sopa de açúcar refinado
3 colheres de sopa de canela
Manteiga ou margarina

Descasque as maçãs e coloque em uma assadeira 20 cm x 20 cm. Misture o açúcar mascavo e a canela, encha as maçãs com a mistura e unja o topo com manteiga. Adicione água fervente e açúcar à panela e leve ao forno a 180° C por 40 a 60 minutos.

Para a bebida:

½ colher de chá de especiarias
1 colher de café de noz-moscada ralada (para dar sorte)
1 pau de canela (a mesma coisa)
1 dúzia de ovos, separado
1 xícara de água
2 colheres de chá de gengibre (para evitar discussões)
2 copos de conhaque
4 garrafas de xerez
4 xícaras de açúcar
6 cravos-da-índia (para influenciar pessoas em altos cargos e para sorte)
6 pimentas-da-jamaica inteiras

Misture os 8 primeiros ingredientes em uma panela e ferva por 5 minutos. Bata as claras até ficarem firmes. Em uma tigela separada, bata as gemas. Misture as claras e as gemas. Coe a mistura de especiarias na mistura de ovos e mexa. Combine xerez e conhaque e junte na panela fervente. Aos poucos, adicione o licor à mistura de especiarias e ovos, mexendo o mais rápido que conseguir. Antes de servir, adicione as maçãs assadas ao líquido espumante. Sirva em um caldeirão grande.

Bolo Celta Mágico de Frutas

¼ xícara de cerejas cristalizadas ou vitrificadas
¼ xícara de mix de casca de frutas
½ xícara de açúcar
½ xícara de manteiga
¾ xícara de groselhas
¾ xícara de uvas
1 colher de chá de fermento em pó
1 xícara de farinha de trigo
2 colheres de sopa de amêndoas finamente moídas
3 ovos grandes
Amêndoas fatiadas
Raspas de casca de limão

Forre uma forma redonda de 17 cm com papel manteiga untado. Misture e peneire a farinha e o fermento e reserve. Acrescente as frutas e a casca, misture tudo e reserve. Em uma tigela separada, bata a manteiga e o açúcar juntos. Bata os ovos e adicione a mistura de farinha aos poucos. Misture as amêndoas moídas e a mistura de frutas e transforme em uma forma de bolo. Com uma colher de sopa, faça um leve mergulho no centro do bolo de frutas. Asse a 180º C por 2 horas e meia. Depois de meia hora de cozimento, polvilhe o topo com amêndoas fatiadas.

Peru Assado com Recheio de Ervas

2 limões
4 a 7 kg de Peru

Coloque o peito de peru virado para cima em uma grelha untada na assadeira. Esprema o suco de 2 limões dentro e fora do peru para derreter e infundir a energia do sol. Pré-aqueça o forno a 230º C. Asse a 180º C, regando frequentemente com pingos do sumo. Asse por cerca de 30 minutos para cada kg.

Para o recheio:
¼ colher de chá noz-moscada

¼ colher de chá sal marinho
¼ xícara de manteiga derretida ou azeite de oliva
1 a 2 ovos batidos
1 colher de chá de sálvia em pó
1 colher de chá estragão ou manjericão
1 pitada de pimenta preta moída na hora
1 pitada de tomilho
1 xícara de salsão bem picado
2 a 4 maçãs, bem picadas (opcional)
2 cebolas grandes, picadas (para pureza da mente, corpo e espírito)
2 xícaras de caldo de galinha, para umedecer
2 xícaras de cogumelos, picados (para aterrar e equilibrar)
6 xícaras de pão branco ou integral do dia anterior em cubos

Refogue os cogumelos e a cebola na manteiga ou azeite até dourar. Combine com pão, aipo e especiarias. Adicione maçãs, se desejar. Adicione os ovos. Refogue com o caldo de galinha. Recheie o peru antes de cozinhar, deixando espaço para a mistura inchar.

Abóbora de Inverno

A abóbora é da cor do sol – amarela ou laranja – e um prato perfeito para servir nas festividades do Solstício. Combinado com canela e gengibre, ervas regidas pelo Sol, o prato é infundido com uma energia mágica quente e positiva.

¼ colher de chá de sal
½ colher de chá de canela,
½ colher de chá de gengibre
3 colheres de chá de açúcar mascavo
3 colheres de sopa de manteiga ou margarina
3 ou 4 abóboras moranga, aprox. 1,5 kg cada
Creme de leite fresco aquecido, à gosto
Passas, nozes, salsa (opcional)

Descasque, corte e ferva a abóbora até ficar macia. Amasse ou bata bem com uma batedeira elétrica. Adicione manteiga, açúcar, sal, gengibre e canela e creme de leite até obter a consistência desejada. Decore com passas, nozes ou salsa, se desejar.

Ensopado Escocês

¼ xícara de caldo de carne
½ copo de água
½ kg de batatas, em fatias grossas
100 g de cebolas fatiadas finas
Sal e pimenta a gosto

Em uma frigideira funda de ferro fundido, coloque algumas gotas de óleo. Frite levemente as cebolas e acrescente as batatas. Tempere com sal e pimenta a gosto. Adicione água. Leve ao fogo e cozinhe por 1 hora, mexendo de vez em quando. Sirva quente.

Biscoitos Do Sabbat De Yule – Por Candy Kelly

Receita ideal para ser usada no Ritual do Solstício com os biscoitos de Sabbat que fizemos em Samhain. Ao fazer esses biscoitos, acenda velas vermelhas e verdes e unja com Óleo de Yule (consulte pág. 66).

½ copo de água quente
1 colher de chá de gengibre
1 colher de chá de sal
1 colher de chá de bicarbonato de sódio
1 ovo
1 xícara (chá) de manteiga ou margarina
1 xícara de açúcar
1 xícara de farinha branca
1 xícara de melaço aquecido
3 colheres de chá de canela
3 colheres de chá de cravo-da-índia
3 ou 4 xícaras de farinha branca

Junte manteiga e açúcar. Adicione o ovo. Bata bem. Adicione o melaço e a água e mexa novamente. Adicione 1 xícara de farinha, bicarbonato de sódio, sal e especiarias. Adicione o restante da farinha até a massa não ficar muito pegajosa. Resfrie durante a noite. Se embrulhado em papel filme, a massa deve durar um par de dias. Abra a massa em seções de ¼ polegada de espessura numa superfície enfarinhada. Corte os biscoitos em formas crescentes ou estrelas. Asse a 180º C por 8 minutos ou até que as bordas estejam douradas. (Opcional: corte os biscoitos em círculos e estrelas, colocando estrelas em cima dos círculos com uma clara de ovo. Asse a 180º C por 13 minutos.)

ATIVIDADES ANTIGAS

Yule, com todos os seus costumes Pagãos de acender velas nas árvores e exibir ramos de azevinho, hera e pinheiro em casa, compartilha uma relação íntima não apenas com o Natal, mas com toda a Temporada de Luz – Chanukah, Kwanzaa, La Posadas e Dia de Sta. Lúcia, entre outros. A sociedade muitas vezes ignora a grande contribuição das Bruxas para esta época do ano. Os cristãos trazem árvores para dentro de suas casas, acendem velas e dão presentes uns aos outros, sem saber realmente por que seguem tal comportamento socialmente aceito. O significado simbólico, espiritual, cultural, religioso e ecológico por trás de nossas atividades modernas de dias sagrados está diretamente ligado às nossas antigas origens Pagãs. A maioria das pessoas carrega momentos preciosos e memoráveis desta época, desde a infância até a idade adulta. Enquanto nos ocupamos com os preparativos do festival, algumas vezes nos perguntamos por que estamos ansiosos por esta temporada mágica? Tente imaginar uma época em que as noites das pessoas eram escuras e longas. O inverno é uma época tão estéril. E embora em nossa época colhamos diariamente os benefícios da eletricidade e dos elaborados sistemas de aquecimento, ainda precisamos e ansiamos por calor. Yule celebra as fogueiras celtas de antigamente trazidas para dentro de casa em função do frio.

A conexão entre o Yule e as práticas modernas do Natal atual é tão forte, que essas tradições antigas funcionam bem com os hábitos deste festival aos quais estamos acostumados. O Pai Inverno é uma antiga figura Pagã que muitos reconhecerão. Ele veste túnicas vermelhas enfeitadas com pele, tem barba branca e dá presentes às crianças. Antigamente ele dava frutas, plantas e ervas mágicas. Hoje nossa comunidade faz ou compra presentes para o Pai Inverno dar às crianças. As Bruxas queimam uma tora de Yule de carvalho, carregando magicamente outra em nosso Círculo Mágico, que será mantida em um Espaço Sagrado até o próximo inverno. Isso dá um lugar de destaque para o poderoso carvalho, garantindo combustível em caso de emergência. Os celtas também penduravam pequenas tigelas de vidro com velas dentro de suas árvores de Yule, chamadas de "luzes das fadas". Seus arcos luminosos requintados nos lembram de que não há linhas retas na Natureza, apenas a beleza esotérica da curva. Eu comprei e recebi muitas dessas bolas verdes de vidro para luzes sopradas artesanalmente no País de Gales. Embora, pessoalmente, eu me preocupe com o risco de incêndio, os galeses ainda as usam e vendem as velas que as acompanham para serem penduradas nas árvores. Dizem que as luzes das fadas agradam e atraem o seu povo e que cada luz na árvore representa a batida do coração de uma fada.

Não importa como escolhemos comemorar, o espírito Pagão aumenta e enriquece a época de Yule. A seguir estão algumas atividades Pagãs oferecidas com um toque fascinante:

Tora de Yule em Forma de Castiçal

A tora de Yule de carvalho é o símbolo do Sol recém-nascido. Além da tora que mantemos em um Espaço Sagrado até o Yule seguinte, às vezes fazemos um candelabro com outra tora de carvalho. Usando uma broca um pouco menor do que as velas que você pretende usar, faça furos no tronco com cerca de cinco centímetros de distância. Coloque em um suporte aninhado em galhos de sempre-vivas.

Você pode "vestir" sua tora com pinhas e fitas vermelhas e colocá-la do lado de fora se o vento não estiver soprando muito forte.

Guirlanda do Festival

A guirlanda é um símbolo não apenas da Roda do Ano, mas também do círculo da vida e da sabedoria do todo. Suas origens são Pagãs. Fazer uma guirlanda incentiva sua arte e nutre o orgulho do "feito por mim", que muitas vezes precisamos nessa época do ano. Em uma base de arame ou de galhos entrelaçados, prenda ramos de abeto, pinheiro, azevinho ou qualquer folha sempre verde de sua escolha. Decore a guirlanda da maneira mais simples ou elaborada que desejar. Amarre fitas vermelhas, prateadas ou douradas. Costumo amarrar uma fita para fazer uma estrela de cinco pontas no centro da minha guirlanda, transformando-a em um Pentáculo de Bruxa. Adicione recortes de luas em forma de crescente, estrelas e sol, saquinhos mágicos de ervas do festival ou raminhos de bolotas vermelhas de azevinho, pinhas e gaultérias. A guirlanda deve ser uma expressão de muitas coisas: sua personalidade, feitiços da época e desejos de proteção, saúde e crescimento espiritual.

Travesseiro dos Sonhos de Solstício

Muitas vezes, por volta de Yule, o ar está tão cheio de eletricidade e antecipação que muitos de nós acham difícil dormir. Bons sonhos são o lado doce da vida. Em nossos sonhos, pedimos ao Deus e à Deusa que nos concedam desejos e nos perguntamos o que o Pai Inverno vai nos dar de presente. É importante sonhar com coisas boas. Às vezes sonhamos com coisas materiais, outras vezes com crescimento espiritual e paz.

Podemos desejar um novo bebê ou um novo amor. Todas as intenções mágicas devem ser colocadas na mistura de travesseiros dos seus sonhos. A mistura a seguir usa ervas mágicas que melhoram o sono e que podem ser colocadas em sua mesinha de cabeceira em uma tigela especial ou costuradas em uma bolsa mágica e acomodadas dentro do travesseiro.

Artemísia
Camomila
Erva-de-gato
Lúpulo
Uma pitada de botões de rosa
Uma pitada de canela
Uma pitada de pontas de pinheiro

Usando artemísia como base, adicione apenas pequenas quantidades das outras ervas, para que o cheiro não fique muito forte. Use algodão vermelho e verde para embrulhar a mistura ou coloque todos os ingredientes em um saquinho mágico vermelho ou verde. Abra o travesseiro e coloque o saquinho dentro dele, para não sentir diretamente, depois costure-o de volta. Leve seu travesseiro para um Espaço Sagrado para carregá-lo magicamente para ter os sonhos corretos.

MAGIA DAS FADAS

Fadas vêm até nós no Yule em paz e amizade, suas vozes cheias de sonhos e augúrios fomentados por lembranças antigas. O Ramo Prateado é uma vívida imagem de inverno, um Bastão de Fada trazendo luz e som com os poderes das *sidhe* em seus sete sinos. Para fazer um Bastão Prateado, veja a página 26. Você também pode usar sinos prateados ou pendurá-los em uma árvore ou ramo especial, que pode se tornar um Bastão Prateado. As Bruxas entendem a natureza inseparável da luz e do som. À medida que a luz viaja, ela vibra. À medida que as forças vibram, elas emitem luz. Sinos são mensagens de luz e som enviadas a nós pelas fadas. Em Yule, os sinos soam suaves e claros, aparentemente com o poder de acalmar um coração dolorido ou fazer dobrar o carvalho endurecido. No rescaldo da celebração, a música dos sinos traz uma felicidade descomplicada. Ao honrar o Solstício de Inverno, outro elo é forjado na nova corrente que nos leva à próxima volta da Roda. Olhamos para o futuro em busca de confiança e segurança. Nós olhamos para as fadas para nos ajudar a encontrar o futuro. Durante todo o inverno esperamos pelos encantos das fadas – no Yule eles finalmente chegam.

O Jogo do Cristal do Desejo

Aqui está um jogo que costumamos fazer durante o ritual de Yule. Cada participante recebe um cristal embrulhado. Alguns são lindos cristais lapidados e outros pouco mais que sujeira! Toda vez que o Bastão Prateado toca, você entrega o pacote que estiver segurando para a próxima pessoa. Em outras palavras, você nunca sabe se está pegando um troll ou um cristal das fadas. Cada vez que trocar de pacote tem que fazer um desejo. Se você der o seu a contragosto, seu desejo provavelmente não se tornará realidade. Se o der com um bom coração, seu desejo provavelmente acontecerá. Mas o ponto do jogo é que não importa se o seu desejo se torna realidade ou não. É a arte de dar que traz coisas boas!

É sempre divertido e interessante ver como as pessoas reagem a este jogo, que foi concebido pelas fadas para nos ensinar a arte da doação. Nossos instintos são manter o que temos. Quando o sino toca, muitas pessoas não querem dar o cristal. Em um dos anos havia uma bela ametista no grupo. Eu podia ver os olhares de dor nos rostos das pessoas quando recebiam a pedra suja em vez da gema. Às vezes as pessoas são tão materialistas, que não conseguem aceitar algo menos que perfeito, mesmo em um pequeno cristal. O jogo pode trazer à luz o senso de ganância de uma pessoa, ou a falta de senso de doação. Ele às vezes ajuda a meditar sobre o motivo de ter recebido aquilo ou apenas sobre o ato de doar em geral. O que as fadas nos dizem com este jogo é que o prêmio, seja a gema, seja a pedra bruta, pertence a terra, e o significado desse presente só você pode decifrar. Após o ritual, o jogo continua com o anfitrião ou a anfitriã tocando o Bastão Prateado em momentos aleatórios durante a refeição de Yule, sinalizando para todos fazerem a troca.

1º de Fevereiro no Hemisfério Norte
1º de Agosto no Hemisfério Sul

 Há uma juventude e uma glória primaveril no festival de Imbolc que, à primeira vista, parece estar em descompasso com a face dura e amarga do inverno de fevereiro no Hemisfério Norte. No silêncio das manhãs de fevereiro, ainda acordamos com vidraças com bordas de geada e um ar tão puro e fino que corta o vento como cristal. Somos lembrados durante esta época do ano, que a geada está logo atrás da porta, e por isso nos contentamos com coisas domésticas e familiares.

 A Deusa continua a prosperar em sua fase Anciã em fevereiro, mas em Imbolc, as Bruxas honram a Deusa Tríplice Celta Brid (pronuncia-se *brídi*) em seu aspecto de solteira. (Ela também é às vezes chamada de Brigid, Brigit ou Bride). Como protetora e preservadora de toda memória e conhecimento, Brid compartilha muitas características com Dana, a Mãe de Todos os Deuses, cujas origens remontam aos primórdios da Terra. Brid é filha de Dagda, que conhecemos no Samhain, o "Bom Deus" que executa perfeitamente tudo o que tenta fazer. Brid é a mãe adotiva de tantas tradições vitais, que para mim ela fala também da Senhora Celta do Lago, cujos papéis são principalmente os de professora e instrutora de Magia. Brid capacita seus alunos com sabedoria e conhecimento para nutrir a terra, mantendo-a segura e produtiva, e para o bem de todos.

 Em cada ponto da Roda do Ano, a virgindade da Terra efetivamente se renova. Em cada festival celebramos esta renovação como a geração da luz do Sol. Em Imbolc, Brid é honrada em seu aspecto de donzela, mas ela é uma donzela grávida; pregnante da jovem semente do Sol. Como tal, Brid é a Deusa do fogo e da fertilidade. No Imbolc, que também é chamado de Festival das Luzes, Brid usa uma coroa radiante de velas. Ela é uma maravilhosa curadora, protetora e patrona da inspiração criativa. Até que sua luz nasça novamente em Beltane, Brid garante que a semente seja nutrida dentro de seu útero e que as fogueiras da casa continuem queimando nos últimos dias e noites de inverno.

Tanto é assim que, mesmo com as mãos frias de fevereiro ainda sobre nossos ombros no Hemisfério Norte, a promessa da primavera se inicia. Abaixo do solo fresco e incrustado de gelo, a vida está realmente começando de novo. As minúsculas folhas verdes e botões brancos em forma de sino de flocos de neve emergem fortes e ansiosos entre as rochas e a neve. Certas espécies de pássaros retornam em antecipação ao aumento da luz e do calor do Sol, e as constelações da primavera às vezes podem ser vistas no céu noturno. No Imbolc, as Bruxas preparam os grãos que guardamos das colheitas anteriores de verão e outono, para serem plantados em Beltane, em maio. Costumo começar a plantar mudas nesta época, que vão esverdear e aquecer meu jardim na primavera.

O inverno está chegando ao fim e, à medida que nos livramos da escuridão, também começamos a sentir e a flertar com um florescimento ou um desabrochar que vem de dentro. Ouvimos as vozes ocultas da Terra e, presos como estamos aos ritmos do Universo, ouvimos vozes escondidas no fundo de nós mesmos. Brid é guardiã não apenas da chama física, mas também da centelha da espiritualidade. Como Mãe de toda memória e preservadora de todo conhecimento, ela traz inteligência e sabedoria para nossos lamentos espirituais não elaborados. Por volta desta época do ano, muitas vezes reflito sobre a força e a promessa de alegria que Brid está me oferecendo. Sou grata pela crescente luz e calor do Sol e lembro-me da minha responsabilidade comigo mesma e com as pessoas da minha comunidade. Muitas vezes, durante a temporada de Imbolc, as Bruxas trazem comida e cobertores quentes para as cozinhas e abrigos locais. Imbolc é um momento para doar e compartilhar com os outros, pois Brid dá e compartilha sua luz encantada e fortalecedora.

WHICH WITCH IS WHICH? [3]
Esclarecendo a Origem da Palavra

Talvez nenhuma outra palavra na língua inglesa tenha sido pervertida tão descaradamente quanto *Witch*, ou seja, "Bruxa". Sua definição evoluiu ao longo de muitos séculos. O anglo-saxão *wicca* ou *wice* simplesmente se refere a um vidente masculino ou feminino ou a uma pessoa que pode descobrir informações usando Magia. *Wych* em saxão e *wice* em inglês arcaico significava "dobrar, girar ou moldar". A palavra raiz indo-europeia anterior *wic* ou *weik* significava a mesma coisa. A raiz germânica *wit* significa "saber". Não há outros significados originais conhecidos da palavra. Religiosos, antropólogos e sociólogos criticam com frequência o uso abrangente da palavra "Bruxa" em inglês, ou seja, "*Witch*". Esta palavra não descreve a Magia usada em nenhuma cultura além das tribos celtas e, portanto, tem sido usada de forma imprecisa em toda a academia por centenas de anos. A palavra simplesmente não existe em nenhuma outra cultura. Quando as pessoas se referem ao *vodu* ou ao satanismo como formas de Bruxaria, estão usando mal a palavra e de maneira tão depreciativa que acaba prejudicando outras.

Richard A. Horsley, Professor Adjunto de Religião da Universidade de Massachusetts, Boston, discute em seu excelente artigo, "*Who Were the Witches?*" (Quem foram as Bruxas?) no *Journal of Interdisciplinary History*, IX, 4 (Primavera, 1979), como as decisões tomadas nos julgamentos das Bruxas na Europa dos séculos 16 e 17 eram todas baseadas na lei da Igreja, ou canônica. A lei da Igreja definiu, no mínimo, a palavra "Bruxa" imprecisamente e não de acordo com o significado Pagão celta original oferecido anteriormente. Foi somente quando o sistema judiciário desenvolveu a filosofia de que as decisões deveriam ser tomadas com base em fatos e não em interpretações míticas ou eclesiásticas, que a palavra "Bruxa" começou a ver diminuídas suas conotações apavorantes ligadas ao seu significado original.

Muito antes do século 16, em decorrência do crescimento das hostilidades da sociedade patrifocal em torno das sociedades matrilineares

---

3. N.T.: trocadilho bastante recorrente em inglês entre as palavras *Witch* e *which*. A tradução literal seria "Qual Bruxa é qual?".

das tribos celtas, o povo céltico foi forçado a uma guerra organizada. Com o crescimento do Cristianismo, a cultura e a linguagem celta sofreram um destino horrível e, em muitos casos, danos irreversíveis. A palavra "Bruxa" foi pervertida para significar algo completamente alheio à sua forma de raiz original. É particularmente perturbador para mim quando a mídia ou certos indivíduos equiparam a Bruxaria ao Satanismo ou ao Diabo. Não há demônio ou Satanás em nossa religião. O Cristianismo trouxe seu Satanás com eles enquanto invadia as terras celtas. Os celtas nunca dividiram as coisas em preto e branco, bem e mal. Fazê-lo seria contra a Natureza.

A natureza é complexa e as pessoas possuem uma variedade de características e nuances de emoções e pensamentos. Bruxaria não tem nada a ver com satanismo. Nunca foi provado que a palavra "Bruxa" significasse nada mais do que "Fazedora de Magia". De fato, se uma Bruxa estivesse próxima a alguma coisa do Cristianismo, estaria mais para um anjo, não um demônio!

MAGIA DA TERRA

O significado e o alcance dos poderes de Brid não podem ser enfatizados o suficiente durante o Imbolc. A palavra "Imbolc" literalmente se traduz como "no leite". Nos tempos antigos, o leite de ovelhas era crucial para a sobrevivência de uma tribo no inverno. As ovelhas deveriam engravidar e dar à luz antes de serem capazes de lactar e produzir leite. Como Deusa da fertilidade, Brid preside ao nascimento das ovelhas recém-nascidas, que ocorre nessa época do ano.

No ritual, despejamos leite ou creme na terra, agradecendo-a e nutrindo-a, devolvendo, assim, a fertilidade e a generosidade que ela nos dá tão generosamente. Como parceiras e compartilhadoras do Universo, as Bruxas abraçaram a ideia por séculos – apenas recentemente adotada por ambientalistas e conservacionistas – de que a vida aqui na Terra é um arranjo intensamente recíproco. Como William Wordsworth escreveu uma vez (aparentemente inspirado por Brid, a Deusa dos poetas!): *"A natureza nunca traiu o coração que a amava"*. Devemos acabar com a prática insensível e prejudicial de tirar do nosso Planeta sem nunca devolver. Se você cortar uma árvore, agradeça e plante outra em seu lugar. Se colher da terra, reabasteça o solo. São ideias que vêm do senso comum da lei natural e da simples Magia do Universo. O ritual Imbolc simboliza a importância do compartilhamento e da comunidade e a crescente esperança a qual eu, particularmente, acredito existir para este mundo e o próximo. Embora estejamos fugindo e tentando nos esconder de suas mensagens há algum tempo, a Deusa nunca nos permitirá fugir totalmente da nossa responsabilidade para com ela. Também não acredito que seja um dos desejos ou objetivos da humanidade viver muito mais tempo em um mundo com água imprópria, ar irrespirável e solo não plantado. Compartilhamos uma relação inseparável com a Deusa; é impossível quebrar ou romper esse relacionamento, não importa o quanto a sociedade tente tão tolamente. O festival de Imbolc presta homenagem a esse vínculo e ao equilíbrio ideal que a Mãe Terra está oferecendo eternamente aos seus filhos.

Preparações

Por estarmos homenageando o retorno de Brid em seu aspecto de donzela, o branco, a cor da virgem, é a tonalidade predominante do altar de Imbolc. Velas brancas abundam nesta celebração e você deve trazer tantas quantas couberem em seu altar e em seu Espaço Sagrado. O sol está crescendo e os dias estão ficando mais longos. A luz das velas enfatiza essa estação de luz e calor crescentes. A toalha do altar é branca e o próprio altar deve ser adornado com flores brancas, se você as encontrar. Também honramos toda a triplicidade da Deusa em Imbolc. A Deusa Brid chega em seu aspecto de donzela, mas ela aparece, como todas as Deusas, sob os três auspícios de Donzela, Mãe e Anciã. Colocamos uma vela preta e uma vermelha no altar para simbolizar a Mãe e a Anciã, respectivamente. Um Caldeirão de ferro fundido preto representa o ventre da Deusa ou a própria Deusa. O Caldeirão é um símbolo essencial para qualquer altar de Sabbat, mas em Imbolc, quando estamos honrando a Deusa da Fertilidade, é especialmente significativo. Um pedaço de freixo, a árvore simbólica de Imbolc, também deve estar presente no altar, seja na forma de encantamento, seja um cajado, seja um Bastão Mágico.

Especificamente para o ritual a seguir, você vai precisar de três velas brancas, três velas pretas, uma vela vermelha, uma vela verde, um pote para cinzas, uma Vassoura, um Pentáculo de altar, dois Cálices cheios com leite, uma tigela, Filtro de Brid, Óleo de Brid, Incenso de Imbolc (veja págs. 96-7), três pedras granada, uma hematita, uma lâmina ritual, um Bastão, um Turíbulo, um carvão, fósforos de altar, uma magnetita, pacotes de sementes para flores, vegetais e árvores, verbena, pelo de lobo, Óleo do Fogo das Fadas (veja pág. 97), Boneca de Milho de Brid (veja pág. 106), e alguns grãos, trigo ou milho.

É sempre correto tomar banho antes de entrar em um Espaço Mágico ou realizar um ritual. Aqui está um banho da Senhora do Lago e uma meditação que você pode fazer para concentrar suas energias e Magia antes do ritual de Imbolc:

Encha sua banheira com água morna. Coloque um pouco de camomila seca, violeta e casca de limão em um saco mágico ou tecido de seda ou gaze e amarre com fita branca ou cor aquosa. Jogue esta mistura de ervas no banho. Acenda uma vela de cor azul-claro e coloque-a na borda da banheira. Coloque uma música celta relaxante. Encha a banheira completamente e deite-se na água. Visualize-se como a Dama do Lago. Veja seu cabelo longo e esvoaçante e seu vestido branco, verde-água e azul, brilhando como a luz do sol na água. Veja uma delicada luva de malha de aço em sua mão direita. Descanse, relaxe e imagine o poder da Deusa que pode existir tanto debaixo d'água quanto sobre a terra. Ela é tanto Fogo quanto Água. E pode ser imaginada como uma vela flamejante flutuando ao longo da água. Visualize Excalibur, a espada da verdade e da coragem, em sua mão direita.

AQUI ESTÁ O PODER DAS SIDHE. AQUI NESTA ESPADA ESTÁ O PODER DE DANA. SOU FILHA DE DANA E A SENHORA DO LAGO É MINHA IRMÃ, GUARDIÃ DA CORAGEM.

Em seguida, descanse o braço na água. Permaneça lá enquanto puder continuar a imagem e os sentimentos doces e fortes. Após o banho, deixe a vela continuar queimando. Você pode deixá-la flutuar em um pouco da água do seu banho depois de sair. Coloque um roupão branco, azul-claro ou rosa antes de se vestir para o seu ritual.

O que vestir

Em Imbolc, costumamos usar túnicas brancas. Você sempre pode usar preto, ou, para este Sabbat em particular, verde, rosa ou azul-claro. Vestimentas e estolas podem ser adornadas com símbolos ou runas da lua e do sol, uma chama, sementes germinadas e assim por diante. Você também pode representar Brid trançando flores brancas em seu cabelo ou em uma pulseira.

O Ritual

Defina o altar e lance o Círculo. Coloque a Vassoura com as cerdas na vertical atrás da porta onde recebe os convidados.

A Alta Sacerdotisa acende as velas e diz:

A DEUSA VOLTOU DA TERRA SAGRADA DE AVALON. ELA SE TORNA A DONZELA MAIS UMA VEZ. EU CARREGO ESSAS VELAS COM O PODER DE BRID PARA ATRAIR PARA ESTE LUGAR MÁGICO TODO O CONHECIMENTO QUE É NECESSÁRIO À NOSSA SOBERANIA.

O Alto Sacerdote acende o carvão e coloca incenso sobre ele e diz:

Ó, ERVAS SAGRADAS, DOADORAS DE LUZ E FORÇA, ENVIE SEUS PODERES GENTIS PARA O AR. SOPRE A FORÇA DO ESPÍRITO DE BRID PELO MUNDO SAGRADO.

O Alto Sacerdote ergue o Pentáculo de altar ao Norte com a mão esquerda e diz:

EU CHAMO O ELEMENTO TERRA, PEÇO A AISLING QUE VENHA.

Ele segura o Pentáculo de altar para o Leste e diz:

EU CHAMO O ELEMENTO FOGO E PEÇO A AISLING QUE VENHA.

Ele aponta para o Sul e diz:

EU CHAMO O ELEMENTO AR E PEÇO A AISLING QUE VENHA.

Aponta para o Oeste e diz:

EU CHAMO O ELEMENTO ÁGUA E PEÇO A AISLING QUE VENHA.

Ele coloca o Pentáculo sobre o altar.

A Alta Sacerdotisa unge seus próprios pulsos, testa e nuca com um pouco do Óleo de Brid e unge o Alto Sacerdote da mesma maneira. Ela levanta um Cálice cheio de leite e o segura no espaço entre as velas sobre a fumaça do Turíbulo.

Alta Sacerdotisa:

EU CHAMO PARA ESTE RITO MÁGICO A GRANDE DEUSA BRID. PEÇO QUE ELA ABENÇOE ESTE LEITE. AGRADECEMOS, PODEROSA DEUSA.

Ela coloca o Cálice sobre o altar e pega o segundo.

O Alto Sacerdote pega a lâmina e a levanta para o céu, dizendo:

EU CHAMO PARA ESTE RITO MÁGICO OS PODERES DO DEUS QUE CRESCE.

Ele coloca a lâmina no interior do segundo Cálice cheio com leite e diz:

SOL E TERRA SE UNEM. BEBEMOS AS ÁGUAS DA VIDA.

Ele limpa a lâmina e deixa ela à parte. A Alta Sacerdotisa bebe um pouco de leite e entrega o Cálice ao Sacerdote. Ele por sua vez toma um gole e derrama o resto do leite na tigela sobre o altar dizendo:

AS ÁGUAS DA VIDA TRARÃO PROTEÇÃO, SAÚDE, FERTILIDADE, CRESCIMENTO, ÁGUAS LIMPAS, TERRA RICA E COLHEITAS FARTAS PARA TODOS. QUE ASSIM SEJA!

A Alta Sacerdotisa coloca incenso no carvão. Novamente, enquanto a fumaça sobe, ela pede a todos os presentes que falem seus feitiços. Um a um eles chegam à frente do altar carregando seus feitiços escritos em papel manteiga. Cada um diz seu feitiço em voz alta e então acende o pergaminho no fogo de uma vela vermelha e o coloca no pote para cinzas. O Sacerdote e a Sacerdotisa e todos os presentes concentram-se em cada feitiço falado. Depois que cada feitiço queima, todos levantam os braços para liberar a energia dos feitiços em chamas.

Depois que todos os feitiços são ditos e queimados, a Alta Sacerdotisa diz:

NÓS SOMOS OS TUATHA DE DANANN. HONRAMOS A DEUSA MÃE, DANA, E O DEUS PAI, DAGDA. BRID, FILHA E DEUSA, NÓS AGRADECEMOS POR NOS CONCEDER A CAPACIDADE DE CONHECER TODAS AS COISAS E SERMOS CAPAZES DE CURAR A TERRA. ESTA PROMESSA É DOCE. EU SOU SUA LUZ NESTA TERRA.

IMBOLC

Ela unge as três pedras granada com Óleo do Fogo das Fadas e as segura em sua mão esquerda, dizendo:

Mantenha sua luz e poder dentro do meu corpo.

O Alto Sacerdote pega a hematita, unge-a com o Óleo do Fogo das Fada e segura a pedra na mão, dizendo:

Eu prometo manter vivo seu poder para curar esta Terra e proteger toda a natureza.

Tanto o Sacerdote quanto a Sacerdotisa pegam pacotes de sementes, segurando-os com as duas mãos. Juntos eles dizem:

Eu consagro essas sementes com o poder de Brid para crescer e reabastecer a Terra.

O Alto Sacerdote e a Alta Sacerdotisa colocam a Boneca de Milho de Brid sobre o altar e borrifam verbena e pelo de lobo ao redor do altar. O Alto Sacerdote diz:

Grandes Deus e Deusa, conceda-nos proteção.

Alto Sacerdote e Alta Sacerdotisa estendem as mãos para o céu e todos os que os assistem seguem liberando o Cone de Poder. Todos se ajoelham e tocam o chão com as duas mãos e em seguida se levantam.

A Alta Sacerdotisa pega seu Bastão e o Alto Sacerdote pega o Pentáculo de altar em sua mão direita.

Apontando para o Norte, ele diz:

Eu libero o elemento Terra e me despeço de Aisling, por favor, volte novamente.

Ele aponta para o Oeste e diz:

Eu libero o elemento Água e me despeço de Aisling, por favor, volte novamente.

Apontando para o Sul ele diz:

Eu libero o elemento Ar e me despeço de Aisling, por favor, volte novamente.

Ele aponta para o Leste:

Eu libero o elemento Fogo e me despeço de Aisling, por favor, volte novamente.

Então a Alta Sacerdotisa libera o Círculo com seu Bastão. O leite que sobrar na tigela é levado ao ar livre para um Espaço Sagrado ou algum lugar onde há terra e é nela derramado. A Boneca de Milho de Brid é pendurada na casa da Alta Sacerdotisa ou do Alto Sacerdote.

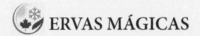

ERVAS MÁGICAS

Brid é o prenúncio da primavera curativa. Fevereiro pode ser uma época cansativa de resfriados e dores de garganta, entre muitas outras doenças incômodas. A luz de Brid ajuda a restaurar nossa força e determinação, enquanto seu fogo serve para purificar e limpar. Nesta época do ano usamos ervas, sementes, frutas secas e plantas em tônicos e poções de primavera. As ervas e ingredientes Imbolc são carregados com a energia do Sol, bem como com elementos purificadores que ajudarão a trazer clareza e bem-estar ao corpo e ao espírito. Uma bebida comum de fevereiro, feita de limão, alho e mel, vai aquecer e curar você. Caso não goste do sabor do alho, experimente apenas o limão e o mel com uma pequena pitada de sálvia. Se até mesmo uma pitada de sálvia fizer torcer o nariz, tente encontrar um pouco de mel de urze. Os escoceses fazem o melhor que já provei, mas a receita, tenho certeza, foi um presente das Deusas. O mel de urze é uma delícia do Outromundo!

Chá de camomila e rosa mosqueta são bebidas populares de inverno e poderosas fontes de vitamina C. As Bruxas muitas vezes colhem e guardam a rosa mosqueta a partir de seus arbustos em Lughnasadh, em agosto, para comer e beber durante todo o inverno. Na ex-União Soviética, onde o inverno pode ser particularmente estéril e as frutas cítricas difíceis de obter, os agricultores eram obrigados a dedicar certa quantidade de terra e trabalho à produção de rosa mosqueta. O girassol é outra planta curativa e de sustentação da vida que é frequentemente usada durante o Imbolc. Tudo, exceto o talo do girassol – folhas, raiz de batata, sementes e flor amarela – pode ser ingerido para trazer a luz curativa do Sol para dentro de você.

As ervas de Imbolc desempenham um papel prático e espiritual, fortalecendo, em alguns casos, sua força e resistência, e em outros fazendo você se sentir bem consigo mesmo emocional e espiritualmente. A seguir está uma lista de algumas das ervas mais essenciais que as Bruxas costumam usar nessa época do ano:

Alho	Milho
Bálsamo	Mirra
Benjoim	Pétalas secas de girassol
Camomila Seca	Rosa mosqueta
Celidônia	Sálvia Seca
Cinzas de folhas ou galhos	Sangue-de-dragão
Estoraque	Semente de coentro
Folhas de aveleira	Sementes de girassol
Grãos	Trigo
Hamamélis	Urze
Limão	Verbena
Mástique	Violeta
Mel	

 FILTROS, INCENSOS E ÓLEOS

Muitos dos ingredientes da lista acima não devem ser ingeridos, mas usados para curar e limpar em forma de filtro mágico, incenso ou óleo. Camomila, mirra e urze (se você puder encontrar urze nesta época do ano) são maravilhosas para queimar como incenso. Para ajudar a trazer de volta a luz do sol, misture sálvia seca e celidônia em um copo e jogue as ervas no fogo. Queimar incenso envia o espírito da luz por meio da fumaça ao Universo, purificando e limpando o ar.

A árvore simbólica do Imbolc, o freixo, é frequentemente usada em misturas mágicas. Os celtas consideravam os freixos tão sagrados que nunca os cortavam. Hoje, porém, se tiver que cortar um galho de freixo, é essencial que você seja uma Bruxa. Antes de cortar, agradeça à árvore e peça proteção e a permissão de Merlin, o Mago/Deus que vive nas árvores e muitas vezes assume sua forma. Corte o galho com uma foice dourada, que tenha sido carregada magicamente em seu Círculo Mágico para esta intenção particular. Se não tiver uma foice, você pode usar sua lâmina ritual. É considerado bom augúrio, e está muito mais de acordo com a tradição, se você encontrar um galho de freixo já no chão. Além disso, é considerado de grande sorte encontrar um galho no chão que tenha sido atingido por um raio.

Aqui estão alguns exemplos para começar a criar suas próprias misturas de Imbolc:

Filtro de Brid

Aproximadamente uma colher de chá de cada um dos seguintes itens:

Camomila
Folhas de freixo
Flor de aveleira
Rosa mosqueta
Sálvia
Sangue-de-dragão ou benjoim
Urze

Misture todos os ingredientes em uma tigela usada especificamente para fazer filtros. Use benjoim ou sangue-de-dragão como fixador para reter o aroma das ervas.

Óleo de Brid

1 medida de granada esmagada
1 medida de óleo de sálvia
1 medida de sangue-de-dragão
2 medidas de óleo de amêndoa ou azeite

Aqueça tudo lentamente em fogo brando em uma panela esmaltada. Deixe esfriar e coloque em pequenas garrafas ou potes com tampa. Carregue magicamente o óleo em seu Círculo Mágico, leve-o consigo ou use para ungir velas em seus rituais e feitiços.

Incenso de Imbolc

Benjoim ou sangue-de-dragão ou mirra
Camomila
Sálvia
Urze

Misture todos os ingredientes e guarde em um saco mágico, garrafa ou jarra.

Óleo do Fogo das Fadas

1 granada
1 medida de óleo de amêndoa
1 medida de sangue-de-dragão
Sementes de coentro

Aqueça todos os ingredientes em uma panela esmaltada em fogo baixo. Deixe esfriar e coloque em uma garrafa transparente, branca ou de cor de aquosa.

PEDRAS MÁGICAS

Pedras, metais e gemas são presentes da Deusa que trazem mensagens de todos os tipos para decifrarmos e abraçarmos. Algumas pedras são macias e maleáveis, outras ásperas e afiadas, e há ainda outras sólidas, lisas e inflexíveis. Em Imbolc, gloriamo-nos da nova semente do Sol, que está ganhando cada vez mais luz e força a cada dia. Em vista dessa promessa próxima, às vezes ficamos ansiosos em permanecer saudáveis, aquecidos e fortes, até que a luz renasça totalmente na primavera. As pedras de Imbolc ajudam a aliviar esses sentimentos de medo e incerteza, gerando a luz do Sol e garantindo-nos proteção contra quaisquer forças prejudiciais ou incorretas.

O Ferro, regido por Marte, é para proteção. Imbolc é uma boa época do ano para usar ferro e criar uma sensação de segurança para você e sua casa. Tenho enormes pregos de ferro enterrados nas pedras angulares da minha casa. Tigelas de limalha de ferro podem ser colocadas nos peitoris das janelas para proteger contra roubos e arrombamentos. Uma ferradura de ferro tem muito poder mágico e importância. A ideia da "ferradura da sorte" começou com a prática das Bruxas de colocar ferraduras com as pontas abertas sobre portas e entradas. Ao posicionar a ferradura para cima, a energia negativa entra em uma extremidade, é neutralizada no anel e enviada para fora pela outra extremidade.

Segue uma lista de pedras para Imbolc que trazem mensagens de força, proteção e bem-estar:

Citrino	Quartzo-rosa
Ferro	Rubi
Granada	Turmalina-amarela
Hematita	Turmalina-verde
Magnetita	Zircão-vermelho
Quartzo claro	

FEITIÇOS MÁGICOS

Para os antigos celtas, fevereiro ainda era tempo de "ficar em casa". Hoje, muitas vezes pensamos nisso como um bom mês para fazer as coisas. Lançar feitiços ajuda a definir e focar nossos desejos espirituais e físicos para o futuro. No Imbolc, as Bruxas projetam fertilidade e proteção em suas vidas. Gosto de meditar na luz crescente do Sol nesta época do ano. Por eu ser regida por um signo de água, Peixes, tenho muita energia psíquica, mas preciso da força física que o Sol me dá. Atrair o calor do Sol aumenta minhas energias e fortalece minha saúde, para que eu possa enfrentar e aproveitar melhor os últimos dias da temporada de inverno.

Os sinais da renovação da Terra são revigorantes contra o cenário de fevereiro de vales invernais e céus cinza-aço. A plena floração da primavera está no virar da esquina. Imbolc é um bom momento para colocar sua vida em ordem. Faça planos, organize e até limpe seus armários para trazer uma sensação refrescante de introduzir o novo e limpar o velho. Preparar a sua casa e a si mesmo com antecedência vai permitir que aproveite ao máximo a alegria e a liberdade iminentes da primavera.

IMBOLC

Feitiço com Verbena e Três Velas Pretas

Você vai precisar de:

3 castiçais de latão
3 colheres de sopa cheias de verbena
3 velas pretas

Entre no seu Espaço Mágico. Pegue cada vela e repita em voz alta:

Pelo poder da Deusa Tríplice, Brid, que essa vela proteja minha casa, família, amigos, animais, Covens e eu. Que assim seja!

Pegue cada vela e as consagre. Coloque as velas em seus castiçais e as ponha perto umas das outras. Faça três anéis de verbena entrelaçados ao redor de cada castiçal. Acenda as velas e sente-se por um momento olhando para sua chama. Visualize a Deusa Brid colocando três anéis de luz ao redor de tudo o que deseja proteger. Em seguida, libere o Círculo. Deixe as velas queimarem. Nunca sopre as velas de um feitiço. Use um apagador de velas ou uma colher.

Feitiço Celta de Coragem da Dama do Lago

Você vai precisar de:

1 água-marinha
1 Bastão
1 Cálice
1 caneta verde ou azul
1 cristal de quartzo
1 Espada ou imagem de uma espada
1 granada
1 magnetita
1 pedaço de pergaminho
1 pequena garrafa de vidro
1 saco mágico azul-claro, azul-escuro ou verde
1 vela branca
1 vela preta, azul-escuro ou azul-claro
1 xícara de água mineral

Carvão e Turíbulo
Incenso de Imbolc (ver pág. 97)
Óleo de Brid (ver pág. 96)

Lance seu Círculo. Monte o altar. Acenda as velas e unja com Óleo de Brid. Acenda o carvão e coloque o Incenso de Imbolc sobre ele.

Levante as mãos para cima e diga:

CHAMO A DAMA DO LAGO AO MEU ESPAÇO SAGRADO E AO MEU CÍRCULO MÁGICO.

Pegue a Espada e diga:

USE ESTA ESPADA COM SUA FORÇA. GRANDE SENHORA, SEGURE MINHA MÃO ENQUANTO EU CONSAGRO ESTE CÁLICE COM SEU PODER.

Levante a Espada como se você e a Dama do Lago estivessem levantando-a da água. Toque a ponta da Espada no Cálice com água de nascente. Depois de colocar o cristal transparente na água, coloque a Espada no altar e escreva este feitiço no pergaminho com uma caneta verde ou azul:

DAMA DO LAGO, CONCEDA-ME (**escreva seu nome**) A CORAGEM DE VER A VERDADE DA MINHA VIDA E DE ENTENDER AS COISAS VERDADEIRAS QUANDO ME FOREM REVELADAS. AJUDE-ME A LEVANTAR A ESPADA DO ESPÍRITO PARA PROTEGER MEUS DIREITOS E O DIREITO DE TODAS AS BRUXAS, PARA O BEM DE TODOS. ASSIM SEJA.

Levante o Cálice e beba a água abençoada, coloque mais incenso e passe a fumaça no feitiço. Fale as palavras em voz alta. Guarde este feitiço. Não o queime. Pegue o cristal, a magnetita, a granada e a água-marinha, carregue-os magicamente e toque-os na Espada. Coloque as pedras no saco mágico e carregue com você para coragem. Mantenha seu feitiço dobrado em sua carteira ou bolsa ou deixe-o no altar de sua casa. Desfaça o Círculo com seu Bastão.

O Feitiço de Brid para Todos os Conhecimentos

Você vai precisar de:

1 Bastão
1 Cálice com água de fonte

IMBOLC

1 caneta vermelha
1 cristal de quartzo transparente
1 faca ritual
1 granada
1 vela branca
1 pedaço de pergaminho
1 pote de cinzas
1 quartzo-rosa
1 saco mágico vermelho
1 vela preta
1 vela vermelha
Carvão e Turíbulo
Incenso de Imbolc (ver pág. 97)
Óleo de Brid (ver pág. 96)

Monte o altar, colocando as velas preta e vermelha à esquerda e a branca à direita. Coloque o Turíbulo e o pote para cinzas no centro. Lance seu Círculo e unja suas velas com Óleo de Brid. Coloque o incenso sobre o carvão. Escreva com tinta vermelha em um pergaminho o seguinte:

> EU CHAMO O PODER DE BRID PARA TRAZER A MIM (SEU NOME) O CONHECIMENTO DE QUE PRECISO PARA TER UMA CARREIRA DE SUCESSO. PEÇO QUE ME SEJA CONCEDIDO A CONSCIÊNCIA, A HABILIDADE E O ENTUSIASMO PARA LEVAR MINHA CARREIRA À FRUIÇÃO E AO ÊXITO. PEÇO QUE ISSO SEJA PARA O BEM DE TODOS. QUE ASSIM SEJA.

Coloque mais incenso no carvão. Segure o pergaminho na fumaça e fale as palavras em voz alta para a Deusa Brid. Depois de terminar, toque o pergaminho com Óleo de Brid, acenda o pergaminho na chama da vela preta e deixe-o queimar no pote de cinzas.

Quando as chamas se apagarem, levante as mãos para o céu e diga em voz alta:

> OBRIGADO, GRANDE DEUSA.

Pegue o cristal de quartzo-rosa em sua mão esquerda e toque-o com Óleo de Brid. Coloque a mão direita sobre eles e diga:

> CONSAGRO ESTES CRISTAIS PARA ME TRAZEREM O CONHECIMENTO DE BRID.

Abaixe os cristais e pegue sua faca. Segure-a na fumaça e diga:

ESTA FACA MÁGICA TRAZ A ENERGIA DE BRID PARA O MEU CÁLICE.

Coloque a lâmina na água e visualize seu conhecimento e poder entrando na água como o fogo de Brid. Em seguida, beba a água em goles lentos, sentindo a energia dela entrando em seu corpo para lhe dar sua sabedoria. Coloque os cristais e um pouco do Incenso de Imbolc em sua bolsinha mágica, segure-a sobre a fumaça e carregue-a magicamente. Destrace o Círculo com seu Bastão, conserve as cinzas de seu feitiço na bolsinha mágica e a mantenha com você.

COMIDAS DO FESTIVAL

A luz de Brid traz sustento de muitas formas, mas a comida é certamente um de seus presentes mais tangíveis e prazerosos. Pratos ricos e cremosos com leite e ovos são a base do Banquete de Brid para simbolizar a fertilidade e as qualidades de afirmação da vida que ela representa. Sopas, ensopados feitos de frango, carne ou cordeiro e qualquer prato com leite ou ovos são frequentemente servidos em um jantar de Imbolc. Em meu Coven, geralmente nos reunimos para banquetes e jantares comunitários, onde cada um traz um prato para compartilhar com todos. Toda véspera de Imbolc deixamos comida e bebida do lado de fora para as fadas, animais e pássaros. No dia seguinte à festa, continuando no espírito de partilha e comunidade, muitas vezes visitamos hospitais ou levamos comida e suprimentos para os menos afortunados do que nós.

Nas receitas a seguir, se você estiver preocupado com a teor de gordura do creme e leite, pode substituir por marcas *lights* do creme ou leite com baixo teor de gordura. Além disso, use carnes e vegetais orgânicos sempre que possível.

BANQUETE DE BRID

- Vinho das Fadas
- Sopa cremosa do salmão sábio
- Lanças de aspargos com molho branco de ervas
- Tarte de salmão celta
- Profiteroles[4] Mágicos

---

4. Um doce semelhante às carolinas, com creme dentro e cobertura de chocolate.

IMBOLC

Vinho das Fadas

¼ colher de chá de extrato de baunilha
1 colher de chá de mel
1½ xícaras de leite por porção
Canela

Com o leite morno, tomando cuidado para não ferver, a cada copo ou caneca adicione mel e baunilha. Polvilhe os topos com canela.

Sopa Cremosa do Salmão Sábio

O salmão é o mais sábio e antigo dos animais vivos. Brid é guardiã de todo conhecimento e de toda memória.

1 copo de leite
1 pacote queijo tipo frescal cortado em cubos
1 xícara de caldo de galinha
1½ colher de chá de endro fresco picado ou ½ colher de chá de endro seco (para proteção do lar e do trabalho)
2 cebolinhas picadas (para pureza)
2 colheres de chá de mostarda Dijon (para trazer saúde)
300 g de salmão defumado em flocos e 1 xícara de salmão escorrido e picado

Aqueça o queijo frescal, o leite, a mostarda, o endro, a cebolinha e o caldo de galinha em uma panela em fogo médio até o queijo derreter e ficar homogêneo. Misture o salmão e aqueça até ficar quente e pronto para servir.

Lanças de Aspargos com Molho Branco de Erva

As lanças de aspargos são para aterramento, pois são governadas pela Terra e Vênus. Feche as pontas e cozinhe os aspargos no vapor por 6 a 8 minutos, ou até ficarem macios, no vaporizador de legumes.

Para o molho:

¼ colher de chá sal
1 colher de chá de endro
1 pitada de noz-moscada
1 pitada de sálvia
1 xícara de leite
2 colheres de sopa de farinha de trigo
2 colheres de sopa de margarina ou manteiga
7/4 colheres de chá de pimenta

Aqueça a margarina em fogo baixo até derreter. Misture a farinha, sal, pimenta, endro, sálvia e noz-moscada. Cozinhe em fogo médio, mexa constantemente; retire do fogo quando a mistura estiver homogênea. Misture o leite. Aqueça até ferver, mexendo sempre por um minuto. Despeje o molho sobre as lanças quando estiver pronto para servir.

Tarte de Salmão Celta

¼ de xícara de creme
1 colher de sopa de manteiga
100 g de salmão cozido
170 g de massa podre
2 ovos grandes
4 colheres de sopa de queijo ralado
50 g de cebolas
Sal e pimenta

Unte levemente uma forma redonda de bolo ou de torta e forre com massa até a borda. Bata os ovos e o queijo juntos, em seguida, adicione sal, pimenta e creme. Derreta a manteiga em uma panela pequena. Adicione as cebolas e cozinhe lentamente até dourar levemente. Adicione o salmão. Cozinhe mais um minuto ou dois, em seguida, vire o conteúdo da panela em uma mistura de ovos. Misture e despeje na casca da massa. Asse a 180° até dourar. Sirva quente ou frio.

IMBOLC

Profiteroles Mágicos

Para a massa:

½ xícara de manteiga ou margarina
1 copo de água
1¼ xícaras de farinha
4 ovos

Leve a água e a manteiga para ferver em uma panela. Abaixe o fogo e adicione a farinha. Mexa em fogo brando até a massa atingir o formato de uma bola. Retire do fogo. Adicione os ovos e bata até ficar homogêneo. Usando uma colher de sopa, coloque em uma assadeira sem untar. Asse por 30 minutos até dourar a 180º C.

Para o recheio:

¼ colher de chá sal
½ xícara de açúcar
2 colheres de chá de açúcar de confeiteiro
2 colheres de sopa de amido de milho (governado pelo Sol; traz saúde e riqueza)
2 colheres de sopa de manteiga ou margarina
2 gemas
2 xícaras de leite
Extrato de baunilha

Em uma panela, leve ao fogo lentamente o açúcar, o amido de milho e o sal, mexendo sempre até engrossar. Adicione o leite e as gemas e ferva por um minuto. Retire do fogo e adicione a manteiga e a baunilha. Deixe esfriar. Encha os bolinhos com o recheio de creme e polvilhe com açúcar de confeiteiro.

 ## ATIVIDADES ANTIGAS

Na Nova Inglaterra, algumas de nossas tempestades de neve mais pesadas ocorrem em fevereiro. Muitas vezes somos forçados pelos elementos a ficar dentro de casa, mesmo que nosso coração e mente estejam correndo e ansiando pela primavera. Fevereiro é uma época de criatividade e imaginação inspirada, pois a Deusa Brid protege e guarda as fontes do conhecimento e das artes mágicas. Com mais tempo em nossas mãos, percebemos que o clima é propício para realizar tarefas que deixamos de fazer por muito tempo. Verificar armários e prateleiras de ervas; separar roupas velhas e dar o que não lhe serve mais para amigos, parentes ou instituições de caridade; limpar prateleiras de papéis velhos e arquivos e limpar adegas e sótãos são apenas algumas das coisas que muitas vezes nos encontramos assumindo no mês de fevereiro.

Fazer coisas divertidas durante este mês também é importante, pois ajuda a passar o tempo, salvaguardar sua sanidade e acelerar a chegada da primavera. Durante a temporada de Imbolc há muitos artesanatos e atividades que têm suas raízes na tradição celta. Grãos e leite eram sagrados para as tribos antigas. Assar pães e fazer manteiga mudaram de rituais solenes para atividades de férias em Imbolc. Para fazer manteiga, basta colocar um pouco de creme de leite em uma jarra, fechar a tampa e começar a agitar. Fazer manteiga é uma das atividades favoritas das crianças e uma boa maneira de mantê-las entretidas por algumas horas ou até que seus braços se cansem de agitar e elas tenham que passar o pote para a próxima pessoa.

Os celtas eram conhecidos por seus intrincados nós e por tecer feitiços e intenções mágicas em tecidos, cordas, ramos ou palha de trigo e grãos. No período de Imbolc, as Bruxas costumam tecer formas, símbolos, runas celtas ou bonecas desse material. A Roda de Brid, um símbolo celta de energia e movimento, é um intrincado padrão que faz o formato da Cruz de Brid dentro de um Círculo. Se você estiver interessado em tentar fazer uma, há livros dedicados inteiramente à criação de padrões celtas por tecelagem e nós, que podem ser adquiridos em livrarias especializadas em história e mitologia celta ou através de catálogos de suprimentos de Bruxaria por correspondência (consulte Fontes). Muitas vezes você pode encontrar uma Roda de Brid, geralmente como um amuleto para uma pulseira ou outras joias, em lojas especializadas em produtos irlandeses. Tenho uma jarra cheia de ervas, cuja tampa tem a forma de uma Roda de Brid. O cheiro das ervas vem da abertura no centro da Roda, que é chamada de "Olho da Deusa". Uma Roda de Brid também pode ser pendurada em uma Árvore ou Corda de Bruxa, para energia mágica e crescimento. Bonecas de Brid feitas com milho, no entanto, são fáceis de fazer e é um projeto divertido para participar na Véspera do Imbolc.

IMBOLC

Boneca de Brid Feita com Milho

Na Roda do Ano, Lughnasadh é o oposto polar de Imbolc. Tradicionalmente, o grão ou milho da última colheita de Lughnasadh é guardado para fazer bonecas no Imbolc. O milho ou grão representa Brid como a Deusa da Fertilidade em seu aspecto de donzela. Você pode fazer uma boneca de milho ou representação da Deusa Brid com uma simples espiga de milho seca ou ramos de trigo amarrados com uma fita branca. Se quiser vesti-la, enrole-a em um pedaço de renda branca ou tecido branco. Você também pode, em vez de usar uma fita branca, amarrar uma trança ao redor do milho usando três fitas ou cordões das cores do Imbolc – branco, preto, rosa ou verde. Se você quer fazer uma representação da Deusa, mas mora em uma área urbana onde não pode obter milho seco ou trigo, vá a uma mercearia e compre kasha ou aveia. Carregue o grão com energia em seu Círculo Mágico, coloque-o em um quadrado de seda ou tecido branco e amarre-o com uma fita branca. Uma boneca mais elaborada pode ser feita de palha de milho, que você dobra e amarra com barbante ou fita para formar a cabeça, braços e saia longa. Sua Boneca de Brid feita com milho pode ser colocada em uma cesta, chamada "Cama de Brid", com flores brancas ou rendas, ou pode ser pendurada em portas ou beirais em sua casa como amuletos de proteção e fertilidade.

 ## MAGIA DAS FADAS

A arte da vidência, ou de olhar para o futuro, começou com as tribos antigas observando o voo dos pássaros. Quando os pássaros voavam em uma determinada direção ou formação no céu, os celtas sabiam que o inverno logo chegaria. O retorno dos pássaros prenunciava a chegada da primavera. Durante a temporada de Imbolc, quanto mais pássaros se vê e quanto mais cantos de pássaros se ouve, melhor será a primavera. O canto da cotovia em particular é um sinal de boa sorte e bom tempo. A carriça é um pássaro mágico, que traz presságios e doces encantamentos. Essas mensagens simples do futuro vêm da Deusa e são tão reais hoje quanto eram para os antigos celtas há milhares de anos. Penas de pássaros também trazem augúrios do que será ou poderá ser. Este geralmente é um bom momento para encontrar penas no chão.

No Imbolc, gosto de meditar sobre o significado e as mensagens dos pássaros. Segue uma meditação de pássaros que considero particularmente útil nesta época do ano.

Meditação dos Pássaros de Imbolc

Sente-se calmamente, feche os olhos e entre em *alfa*. Imagine um prado com colinas ao redor. Você imagina pequenos rebanhos de ovelhas e vacas pastando feno e trigo e algumas das verduras esparsas que estão começando a crescer em lugares quentes nas colinas. Sinta-se caminhando entre ovelhas e vacas mansas. Enquanto caminha, você começa a ouvir um pássaro cantando. Esta é uma ave mágica, que traz boas notícias e coisas que você precisa ouvir para limpar sua mente de preocupações. Enquanto ouve o canto do pássaro, você caminha até uma vaca ou ovelha gentil e pede um punhado de leite fresco para beber. Magicamente, o leite aparece em sua mão. Beba o leite morno, olhe para o céu frio e comece a caminhar de volta para onde estava. Enquanto caminha, olhe para seus pés e observe as pequenas flores tentando desabrochar. Respire o frescor do ar e seja um com o canto do pássaro. Tente se lembrar de pelo menos uma das informações que pensou durante esse passeio de Imbolc. Conte de volta a partir do *alfa* e anote imediatamente qualquer informação que a música do pássaro lhe forneceu ou os novos sentimentos agradáveis que teve ao se comunicar com essa cena da natureza. Ocasionalmente, você pode ouvir o canto do pássaro quando precisar ser bom ou menos duro consigo mesmo.

A definição de vidência foi expandida ao longo dos tempos. Existem muitas maneiras de prever o futuro, além de meditações e os padrões de voo dos pássaros. As Bruxas também usam água, chamas, cristais, runas e muitas outras ferramentas para adivinhar o próximo ano. Na véspera do Imbolc, à beira da primavera, tentamos olhar para o Outromundo para ver quais promessas ou problemas podem estar por vir. Uma caixa de vidência de Imbolc é uma maneira divertida de provar o sabor da primavera nos dias frios de finais de inverno.

Caixa de Vidência de Imbolc

Coloque os seguintes itens em uma caixa e escreva em um pedaço de papel separado o que cada item significa: um pedaço de grão para representar a Deusa Brid, a criação, a fertilidade e a boa fortuna; uma pedra granada para o amor, seja amor-próprio, familiar, ou de um parceiro afetivo; uma magnetita (que funciona como um ímã, se você a retirar, também deverá pegar o item que estiver mais próximo dela para receber sua mensagem do futuro); uma chave antiga, para representar segredos a serem revelados; uma pedra em forma de ovo, para representar o próximo mês de março; uma pena vermelha, para paixão; uma pena preta, para as coisas que virão; uma pena branca, para mandar embora as energias incompatíveis e uma pena azul para felicidade. Uma caixa de vidência pode conter quaisquer itens que desejar, carregados com as intenções que escolher. Pode, inclusive, incluir itens que trazem apenas boas mensagens ou pode reunir uma mistura de itens que trazem boas e más notícias. Uma amazonita, uma pedra azulada, de cor turquesa, pode trazer um alerta sobre saúde, por exemplo. Vasculhe lojas de antiguidades ou lojas místicas para encontrar pequenas garrafas ou cristais e runas para incluir em sua caixa mágica. Depois de escrever o que cada item representa, faça uma pergunta, agite a caixa e escolha um objeto. Você pode escolher quantos itens desejar até discernir uma resposta das mensagens que vem de dentro.

Ostara

Por volta de 21 de março no Hemisfério Sul
Por volta de 22 de setembro no Hemisfério Norte

Ao vivenciar o Equinócio de Primavera, este momento notável a cada ano em que a noite e o dia têm a mesma duração em todo o Planeta, lembro-me da nossa recente família humana e da antiga relação entre Terra, Sol, Lua e céu. O giro da Roda do Ano é atemporal e interminável. As estações, os movimentos planetários e as marés se renovam triunfantemente, codificados como estão no precedente da criação. Como humanos, despertamos para nossas origens comuns, mas ficamos maravilhados diante dos mistérios indecifráveis do Universo. Para as Bruxas, o Equinócio de Primavera é um tempo encantado de fronteira fora do tempo, onde uma costura mágica une escuridão com luz. A partir deste momento, o Deus Sol começa sua jornada seminal através do céu, sua luz e calor ultrapassando a escuridão do inverno até seu poder atingir o pico, no Solstício de Verão, em junho, no Hemisfério Norte.

A influência do Equinócio de Primavera sobre a experiência humana é generosa, tocante e profunda. Esta mudança sutil da escuridão para a luz envia a mensagem requintada a todos aqui na Terra, de que a primavera é a estação do renascimento. Finalmente chegamos ao ponto da Roda em que a Deusa Donzela se torna Mãe mais uma vez, dando luz ao poder do Sol. À medida que a neve derretida e o gelo dão lugar às pétalas verdes e delicadas flores, as primeiras da primavera, sinto uma sensação de renovação, alegria e a promessa de que um novo começo foi assegurado pela Mãe Terra. Em troca, eu a honro dando graças e louvores à Deusa Pagã Ostara e à Rainha das Fadas Blodeuwedd (pronuncia-se *blodáiued*).

O povo celta da Grã-Bretanha, Escócia, Irlanda e País de Gales gerou muitas outras tribos. Há evidências de sua influência nas tradições, mitos e práticas dos povos da Europa, principalmente da Europa Oriental, Mediterrâneo, Ásia, Índia e além. Ostara é uma Deusa Pagã alemã vinda das tribos teutônicas. Ela é a Deusa da fertilidade e do renascimento. De fato, para revelar as origens da celebração cristã da Páscoa, que aqui ocorre no primeiro domingo depois da primeira lua cheia, após o Equinócio de Primavera, não precisamos ir além da antiga imagem de Ostara, cujo nome muitas vezes é escrito como "Eostre", que fica entre as flores e videiras da primavera segurando um ovo na mão. Pássaros voam no alto e um coelho pula alegremente a seus pés. Ostara, e o ovo que ela carrega, são símbolos da vida do recém-nascido.

A galesa Blodeuwedd é a Deusa da renovação da Terra e Rainha doadora da vida das Fadas. Ela é chamada de "Face Florida" e faz parte de uma longa linhagem de Mulheres Flores reverenciadas pelos celtas e criadas no Outromundo. Guinevere, que se casa com o Rei Arthur, também é uma Mulher das Flores. Diz-se que as manchas de trevo branco que vemos na grama e nos campos na primavera marcam o caminho de uma Mulher Flor. O rosto e o cabelo de Blodeuwedd são feitos de flores da primavera. Seu vestido, feito das águas místicas da nona onda, brilha à luz do sol enquanto ele se expande por toda a sua extensão para se tornar Tara, a Terra, aos seus pés. Ela é a Deusa da fertilidade, mas também da inocência, do encantamento e do amanhecer. Na mitologia celta, Blodeuwedd é transformada em coruja, portanto, ela é também um símbolo de sabedoria e da lua crescente. Tanto Blodeuwedd quanto Ostara guardam a chegada da Primavera e são consideradas necessárias para a continuação da vida aqui na Terra, segundo as Bruxas.

Um calendário! Um calendário!

Muitas pessoas que não vivem no Hemisfério Norte me perguntam por telefone ou me escrevem sobre como praticar a Arte em sua parte do mundo. Eles devem seguir as estações ou devem seguir o calendário juliano de janeiro a dezembro? Eu mesma muitas vezes já me perguntei sobre isso. Anos atrás, depois do meu divórcio, pensei que ia me mudar para a Austrália e me questionei sobre o que faria. Afinal, é quente em dezembro e janeiro na Austrália, então por que eu iria querer fazer feitiços e rituais de projeção para o calor, o sol curativo, ou proteção nesta época? É minha convicção que aqueles que vivem no Hemisfério Sul devem seguir os caminhos da Arte de acordo com as estações e não com o calendário moderno. Bruxaria é seguir a Natureza e se conectar com a Mãe Terra em seus próprios termos. Portanto, em fevereiro, aqueles que vivem abaixo do equador estariam celebrando o Lughnasadh; Beltane em outubro e Samhain em maio. Siga as estações e seus instintos, não a versão cristianizada do calendário criada por alguém.

MAGIA DA TERRA

O Equinócio de Primavera é uma época de renovação do fogo. A luminosidade e a escuridão estão em perfeito equilíbrio, mas a luz está crescendo e o Sol prestes a explodir com uma nova energia. A "Lua das Lebres" ficará cheia em abril, mas por enquanto, os últimos dias de março[5] iniciam uma temporada de fertilidade e crescimento. O Equinócio de Primavera é um tempo de semeadura, um momento em que começamos a agir de acordo com tudo o que planejamos psiquicamente no Samhain. Em algumas regiões podemos plantar as sementes que carregamos e ungimos no Imbolc. Em áreas mais frias, no entanto, devemos continuar a cultivar plantas e mudas dentro de casa, esperando até Beltane para o plantio. Não posso plantar meu próprio jardim antes de Beltane, por causa do clima mais frio na Nova Inglaterra. No Equinócio de Primavera, coloco um altar no jardim com três cristais e uma poção para crescimento. Também mantenho imagens do Deus Sol de frente para meu jardim para encorajar sua luz e calor.

Durante esta época do ano, muitas vezes reflito sobre como é fácil fazer as mesmas coisas velhas da vida repetidamente sem nunca acordar para o mundo ao nosso redor. Há pessoas que moram onde eu moro, em Salem, nos confins de Massachusetts, que nunca estiveram em Boston,

---

5. N.T.: tenha em mente que a autora se refere à realidade do Hemisfério Norte. No Hemisfério Sul, o Equinócio de Primavera acontece em setembro. Logo, a Lua das Lebres ocorre em abril nos países que estão abaixo da linha do Equador.

a apenas quarenta minutos de distância. Muitos de nós passamos a vida vendo apenas o que acontece em nossos pequenos mundos. Conhecemos e nos sentimos à vontade com nossas famílias, amigos e cidade, mas temos dificuldade em nos relacionar com mudanças e eventos que ocorrem em nossos estados, países ou mundo. Muitas vezes vemos o "quadro maior" como irrelevante ou fora de nosso alcance. Damos como garantidos os padrões que construímos em nossa vida, até que algo do mundo maior ao nosso redor aparece para interferir e perturbar nossa rotina. Uma seca, por exemplo, traduz-se para muitas pessoas como falta de água disponível para regar o gramado. Uma escassez de petróleo acaba em discussões mesquinhas na fila da bomba de gasolina. Por estarmos tão focados no que está acontecendo ao nosso redor, muitas vezes não vemos nossa parte em problemas globais maiores.

A razão por trás de toda a nossa Magia – os rituais, observações, meditações e feitiços – é para nos lembrar constantemente de que somos um fator no esquema maior das coisas. Tudo que fazemos em um nível individual afeta o todo. Recicle aquilo que pode ser reciclado. Não deixe a torneira correr na pia. Se você tiver um vazamento, conserte-o o mais rápido possível. Não jogue lixo em qualquer lugar. Quando for ao mercado, traga sua própria sacola para carregar mantimentos, ou peça as de plástico reciclável. O plástico pode ser reciclado, mas, lembre-se, as árvores usadas para fazer sacolas de papel estarão perdidas para sempre.

Na época do Equinócio de Primavera, muitas vezes tento imaginar todos contribuindo e assumindo suas responsabilidades com o Planeta. Durante esta época do ano, quando a luz do Sol está ficando mais forte e o solo se torna maleável com o calor e a neve derretida, há muitas maneiras de replantar a Terra e reabastecer o solo. Se você estiver comendo um pedaço de fruta, pegue as sementes ou o caroço e enterre-os no solo. Ou guarde-os no freezer por uma semana ou duas, para que você possa espalhar muitas sementes de uma só vez, dando às árvores uma chance melhor de crescer. Um amigo e eu espalhamos um monte de sementes de pêssego em um terreno atrás de um café em nossa cidade, e agora, como mágica, temos um pessegueiro lá. Sempre que faço viagens de carro, trago coisas como girassóis, roseira brava e sementes de frutas para jogar pela janela ao longo das estradas e rodovias. São alimentos úteis e saudáveis para pessoas, animais e pássaros. Se todos plantassem girassóis ao longo das estradas, haveria comida para todos.

Às vezes, como parte do ritual do Equinócio de Primavera, reabastecemos e enriquecemos o solo com composto que fizemos nas semanas anteriores à nossa celebração. Faço isso regularmente em meu jardim de flores, para tornar o solo rico e argiloso. Para fazer compostagem, basta armazenar lixo vegetal por uma ou duas semanas e guardá-lo em um saco plástico no freezer. Eu guardo minhas cascas de batata, cascas de cebola, pontas de aipo – qualquer tipo de restos de pratos orgânicos e biodegradáveis. Quando o chão estiver macio o suficiente, vá para fora e cave um buraco com cerca de 30 centímetros de profundidade. Sugiro comprar uma escavadeira manual, pois ela faz um buraco mais limpo e é boa para minis compostagens entre as plantas. Enterre sua mistura de vegetais, alternando entre cascas e sujeira até preencher o buraco. Eu cavo muitos buracos, criando vários minis compostos por todo o jardim. Se você não tem um jardim, ou não possui terra, vá para a floresta, um parque ou terreno baldio para oferecer seu presente para terra. Esta é uma maneira simples de cada um fazer a diferença. O composto reabastece o solo e reduz o nosso lixo. Imagine se cada um de nós fizesse isso uma vez por mês ou mesmo uma vez por ano em nossas cidades, vilas e campos. Se algum tipo de desastre natural acontecesse, teríamos pelo menos um solo rico e saudável para plantar algo que pudéssemos comer.

Preparações

O Equinócio de Primavera é uma época de fogo, mas esse fogo é novo e não está pleno. Combinamos as cores frias do inverno com as cores quentes do verão para criar os tons frios da primavera. A lavanda, por exemplo, mistura o azul do gelo com um pouco de vermelho do fogo. O verde, tom predominante do Equinócio de Primavera e cor favorita das fadas, combina o azul com o amarelo do Sol. No Equinócio de Primavera, os vermelhos são suavizados para rosas intensos e rosas claros, azuis para lavandas e violetas e amarelos brilhantes para amarelo-canário suave. A toalha do altar é usualmente verde. Decoramos o altar em tons pastéis usando flores da primavera e uma grama nova.

Para este ritual, você vai precisar de pequenas plantas ou sementes de Imbolc; flores como junquilhos, tulipas, violetas ou narcisos; terra adubada em uma tigela; uma vela de cada nas cores branca, preta, amarela, verde clara, rosa e vermelha; um Cálice; um Bastão ritual; Óleo do Fogo das Fadas (ver pág. 97); Óleo de Blodeuwedd e Óleo de Ostara (ver pág. 121), Filtro Face de Flor (ver pág. 121); Incenso de Proteção da Primavera (ver pág. 122); pelos de um coelho vivo; ovos pintados, suficientes para todos os participantes e uma ramo de sabugueiro recém-cortado.

O que vestir

Para o Equinócio de Primavera, usamos túnicas verdes, pretas, lavanda, azul-celeste ou rosa, em tecidos mais frios, como algodão. Como as seivas retornam aos galhos das árvores, as coroas de flores são mais fáceis de produzir. Os galhos das árvores da primavera são flexíveis e se entrelaçam facilmente para fazer coroas de flores. Você também deve usar maquiagem. Os celtas eram bem conhecidos por maquiar seus rostos. Muitas tribos pintavam seus corpos inteiros de azul. No Equinócio de Primavera, colorimos nossas bochechas de rosa para uma flor e maquiamos nossos cílios como as pétalas de uma flor. Muitas vezes as pessoas pintam seus rostos com flores ou usam todo o rosto como o centro da flor, pintando suas pétalas nas bordas do rosto. Use um lápis de sobrancelha preto para desenhar formas em sua testa e bochechas. Mantenha o lápis de sobrancelha no freezer durante a noite, para que possa ser apontado sem quebrar. Sobre uma base de maquiagem em sua testa e bochechas desenhe espirais, nós, flores ou triângulos para a Deusa Tríplice. Você pode colocar pó sobre os desenhos para que pareçam azulados como uma tatuagem.

O Ritual

Idealmente, deve-se jejuar por três dias antes do rito do Equinócio de Primavera. Se isso for impossível, tente jejuar por pelo menos seis a doze horas antes do ritual. Aqui está um tônico de primavera para beber durante o jejum:

½ copo de suco de cenoura
½ copo de suco de limão

EQUINÓCIO DE PRIMAVERA

2 ramos de tomilho
2 xícaras de água mineral
2 xícaras de suco de maçã

Aqueça tudo em uma panela. Não ferva. Beba este tônico e pelo menos oito copos de água o tempo todo enquanto jejua durante o período de três dias. Quebre o jejum com algum tipo de pão integral.

As Bruxas do mundo moderno muitas vezes têm dificuldade em praticar seus rituais, porque a Bruxaria requer a presença da Magia no momento exato da mudança da Roda, como o Equinócio Vernal na primavera. Quando a entrada do Sol em Áries ocorre, geralmente de manhã, alguns de nós estão dormindo ou trabalhando, o que significa que devemos nos preparar com antecedência, pedindo aos nossos empregadores o dia de folga ou deixando o ritual em si para os Elders do templo e, em seguida, lançando nosso próprio Círculo dentro do período de três dias que abrange o Sabbat. A data exata, é claro, oferece a energia mais poderosa, portanto, passado esse período, o mesmo poder ou energia nunca mais estará disponível. Você pode até se lembrar dos equinócios do passado, mas cada um é único.

Os Círculos dos Equinócios são mais bem feitos ao ar livre. Um amigo meu possui uma bela fazenda perto do mar, com ovelhas, vacas, cavalos e duas lhamas. Essa fazenda é uma terra de conservação em desenvolvimento, então, como você pode imaginar, é o lugar perfeito para fazer a Magia do Equinócio. O som dos pássaros e o ar fresco, às vezes frio, é refrescante. No ano passado, demos um passeio na fazenda. Minha companheira, minhas filhas e eu nos sentamos no prado. Enrolei-me em minha capa, apreciando o silêncio do campo e o canto dos pássaros. Um encanto das fadas deve ter sido lançado sobre nós. Todas nós adormecemos. Acordamos algumas horas depois ao som do ronco suave de uma vaca que se aproximou para nos dar uma boa olhada. Naturalmente, nós nos levantamos, desenhamos nosso Círculo na terra e praticamos nossa Magia.

Na Nova Inglaterra, algumas de nossas tempestades mais violentas chegam em março. Embora seja importante sair na Natureza para este rito em particular, muitas vezes acabamos tendo que mantê-lo dentro de casa. Isso é aceitável, mas não é o preferível. Em todo caso, aqui está o ritual:

O Alto Sacerdote lança o Círculo e a Alta Sacerdotisa unge todas as velas com Óleo de Ostara, exceto a vela vermelha.

A Alta Sacerdotisa diz:

Eu atraio para este espaço e terra sagrados o poder da Deusa Ostara. Eu a invoco com a cintilação desta chama para que ela venha a este Círculo Mágico.

Ela unge a vela vermelha com Óleo do Fogo das Fadas e diz:

Ó Preciosa Rainha das Fadas Blodeuwedd, venha para este lugar de Magia. Traga-nos as delícias da primavera, o poder da fertilidade e a alegria da beleza.

O Alto Sacerdote acende o carvão e coloca o incenso sobre ele. A Alta Sacerdotisa recua e levanta as mãos, segurando um ovo pintado para o céu.

Ela invoca Ostara:

Ó Deusa de nossos ancestrais, Ostara, traga seu poder a este mundo e renove tudo o que há de bom para a natureza, os animais, a terra e os humanos que habitam este espaço. Renove em todos os seres a capacidade de acabar com a poluição e a destruição, de colocar fim à doença e à dor. Renove em nós o poder de ser um com as escolhas que você nos dá. Seja abençoada, Ostara.

O Alto Sacerdote:

Ouvimos os pássaros da primavera, os sons da Magia.

A Alta Sacerdotisa pega um ramo de flores e diz:

Ó Poderosa e bela Blodeuwedd, lance o feitiço da beleza, saúde e felicidade a todos aqui na Terra.

Ela pega o ramo de sabugueiro, toca a terra na tigela e diz:

Eu encarrego este Bastão e terra de empoderar os filhos da Terra e a ouvir o chamado da Rainha das Fadas Blodeuwedd e da Deusa Ostara.

Este é um momento de felicidade e uma ocasião em que vemos o crescimento da flora.

A Alta Sacerdotisa planta algumas sementes na tigela de terra. O Alto Sacerdote levanta sua lâmina e a Alta Sacerdotisa levanta o Cálice com água.

EQUINÓCIO DE PRIMAVERA

Ele toca a água com a lâmina e diz:

Eu consagro esta água para agitar e reviver as sementes da vida.

Ela bebe a água e diz:

As águas da vida.

A Alta Sacerdotisa despeja um pouco da água na tigela, regando as sementes, e entrega o Cálice para o Alto Sacerdote. Ele diz:

As águas da vida.

Tanto o Sacerdote quanto a Sacerdotisa se ungem com Óleo do Fogo das Fadas.

Eles levantam as mãos e dizem:

Nós somos da fé das fadas. Nós somos os filhos dos antigos. Seu poder está dentro de nossas veias. Vamos renovar este planeta. Estaremos atentos à sua irmã Lua e ao pai Sol. Abençoadas sejam as águas da vida. Que assim seja.

A Alta Sacerdotisa segura o pelo de coelho em suas mãos e o consagra, pedindo a Ostara que a abençoe com sua Magia.

Todos os presentes seguem os gestos do Sacerdote e da Sacerdotisa, levantam as mãos para o céu e dizem:

Honramos o Deus da luz e a Deusa da beleza e do poder.

Alta Sacerdotisa:

Enviamos essa Magia aos ventos da mudança. Que assim seja.

Todos se curvam e tocam a terra. Quando todos se levantam, o Círculo é destraçado e os ovos são compartilhados antes de passar para o Banquete.

ERVAS MÁGICAS

Durante esta época do ano, as Bruxas usam ervas e sementes para aproveitar ao máximo a riqueza e o calor curador do sol. Como em todos os Sabbats, no Equinócio de Primavera nos esforçamos para levar a força e a bondade do passado para o frescor da próxima estação. Usamos ervas para proteção e saúde, mas também para crescimento, prosperidade, amor e sorte. Imagens de trevo representando a Deusa Tríplice têm um significado especial nessa época do ano. Qualquer grama de três folhas é um presente das fadas, trazendo proteção e sorte. É costume deixar um sinal de agradecimento ao Outromundo quando você pega uma folha de trevo ou outra planta de três folhas. No Norte, os últimos dias de março às vezes podem ser frios, chuvosos e imprevisíveis. Esta ainda é uma época para trazer vida de fora para dentro. Açafrões ou jacintos florescerão, trazendo a sensação de uma nova vida primaveril para a sua casa. Às vezes, crio pequenos jardins de pedra para meus peitoris ou altar, colocando galhos, pedras e musgo em um prato ou tigela especial. Musgo é um excelente aglutinante para feitiços. Traz umidade e frescor para dentro e é usado em encantamentos e filtros para atrair riqueza. A verbena, uma das ervas mais sagradas para as Bruxas, traz riqueza, amor, proteção e ainda é boa para limpar o sangue. Madressilva é usada para clareza de visão e inspiração criativa na primavera.

Aqui está uma lista de ervas, sementes e plantas que são frequentemente usadas no início da primavera:

Açafrão	Narciso
Bolota	Orvalho da manhã
Carvalho	Raiz de Lírio
Corniso	Rosa Mosqueta
Erva-cidreira	Sabugueiro
Estragão	Salgueiro
Filipendula	Semente de girassol
Giesta	Sementes de maçã, pera e pêssego
Lavanda	Tanásia
Levístico	Tomilho
Lilás	Trevo
Lírio-do-vale	Tulipa
Madressilva	Verbena
Manjerona	Violeta
Musgo do Carvalho	

FILTROS, INCENSOS E ÓLEOS

A chegada da primavera traz uma sensação renovada de energia para quase todos na Terra. O Sol brilha mais forte e por mais tempo e há tanta atividade no ar, canto de pássaros, brisas frescas, rajadas de vento brincalhonas, que às vezes nos sentimos cansados antes que o dia termine. Proteger nossa saúde é importante agora, assim como limpar o ar para futuras atividades e relacionamentos da primavera. As Bruxas muitas vezes queimam giesta em incenso para purificar e proteger. A queima de flores e caules de giesta também muda o clima, acalmando o vento ou agitando-o. No entanto, você não deve mudar o clima por razões egoístas, porque mudar o clima em uma parte do mundo afeta os padrões climáticos de todo o Planeta. Verbena e musgo são usados em filtros e incensos para resolver conflitos que possam surgir em meio à energia frenética e às forças da primavera. Muitas vezes, nas manhãs de primavera, saio para recolher o orvalho matinal da grama e das folhas das árvores. O orvalho da manhã é para o poder e é frequentemente usado em óleos para aumentar sua intenção mágica.

Filtro Face de Flor

Lavanda seca
Maçãs secas
Narciso
Trevo
Giesta
Violetas secas

Misture todos os ingredientes em uma tigela ou saco mágico.

Óleo de Ostara

1 medida de óleo de amêndoa
1 medida de óleo de lavanda

1 medida de óleo de sabugueiro
1 medida de óleo de violeta
1 medida de patchouli

Aqueça todos os ingredientes em uma panela esmaltada. Retire do fogo. Deixe esfriar. Mantenha em frascos verdes, azuis, rosa ou lavanda.

Óleo de Blodeuwedd

1 medida de lírio-do-vale
1 medida de óleo de madressilva
1 medida de óleo de violeta
Erva-cidreira

(Instruções como a anterior)

Incenso de Proteção da Primavera

Uma parte de cada uma das seguintes ervas:

LAVANDA, PATCHOULI E VERBENA.

Coloque todos os ingredientes em uma tigela ou saco mágico com as cores da primavera. Para carregar, traga para seu Espaço Sagrado ou Círculo Mágico durante o ritual.

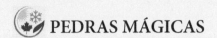 **PEDRAS MÁGICAS**

Durante esta época do ano nos esforçamos para alcançar o equilíbrio ideal representado pelo Equinócio de Primavera. As pedras, assim como as árvores, são nossos livros vivos, dos quais obtemos conhecimento e orientação espiritual. Ao lidar com pedras, manuseie-as com cuidado. Sinta seu peso e vibração na palma da sua mão. Você prefere certas pedras a outras? As cores encontradas em uma determinada pedra são mais agradáveis aos seus olhos do que as cores de outra? Quando descobrir quais cores, tamanhos e formas de pedras são certas para você, poderá usá-las de várias maneiras mágicas. As Bruxas usam pedras para meditação. Nos filtros as pedras ajudam a aumentar o poder do encantamento. Durante a primavera, usamos pedras como amuletos ou talismãs para força, centralização, proteção e boa sorte. Pedras dispostas em círculos ou voltadas para as quatro direções atraem e emitem mais poder e energia mágica. As pedras brancas tendem a trazer equilíbrio às nossas vidas e nos ajudam a apontar os caminhos corretos. Pedras verdes geralmente significam crescimento, cura e sucesso.

Aqui está uma lista de pedras que costumo usar na minha Magia nesta época do ano:

<table>
<tr><td>Ágata</td><td>Granada</td></tr>
<tr><td>Amazonita</td><td>Lápis-lazúli</td></tr>
<tr><td>Cristal de quartzo claro</td><td>Quartzo-rosa</td></tr>
</table>

FEITIÇOS MÁGICOS

A primavera também é uma época para plantar ideias. É nesta estação que nossas mentes sonham com planos para nossas carreiras, relacionamentos e amor. Invocamos Blodeuwedd, Deusa da Lua Misteriosa, para que possamos prever o futuro corretamente. Pedimos a ela que nos ajude a tornar nossos sonhos e esperanças realidade. Por volta desta época do ano, muitas vezes medito no aninhamento de novos pássaros e no novo crescimento de plantas, flores e videiras. Assim como os pássaros constroem seus ninhos, muitos de nós muitas vezes sentimos vontade de redecorar nossas casas ou escritórios. No Equinócio de Primavera, deixo mechas do meu cabelo nas árvores do meu jardim para ajudar os pássaros a criarem suas próprias casas para seus bebês. Pele de coelho, representando fertilidade e crescimento, é frequentemente usada em feitiços de primavera como vivificadora. Em meu próprio feitiço, procuro me equilibrar e me harmonizar com a energia inacreditável da estação, e projeto boa saúde, boa sorte e confiança para alcançar meus objetivos. Aqui estão alguns feitiços que você pode tentar.

Meditação de Limpeza da Primavera

Muitas vezes nos agarramos a detritos emocionais e espirituais, mantendo-os trancados até que logo se tornem desordem espiritual. Aqui está uma meditação para ajudá-lo a fazer uma limpeza espiritual da primavera. Entre em *alfa*. Imagine-se limpando um sótão antigo cheio de pratos de vidro e móveis velhos e baús. Veja as teias de aranha penduradas nas vigas e a poeira em tudo. Vá para uma janela no final do sótão e abra-a. Sinta o ar agradável e fresco começando suavemente a entrar no sótão. Pegue sua Vassoura de Bruxa mágica e comece a varrer. Em seguida, pegue as pilhas de poeira e jogue-as pela janela. Pegue um Bastão Mágico e toque nos móveis, vidros e baús. Veja-os todos limpos e espanados. Toda a poeira, teias de aranha e sujeira voam pela janela. Pegue um cristal de polimento e toque em cada objeto até que esteja limpo e brilhante. Há um espelho de corpo inteiro no canto. Fique na frente dele e verá que limpou tudo, menos você mesmo. Assim como na história da Cinderela, você balança seu Bastão e a poeira e as teias de aranha do seu cabelo desaparecem. Seu cabelo está brilhante e bonito, sua pele está radiante e limpa, seus dentes brilham e sua roupa fica nova. Agora olhe para o seu espírito e para sua aura. Você pode ver teias de aranha e poeira ali também. Se fizer isso, use sua Vassoura Mágica, o Bastão e o cristal. Toque todas as teias de aranha em seu espírito, corpo e cérebro. Certifique-se de que tudo esteja claro, limpo e brilhante, reluzindo com uma luz intensa. Sempre que sentir que tem teias de aranha, poeira e desordem em seu espírito e vida, sente-se e faça esta meditação.

Feitiço do Equinócio de Primavera

Este é um feitiço para aumentar sua riqueza e poder de ganho. Você vai precisar de:

1 amazonita
1 bolsinha mágica azul
1 bolsinha mágica rosa
1 Cálice cheio com água mineral

EQUINÓCIO DE PRIMAVERA

1 lâmina ritual ou Bastão pequeno
1 Espelho Mágico
1 granada
1 ovo tingido ou pintado de azul
1 Pentáculo de altar
1 pergaminho
Caneta azul
1 tigela grande com água morna e uma toalha
1 vela rosa, 1 azul e 1 branca
2 pedras de lápis-lazúli
Carvão e Turíbulo
Incenso de Proteção da Primavera (ver pág. 122)
Óleo do Fogo das Fadas (ver pág. 97)
Óleo de Ostara (ver pág. 121)
Pelo de um coelho vivo

Monte seu altar e lance seu Círculo, coloque o Espelho Mágico acima do seu Turíbulo. Acenda o carvão e coloque incenso nele. Unja as velas rosa, brancas e pretas com Óleo de Ostara. Unja a vela azul com Óleo do Fogo das Fadas. Ela representa Júpiter. A energia de Júpiter influencia as pessoas em postos elevados, expande carreiras e visões e ajuda a vencer.

Pegue seu Pentáculo de altar ou estenda sua mão para o Norte e diga:

CHAMO O ELEMENTO TERRA, O TEXUGO.

Aponte para o Leste e diga:

CHAMO O ELEMENTO FOGO, A RAPOSA VERMELHA.

Aponte para o Sul e diga:

CHAMO O ELEMENTO AR, A CORUJA.

Aponte para o Oeste e diga:

CHAMO O ELEMENTO ÁGUA, O SALMÃO.

Lave as mãos na água morna e seque-as com a toalha. Pegue a caneta e escreva o seguinte encantamento no pergaminho:

Peço, em nome da Deusa Ostara, que me seja concedida uma conexão com o crescimento da primavera, que meus poderes de ganho sejam ampliados, minha saúde melhorada, meu espírito se eleve em direção às necessidades do meu Deus e Deusa. Peço que isso seja correto nos planos do Deus e da Deusa e para o bem de todos.

Levante o Bastão pequeno e toque-o na água do Cálice, dizendo:

Peço a Ostara que entre neste Cálice sagrado e carregue esta água com sua energia, para que eu possa beber as águas da vida.

Em seguida, beba a água. Sinta a Deusa Ostara entrando em sua aura. Ela o ajudará a ser mais poderoso e a alcançar tudo o que desejar para você e para o bem do mundo. Toque o ovo azul com o Bastão e então fale seu encantamento em voz alta. Coloque incenso no carvão. Passe o encantamento pela fumaça. Toque as pedras e o pelo de coelho com o Bastão e carregue-os magicamente com a energia de Ostara. Unja-o com o seu óleo. Coloque as pedras no saquinho mágico. O rosa é para levar com você. O outro é para colocar ou pendurar em sua área de estar. Sente-se e olhe para o seu Espelho Mágico. Peça a Ostara que lhe mostre um sinal ou um símbolo que você usará para aprimorar sua Magia até Beltane.

Diga isto para o espelho:

Espelho mágico, mostre-me qual símbolo deverei usar.

Depois de destraçar o Círculo, mantenha seu encantamento com você. Não o queime. Toda vez que pensar nas coisas que pediu, imagine em sua mente o símbolo que recebeu em seu Espelho Mágico. Se desejar, desenhe o símbolo em um pedaço de pergaminho ou no feitiço que está carregando.

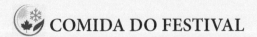

COMIDA DO FESTIVAL

As brisas frescas e limpas do início da primavera trazem consigo novos aromas saborosos da cozinha. O cordeiro da primavera é jovem e macio agora, e os vegetais estão começando a ter um sabor melhor e estão mais firmes e frescos. O creme e o leite do Imbolc ainda fazem parte da refeição de fim de ano, mas os ovos desempenham um papel mais importante em todos os alimentos consumidos nessa época. Em seu maravilhoso livro *Enciclopédia de Wicca na Cozinha Mágica* Scott Cunningham escreve: "*De acordo com uma crença, os ovos são os símbolos perfeitos da criação. Não apenas ele produz vida em si mesmo (se forem fertilizados), mas a casca representa a Terra; a membrana o Ar; a gema o Fogo; e o branco a Água*". O ovo é o início da vida e é considerado tão mágico que representa os mistérios dos primórdios de todo o Universo e tudo o que vemos no mundo.

Durante nossas celebrações do Equinócio de Primavera, usamos ovos em praticamente todas as refeições. Para o café da manhã, fazemos deliciosos omeletes e ovos escalfados usando ervas como tanásia, endro e salsa. Costumamos assar pão com um ovo decorado dentro. Usamos violetas para realçar as frutas e adicionar brilho às saladas do início da primavera, guarnecidas com ovos cozidos. A Festa de Ostara é um momento de agradecimento pela fertilidade e crescimento que a Mãe e o Sol produziram tão generosamente. Seguem algumas sugestões do que servir:

Banquete de Ostara

- Posset (ponche de leite quente)
- Cordeiro da primavera assado com ervas
- Ovos recheados de Ostara
- Salada do Homem Verde com molho verde
- Ovos de Ostara recheados
- Ovos de Ostara cristalizados

Posset (Ponche de Leite Quente)

½ xícara de açúcar
½ xícara de rum escuro
1 colher de chá de casca de limão ralada

1 xícara de conhaque
1 xícara de leite integral
2 claras de ovo
5-6 amêndoas moídas

Em uma panela, amorne o leite, a casca de limão e o açúcar. Pouco antes da mistura de leite começar a ferver, adicione as amêndoas e retire do fogo. Bata bem e misture delicadamente as claras em neve. Adicione o rum e o conhaque e mexa até ficar espumoso. Sirva em um Caldeirão carregado.

Cordeiro Assado com Ervas

1 copo de vinho tinto ou branco seco
2 chalotas
2 kg de perna de cordeiro
Cebolinha
Estragão
Farinha
Lascas de alho
Leite ou creme de leite
Limão
Manjericão

Tomilho Esfregue as laterais da assadeira com manteiga para que não grude. Coloque o lado da gordura do assado para cima e esfregue com alho para proteção, limão para o sol, manjericão para amor e as ervas restantes. Faça pequenos cortes na assadeira, inserindo lascas de alho. Na metade da torrefação, adicione vinho, cebolinha e mais ervas a gosto. Asse 30 minutos na temperatura de 180. Retire o assado.

Ferva e reduza os respingos ou engrossamento com creme de leite ou leite e farinha.

Salada do Homem Verde com Molho Verde

Abobrinha
Agrião
Pepinos

Misture todos os ingredientes em uma saladeira. Molho com limão e mel ou molho verde: uma xícara de maionese, ¼ xícara de pesto, uma pitada de agrião, sementes de papoula e uma pitada de vinagre.

Ovos de Ostara Recheados

Comer ovos no Equinócio de Primavera é equivalente a ingerir a energia de Ostara.

¼ xícara de açúcar
½ xícara de vinagre ou suco de pepino doce
2 xícaras de maionese
8 ovos, cozidos
Agrião
Tomilho fresco ou manjericão

Descasque os ovos cozidos e corte no sentido do comprimento, de ponta a ponta. Retire as gemas e triture ou bata no liquidificador. Adicione a maionese, o açúcar e o vinagre. Bata até ficar cremoso. Encha as claras com a mistura, usando um saco de confeitar ou colocando cuidadosamente a mistura com uma colher de chá. Decore com tomilho fresco ou manjericão, se desejar, e coloque agrião por baixo do prato.

Ovos Cristalizado de Ostara

Faça furos em ambas as extremidades de 8 ovos. Sopre em uma das extremidades até que o ovo seja esvaziado. Feche o buraco com fita adesiva e abra o outro do tamanho de uma moeda. Lave a casca do ovo, enxágue e coloque de volta na caixa de ovos. Derreta o chocolate ao leite ou barras crocantes em fogo baixo. Despeje o chocolate nas cascas dos ovos. Leve à geladeira até o chocolate endurecer. Para comer, retire a casca externa.

ATIVIDADES ANTIGAS

A antiga tradição de colorir ovos na primavera era praticada pelos celtas, mas foi elevada a uma forma de arte requintada pelas tribos da Europa Oriental. A Ucrânia, em particular, é admirada há séculos por seus designs notáveis. Certa primavera, antes da queda do Muro de Berlim, uma jovem que desertou da União Soviética apareceu na minha porta para me vender seus ovos. Eles eram as únicas coisas que conseguira trazer com ela, e agora eles a estavam colocando em bom lugar, ajudando-a a ganhar dinheiro para sobreviver em seu novo mundo. Os ovos pretos eram lindamente decorados com desenhos tradicionais. Comprei tantos quanto pude e dei muitos aos membros do meu Coven. As Bruxas geralmente não tingem seus ovos, mas os pintam com símbolos, runas e desenhos em faixas. Os celtas pintavam seus ovos de vermelho escarlate para simbolizar o Sol ardente. Um ovo verde com uma serpente enrolada simboliza a fertilidade e o nascimento do Universo. Uma maça é o símbolo sagrado da Bruxa e um dragão é frequentemente usado para representar Merlin, o Mago.

Uma variedade de corantes pode ser feita usando as raízes de certas ervas e cascas de vegetais. Cinco ou seis caules de raiz de garança ou flor de tojo ficarão vermelhos, por exemplo.

Use menos que essa quantidade para obter um rosa claro. Faça amarelo da raiz de açafrão, encontrada no corredor de especiarias no mercado, e um azul de sementes ou folhas da planta pastel-dos-tintureiros. Os celtas costumavam pintar seus rostos e corpos com tinta feita de pastel--dos-tintureiros. Ferva a casca da cebola para obter um laranja-claro. Os topos da cenoura produzem um amarelo-esverdeado pálido e o tussilago ou a samambaia produzem o verde. Folhas de repolho roxo e vinagre ou amoras ou mirtilos esmagados criam um azul e cinza-azulado.

A seguir está uma lista de alguns dos símbolos mais comuns que as Bruxas pintam em ovos e seus significados:

ANCINHO OU ENXADA: Agricultura.
MOTIVOS CIRCULARES: Círculo Mágico, Roda do Ano, Ciclo Eterno da Vida.
CARVALHO: Rei do Carvalho, Merlin, Força, Sabedoria.
CERVO OU CORÇA: Prosperidade, Fertilidade, Deus Cornífero.
CHIFRES: Deus Cornífero, Força Vital da Natureza, Fertilidade.
ESTRELAS: Roda de Prata, Deusa Arianrhod.
FLORES: Blodeuwedd.
LUA: Deusa Tríplice, Mistérios Lunares.
ONDAS: Elemento Água.
SOL: Deus Jovem, Bel, Deus da Luz, Inspiração

Caça ao Ovo

Depois de pintar ou tingir seus ovos e decorá-los com símbolos com significados diferentes, esconda-os. Se o tempo permitir, esconda--os do lado de fora, mas em algumas partes do mundo nessa época do ano geralmente é muito frio para aproveitar o ar livre por muito tempo. Crianças e adultos gostam de uma boa caça aos ovos, mas se você só conseguiu decorar um número limitado deles, é melhor deixar a caça para as crianças. Os símbolos e runas pintados nos ovos que eles encontrarem têm augúrios para o futuro. Como um prêmio, muitas vezes damos um vaso de árvore com o nome da criança que encontra mais ovos.

Quando eu era pequena, lembro-me de uma caça aos ovos que meu pai planejou para nós durante a temporada do Equinócio de Primavera. Estávamos em Oklahoma visitando parentes quando meu pai me acordou no início da manhã. Todos nós pulamos em seu velho carro de turismo e vagamos por algumas estradas de terra até ele cortar o caminho que dava em um riacho. Nós mergulhamos, o carro atravessando o riacho todo o caminho, até que o córrego se abriu em um lindo prado iluminado pelo sol brilhando no orvalho da manhã. Foi ali que caçamos os ovos.

Olhando para trás, percebo que o Equinócio de Primavera era uma época mágica do ano para minha família. Minha mãe, embora não fosse uma Bruxa, era, na minha opinião, tocada pelas fadas e em sintonia e sensível aos caminhos do encantamento. Todos os anos ela colocava veludo preto sob minha cesta de ovos e doces. Na noite anterior, ela mergulhava as patas do meu gato em talco para fazer pegadas de "coelho" no veludo. Eu ficava tão encantada com aquilo. Achava que o coelhinho realmente viria à minha casa todos os anos, e até hoje não tenho muita certeza se ele realmente não ia!

MAGIA DAS FADAS

À medida que os últimos dias do inverno são levados pelos ventos frios de março, olhamos para o Mundo das Fadas em busca de presságios da primavera. Existe uma velha expressão das fadas que diz: *"Mantenha um olho no coelho e o outro pássaro"*, significando que as respostas que você procura são frequentemente encontradas na Natureza. Corvos, por exemplo, são sinais favoráveis de uma boa safra. Na primavera, geralmente é uma boa ideia alimentar os corvos para que eles não comam sua colheita. Aves e coelhos, é claro, trazem mensagens de crescimento e de uma primavera promissora. Círculos de cogumelos, que muitas vezes vemos na primavera e no verão, são anéis de fadas e lugares de grande poder e Magia.

Frequentemente, nesta época do ano, as Bruxas invocam ou conclamam o Deus das fadas, conhecido como o "Homem Verde", divindade que encarna o espírito do crescimento e a magia encontrada na Natureza, e que é um Deus sagrado dos bosques e das árvores. Ele tem muitas associações com o Deus Cornífero celta e o britânico Cernunnos. O Deus Cornífero simboliza o lado masculino da Natureza. Ele também é o Deus dos Bosques e assume muitas formas, como o Deus Hearne, que conhecemos no Yule na forma do Cervo. Na primavera, Cernunnos abre as comportas da vida.

O equilíbrio e o círculo perfeito da roda também nos é dado pelas fadas e é uma imagem importante nesta época do ano. Nos tempos antigos, como parte do ritual do Equinócio de Primavera, uma roda de fogo era lançada do alto da Colina Sagrada das Fadas, onde as festividades geralmente eram realizadas. Essa prática continuou em algumas áreas até o século 18. As Rodas de Fogo originais eram símbolos da Cruz Celta, um Círculo Mágico com raios representando as quatro direções e os quatro elementos. Esta é também a Roda de Fogo do Sol ardente.

A primavera é um ótimo momento para estar ao ar livre e em contato com o ambiente natural. Aqui está um feitiço que vai ajudá-lo a apreciar melhor a Magia das árvores:

Feitiço da Árvore Sagrada

Você vai precisar de:

1 amazonita
1 Bastão Mágico ou lâmina ritual
1 Cálice com água de nascente
1 cristal de quartzo transparente
1 fita vermelha, 1 rosa, 1 lavanda
1 pote de cinzas
1 quartzo-rosa

EQUINÓCIO DE PRIMAVERA

1 tigela com água de nascente
1 tigela de sal da terra e sal marinho combinados
1 Turíbulo e carvão
1 vela branca, 1 preta, 1 verde e 1 amarela
3 ramos pequenos de uma árvore sagrada
4 fitas de cetim verde, cada uma com 2 m
Incenso de Proteção da Primavera (ver pág. 122)
Óleo do Fogo das Fadas (ver pág. 97)
Óleo de Ostara (ver pág. 121)
Pergaminho e caneta rosa

Defina seu altar e lance seu Círculo. Acenda o carvão e coloque incenso sobre ele. Ponha a tigela de sal à sua esquerda e a tigela com água à sua direita.

Unja as velas com Óleo de Ostara e diga:

OSTARA, ACENDA ESTE FOGO COM SUA FORÇA, DEUSA DO DIA E DA NOITE.

Coloque os três galhos em seu altar onde você possa alcançá-los. Levante seu Bastão e diga:

OSTARA, DEUSA DA PRIMAVERA, Ó HOMEM VERDE, DEUS DA FERTILIDADE, VENHA PARA MINHA TERRA SAGRADA. EMPODERE-ME E GUIE MINHA MÃO.

Use sua caneta rosa e escreva este feitiço:

HOMEM VERDE, CONCEDA-ME O FUTURO QUE AGORA POSSO VER. VOCÊ É A CRIAÇÃO DA GRANDE MÃE. ELA DÁ O AR, O SOPRO DA VIDA. ELA DÁ ÁGUA, AS ÁGUAS DA VIDA. ELA DÁ COMIDA, O SUSTENTO DA VIDA. E ELA DÁ PAIXÃO, A CENTELHA DA VIDA.

Coloque três gotas de Óleo de Ostara e Óleo do Fogo das Fadas na tigela com água.

Pegue as fitas uma a uma. Segure a fita rosa primeiro e diga:

ESTA FITA DEFINE O TEMPO DO AMOR-PRÓPRIO E ELA ME PERTENCE.

Mergulhe-a na água da tigela. Pegue a fita de lavanda:

ESTA FITA CONCEDE EQUILÍBRIO, ASSIM A MÃE TERRA VIVE.

Mergulhe na água da tigela. Pegue a fita vermelha e diga:

VERMELHO, O FOGO DO MUNDO DAS FADAS, CURA A TERRA PELA MINHA MÃO.

Mergulhe na água. Pegue as quatro fitas verdes e diga:

HOMEM VERDE! HOMEM VERDE! SEUS PODERES SÃO COLOCAR ESTE FEITIÇO NA ÁRVORE.

Pegue os três ramos de árvore sagrada e toque-os com seu Bastão. Toque o sal e depois o seu Cálice e diga:

ÁGUAS DA VIDA, CONCEDAM-ME OS PODERES DA ÁRVORE VIVA.

Tome um gole da água e guarde o resto. Leia o encantamento em voz alta. Acenda-o com a vela verde e coloque-o no pote de cinzas para queimar. À medida que queima, visualize os encantamentos acontecendo. Toque o Bastão nos cristais para carregá-los. Destrace seu Círculo.

Leve a tigela com água salgada, cinzas e fitas para a árvore sagrada do lado de fora. Deixe o sal em uma tigela na base da árvore. Espalhe as cinzas ao redor dela. Enterre seu cristal na terra sob a base da árvore ou pendure-o em algum lugar em um dos galhos. Uma a uma, amarre as fitas nos galhos da árvore e lembre-se de seus encantamentos, para reforçá-los. A árvore fará a magia por você.

Beltaine

1º de maio no Hemisfério Norte
31 de outubro no Hemisfério Sul

No Outromundo, a cada ano na véspera de Beltane, um potro é roubado no estábulo de um homem chamado Tiernon. Em uma Véspera de Maio, Tiernon decide perseguir o ladrão. Ele recupera o potro, retorna ao estábulo e encontra um menino enrolado num cobertor. Ele cria o garoto como se fosse seu e os cavalos se tornam amigos do menino. No entanto, à medida que o menino amadurece, Tiernon percebe que ele é o filho sequestrado da Deusa Rhiannon e o devolve para sua mãe.

Quando foi descoberto que a criança tinha desaparecido, Rhiannon foi injustamente acusada, pelas babás do bebê, de ter comido o menino. Ela foi condenada a ficar sete anos em frente ao grande salão, oferecendo-se para carregar nas costas todos os que desejam entrar. Ela também deveria contar sua história para quem quisesse ouvir. Quando finalmente seu filho perdido foi devolvido a ela, Rhiannon disse: "*Finalmente meu problema acabou*". Ela então dá o nome de *Pryderi* ao menino, que significa "problema".

O nome Rhiannon se traduz como "a Grande Rainha". Ela é uma grande Deusa das tribos galesas, que monta um cavalo branco e é capaz de se transformar em um cavalo mais veloz do que qualquer outro. Ela conhece seu futuro marido e pai de Pryderi, Pwyll, na Colina Sagrada das Fadas, o Monte de Arberth, no País de Gales. Ele a persegue em seu cavalo, mas o cavalo dela é sempre mais rápido. Quando decide parar, Rhiannon escolhe Pwyll para ser seu companheiro. Ela diz a ele que foi prometida a outra pessoa sem seu consentimento, e que ela ama Pwyll. Um ano e um dia depois, Pwyll aparece na casa do pai de Rhiannon. Ele ganha sua mão em casamento, mas apenas graças ao seu raciocínio rápido e sua perícia em Magia, pois Rhiannon dá a Pwyll uma bolsa mágica para prendê-la ao seu noivo. Unidos, eles retornam ao seu reino para governar. Por ainda não ter dado um filho a Pwyll, Rhiannon não é muito querida pelo povo da terra dele. Ela finalmente concebe e dá à luz, mas seu filho é roubado em sua infância (para ser descoberto depois por Tiernon no estábulo) e Rhiannon é sentenciada à sua punição.

O tema da Grande Mãe e seu Filho, que se perdeu ou foi roubado e depois voltou para se tornar o seu herói, ocorre repetidas vezes na mitologia celta. Embora Rhiannon possa ser invocada ou chamada em qualquer ponto da Roda do Ano, muitas vezes me pego refletindo sobre sua história e seus incríveis dons em Beltane ou Samhain. Estas são as duas épocas do ano em que o véu entre os dois mundos é mais fino, uma época reverenciada e acarinhada pelos celtas, que dividiam o ano não em quatro estações, mas em duas, inverno e verão. Beltane marca esse ponto de virada da época, que está no limite do tempo, quando o inverno termina e o verão está prestes a começar.

Para mim, a história de Rhiannon revela muitos dos temas que o festival de Beltane representa. Ela é portadora e catalisadora da escuridão e luz, felicidade e tragédia, morte, vida e renascimento. Rhiannon carrega muitos fardos para o benefício de seu povo e da terra. Quando seu filho é devolvido, ela sente um grande alívio. Assim como os problemas dela acabaram, em 1º de maio, os nossos também terminam. A época escura do ano, com todas as suas desgraças de inverno, em Beltane, torna-se uma memória distante. A esterilidade do inverno eventualmente termina com o nascimento do filho de Rhiannon. No mito, sempre que Rhiannon e Pryderi sofrem, a terra sofre, porque ela é a Terra e ele, o Sol. Sempre que eles se reencontram, a terra rejuvenesce, cheia de vida e ainda mais exuberante e abundante do que antes. Beltane nos leva àquela época da Roda do Ano em que a vida é boa e mais doce do que jamais poderíamos imaginar no inverno.

MAGIA DA TERRA

A palavra Beltane significa simplesmente "Fogo de Bel". *Bel* é o "luminoso" ou "brilhante". Os romanos o chamavam de *Belenos*, mas suas raízes também podem estar ligadas ao *Baal* da Ásia, que significa "Deus".

BELTANE

No moderno irlandês, *Beltane* significa "maio". Em sua homenagem, na véspera de primeiro de maio, os antigos celtas acendiam duas grandes fogueiras usando nove das madeiras sagradas (ver Árvores Sagradas dos Celtas, pág. 250.) Nessa noite, rebanhos de animais eram conduzidos ritualmente entre os dois fogos para purificá-los e protegê-los de doenças e danos. De lá, eles eram enviados para pastagens de verão até o Samhain seguinte, quando mais uma vez retornariam aos seus currais para passar o inverno.

Em Beltane, as Bruxas celebram a grande fecundidade da Terra. Em nosso rito acendemos uma fogueira de Beltane simbolicamente em um Caldeirão, usando as madeiras sagradas como faziam nossos ancestrais. Se tivermos espaço, acendemos uma grande fogueira mais de acordo com a tradição. No ritual celebramos a união entre a Grande Mãe e seu jovem Deus Cornífero. Sua união traz nova vida à Terra, que cada um de nós experimenta na exuberância da primavera.

Beltane é a estação para *go a-maying*[6]. Maio, o quinto mês na numerologia, é um mês de sensualidade e revitalização sexual. Nossos cinco sentidos estão particularmente aguçados em maio. O amor está no ar. Neste dia, os casais podem decidir viver juntos por um ano e um dia para ver se encontram um parceiro e amor para a vida. Depois de um ano e um dia eles podem decidir não renovar os votos. Este conceito de "casamento" é uma ideia aceitável para a Arte. Acredito que leva tempo para uma pessoa conhecer a outra. Não juramos viver nossas vidas juntos "até que a morte nos separe". As Bruxas entendem os caminhos da natureza, embora sempre se esforcem pelo melhor afeto e vida familiar que podem ter baseada no amor e confiança mútuos. Nos relacionamentos, as pessoas crescem, aprendem e às vezes mudam completamente de personalidade. Ao viver com outra pessoa e experimentar a educação que um relacionamento tem a oferecer, os casais muitas vezes podem ampliar suas visões sobre carreiras, talentos e objetivos. Entrar em um *handfasting* de um ano e um dia é positivo para todas as partes envolvidas. Cada um pode entrar na união sem se sentir preso. Eles sabem que podem optar por não continuar, dando ao relacionamento liberdade e força ao mesmo tempo.

---

6. N.T.: expressão própria da Véspera de Maio, que significa o ir e vir dos jovens à floresta para colher flores e levá-las para casa.

Filhos de *handfastings* não são considerados "sem pais". As meninas sempre mantêm o sobrenome da mãe. Se um casal tem um menino, ele mantém o nome de sua mãe, mas usa o nome de seu pai por último. Minhas duas filhas têm meu sobrenome. Meu neto tem o sobrenome do pai e o nome da mãe com hífen. Por esse arranjo, ninguém perde sua linhagem e a linha ou herança da mãe é tão poderosa quanto a do pai.

A Véspera de Maio é um momento de preparação para o Primeiro de Maio. Certo ano, enquanto visitava a Inglaterra, fui convidada a me juntar ao clã de meus amigos para a celebração de Beltane. Acordei ao raiar do dia, Véspera de Maio, e abri as janelas pesadas que davam para um campo de pastagem de gado. Ouvi risadas abafadas e gritinhos. Olhei mais longe pela janela e vi meus anfitriões no jardim molhando uns aos outros com galhos cobertos de orvalho fresco. É dito que se você se banhar no orvalho da manhã da Véspera de Maio, será presenteado com a beleza. Desci as escadas correndo, lavei o rosto e saí para me juntar a eles.

Alguns do Coven começaram a chegar. Carregavam grandes cestos e cachos de todas as flores do interior da Inglaterra. Havia violetas e prímulas, flores de parede e papoulas. Eu nunca tinha visto um arranjo tão bonito de flores primaveris. Nós os trouxemos para a cozinha e começamos a fazer guirlandas e coroas para a reunião. O nascer do sol quente estava brilhando e eu podia ouvir os pássaros nos prados. Sentar-se naquele chalé com telhado de palha perto do Tor foi um momento romântico e mágico para mim. Eu me senti como se estivesse em nossa terra sagrada, o País de Verão.

Em uma colina, os membros do grupo estavam preparando uma Fogueira de Bel, usando carvalho, azevinho e o resto das madeiras sagradas. O fogo deveria ser aceso ao crepúsculo. O doce perfume das flores fez minha cabeça leve e todos nós sentimos o feitiço do flerte da primavera. Depois de completar nossas coroas florais, levamos um tempo para dirigir até os campos e tocar as pedras erguidas que estavam próximas, sabendo que o poder da primavera estava em pleno vigor. Essa noite foi passada cantando, festejando, dançando e observando as chamas na colina.

No dia seguinte, eu estava muito animada para participar do Círculo de Beltane e assistir a dança do mastro. As crianças não precisavam participar. Eles tinham feito isso durante toda a vida. Alguns dos carvões em brasa foram trazidos das colinas e guardados em um Caldeirão para todos pularem antes da dança do mastro. Muitas pessoas mais velhas seguravam galhos de árvores floridas e começaram a dançar ao redor, batendo no chão com os galhos para apressar a primavera e acordar a terra.

Preparações

Verde é a cor de Beltane. O altar deve ser coberto em pano verde e decorado com ervas e flores desabrochando. Para este ritual, você vai precisar de uma coroa de flores, um Cálice com água de nascente, um Athame ou lâmina, um Caldeirão, galhos da lista de madeiras sagradas (ver pág. 250), e fósforos de altar.

O que vestir

Os celtas eram extremamente interessados em ornamentação e eram muito extravagantes em suas roupas. Embora muitos praticantes da Arte, particularmente os seguidores da Bruxaria Alexandrina e Gardneriana, realizem seus rituais "vestidos de céu", ou em "nudez ritual", praticar dessa maneira não é necessariamente parte da tradição celta, onde a Bruxaria começou. O naturismo, ou a prática nua, é a visão de um homem sobre a Arte. Gerald Gardner trouxe essa interpretação para nossa religião, assim como eu trouxe a ênfase na ciência. Embora eu respeite esses pontos de vista, não aderi a ele. Na minha opinião, se a energia é capaz de penetrar paredes e percorrer distâncias entre planetas e sóis, ela pode penetrar nas roupas e afetar totalmente meu corpo, espírito e mente. Usar roupas, joias e maquiagem era importante para nossos ancestrais celtas. Eles usavam coroas, diademas, luvas, mantos, *tartans*[7] e vestimentas em cores vibrantes, como escarlates, azuis, violetas, verdes, marrons e vermelhos. Os celtas têm uma longa história de fabricação de tecidos. Tecer, fazer nós e costurar são intrínsecos à nossa Magia. Nós tecemos feitiços e costuramos símbolos mágicos que são ricos em significado em nossas roupas. A joia celta rivaliza com a dos egípcios e pode até tê-la inspirado.

---

7. N.T.: tecido tradicional escocês quadriculado.

Em nosso festival de Beltane, usamos mantos verdes, muitas vestimentas coloridas e coroas de flores. Às vezes, trançamos flores no cabelo ou vestimos máscaras de folhas verdes para representar o "povo verde", ou a raça de Pan, que tem orelhas pontudas e chifres pequenos. A lenda de Robin Hood, que se vestiu de verde da cabeça aos pés, simboliza o retorno dos dons roubados de nós por Winter[8], um espírito da floresta verde e campeão da terra e do povo.

Dança ritual

A dança é um meio pelo qual estamos presos ao passado; ela fornece um reflexo de nossas crenças e fé. Dançar é sentir o espírito. A maioria de nós sabe instintivamente como dançar. Temos dançado toda a nossa vida. Está em nosso sangue. E quando nós, como Bruxos, realizamos nossos rituais, não existe uma rotina definida ou uma forma certa ou errada de dançar. Gostamos da companhia e da intensidade que sentimos quando nossos companheiros Bruxos dançam. Estamos compartilhando sensibilidades. Os movimentos da dança, que podem ser generosos ou ressonantemente simples, tornam-nos profundamente conscientes das energias positivas que nos esforçamos para despertar. Em suma nos faz sentir bem, unidos e vivos. A dança é uma forma de celebrar nossa experiência humana em alegria. Movimentos e gestos evocam o tipo de experiência significativa que nos liga ao nosso propósito. São muitos os benefícios derivados da dança durante os rituais. Algumas danças capturam o clima de um ritual particular com uma mistura de afeto, devoção e alegria. Nossas danças geralmente são feitas em círculos, ao som da música. Nos Sabbats, temos nosso próprio coral e músicos. Aqueles que são habilidosos na dança, podem realmente explorar movimentos mais sofisticados. Mas você pode simplesmente dar passos ou balançar. Cada movimento que realizamos sugere e aumenta nossa consciência um do outro e nosso propósito, que é honrar e amar nossa Mãe Terra, a Lua e os céus.

---

8. N.T.: *Winter* significa Inverno. A história traz em seu simbolismo uma alusão clara ao retorno do sol no verão, trazendo alegria e felicidade para todos após os dias frios do inverno.

O Ritual

No ritual de Beltane, os Elders do templo costumam escolher uma moça para representar a Rainha de Maio e um rapaz para representar o Rei Cortejador. Ela é coroada com flores e vestida com uma capa ou manto verde. Ele é coroado com chifres de veado e flores para representar o Cervo de Sete Galhos, e se veste de verde ou branco. O Cervo de Sete Galhos é o animal totêmico do Deus Cornífero Cernunnos e símbolo da força vital da Natureza.

Composto pelo Reverendo e Alto Sacerdote Richard Ravish do *Temple of Nine Wells*, o seguinte ritual foi inspirado espiritualmente. Richard me diz que a caneta começou a tremer em sua mão como se alguém estivesse escrevendo por ele a seguinte cerimônia transcrita:

Alto Sacerdote:

A LUZ, HÁ MUITO SUFOCADA PELO FRIO DO INVERNO NOS SALÕES DE BEL SOB A TERRA, É AGORA LIBERTADA. A DEUSA DANA, UMA VEZ APRISIONADA PELO SENHOR DA ESTAÇÃO ESCURA, É AGORA LIBERTA DE SEU DOMÍNIO. A SEMENTE DA VIDA ENTERRADA NA TERRA HÁ MUITO TEMPO, BROTA NOVAMENTE. PENSE AGORA NO CICLO INTERMINÁVEL DE LUZ E ESCURIDÃO; COMO A PRIMEIRA LUZ BRILHA INTENSAMENTE, E ENTÃO MERGULHA NAS PROFUNDEZAS, ESCURAS E PRÓXIMAS DA MORTE, SIM, SEM LUZ NO INTERIOR DA MORTE. NÓS, OS FILHOS SECRETOS DA DEUSA ÀS VÉSPERAS DO VERÃO, GUARDAMOS AGORA NOSSAS MEMÓRIAS DOS DIAS DE VERÃO E DAS ESTAÇÕES MAIS QUENTES DO PASSADO.

Alta Sacerdotisa:

NÓS CHAMAMOS POR NOSSA MÃE TERRA PARA RETORNAR, PARA REIVINDICAR SEU DOMÍNIO E SEU TRONO DE PODER. NÓS CHAMAMOS PELA RAINHA DE MAIO E PEDIMOS QUE ATENDA AO CHAMADO DE SEUS FILHOS.

(Neste ponto, outra Alta Sacerdotisa previamente escolhida é nomeada como Rhiannon e invocada pela primeira Alta Sacerdotisa.)

Alta Sacerdotisa:

RHIANNON, VOLTE. QUANDO PODEREMOS ANUNCIAR O RETORNO DE NOSSA DEUSA? COMO PODEMOS APRESSAR A CHEGADA DA PRIMAVERA? COMO PODEMOS FAZER A MAGIA DA VIDA RETORNAR E ENCORAJAR A MÃE DANA A COBRIR A TERRA COM VEGETAÇÃO E O CALOR DO AMOR?

(A Alta Sacerdotisa entrega uma coroa verde e decorada com flores para Rhiannon).

Alta Sacerdotisa:

ASSIM CELEBRAMOS ESTE DIA SAGRADO. ASSIM COROAMOS A RAINHA DE MAIO.

(Rhiannon coloca a coroa na cabeça).

Todos os participantes respondem em uníssono:

ACENDEMOS OS FOGOS DE BEL E INVOCAMOS NOSSA DEUSA. PEDIMOS A GRANDE DANA QUE RETORNE AO ABRAÇO LUXURIOSO DO PODEROSO BELENOS, O DEUS SOL, GRANDE DEUS DE SEMBLANTE BRILHANTE E BOCHECHAS CORADAS, DEIXE SUAS CHAMAS DERRETEREM O CORAÇÃO DE NOSSA DEUSA UMA VEZ MAIS. DEIXE SEU AMOR ENCHER A VIDA DENTRO DE SEU VENTRE.

(Um fogo de Bel agora é aceso em uma colina ou em um Caldeirão. A Alta Sacerdotisa invoca sobre o Caldeirão flamejante).

Alta Sacerdotisa:

OUÇA-NOS, ANTIGOS. NÓS CHAMAMOS A DEUSA DANA DE SEU REINO OCULTO, PARA QUE NESTE MOMENTO RECUPERE SEU PODER. NÓS A CHAMAMOS, Ó DANA, RAINHA DE MAIO, SENHORA DAS FADAS, DEUSA DA LUA E DA TERRA. VÓS, QUE É GRANDE DEUSA ESTRELA, VENHA ATÉ NÓS, GRANDE DANA, E COMPARTILHE SEU PODER. RETORNE! RETORNE! VOLTE PARA SEUS FILHOS QUE SE REÚNEM EM SEU NOME. Ó NOIVA DO SOL, MÃE TERRA, RETORNE.

(A Alta Sacerdotisa levanta o Cálice. O Alto Sacerdote levanta seu Athame).

Alto Sacerdote:

BELENOS, BELENOS, DO SUL, NÓS O CHAMAMOS. DEUS SOL, QUE PERCORRE OS CÉUS COM CARROS E CORCÉIS DE FOGO, CUJO ARCO ARREMESSA A FLECHA DA LUZ SOLAR, CUJOS RAIOS AGORA TOCAM UMA VEZ MAIS A TERRA, QUE POR SUA VEZ, NUTREM BRISAS TEMPERADAS, FAVOREÇA-NOS COM SUAS BÊNÇÃOS, Ó GRANDE DEUS SOL, EM TUA UNIÃO COM A DEUSA. TRAGA-NOS ALEGRIA E PAIXÃO, E FELICIDADE EM DOCE RENDIÇÃO. ALEGRE A DEUSA COM CALOR DO VERÃO.

(O Alto Sacerdote circula a lâmina na água três vezes. Cada um toma um gole da água e a coloca na mesa. Agora todos pulam o Caldeirão flamejante, cantando a seguinte canção):

AQUI TOCAMOS A FLAUTA,
EM MAIO NA PRIMAVERA.
AMADURECENDO AS FRUTAS VERDES,
ENQUANTO O INVERNO SE VAI DA TERRA.
A RAINHA, NA PRAIA ESTÁ SENTADA,
BELA COMO O LÍRIO, BRANCA COMO UM BASTÃO.

SETE ONDAS NO MAR,
CAVALOS RAPIDAMENTE LIVRES E A CAVALGAR,
OS SINOS SOBRE A AREIA DÃO SEU TOM.

(Após o ritual de pular o Caldeirão, todos os participantes dançam ao redor do mastro, cantando a seguinte música):

POSSA O EQUILÍBRIO RETORNAR,
E ENTRE A SENHORA E O SENHOR ESTAR.
TERRA ABAIXO E CÉU NO PLANO SUPERIOR,
COMPARTILHEM AS BÊNÇÃOS DE SEU AMOR.

ERVAS MÁGICAS

As ervas são plantas muito versáteis e notáveis. Durante a primavera, tecemos ervas e flores em guirlandas e coroas para serem apreciadas por sua beleza e usadas em nossos ritos sagrados. Costumamos cozinhar com ervas em broto e usar suas pétalas, caules e folhas em remédios e poções de cura para trazer romance, fertilidade e riqueza. As ervas de Beltane tem o poder de prender a imaginação de um amante. As flores e aromas inebriantes de corniso e narcisos frescos, ulmeira e alecrim são deliciosos e tão agradáveis aos olhos, que nos deixamos levar pela doce terra dos sonhos fantásticos e luxuriantes. O aroma saboroso de menta aumenta sua volúpia primaveril pela vida e é bom para as emoções do coração.

Espalhe ulmeira ou hortelã em seu quarto ou espaço de dormir para manter o ar fresco, excitar seus sentidos e alegrar seu coração. A arruda é boa para tratar doenças, enquanto a borragem "cura tudo" tem uma longa história de cura de feridas, cortes e arranhões a feridas mortais. Em Beltane, as Bruxas costumam usar ervas e plantas regidas por Vênus (para o amor) e Júpiter e o Sol (para prosperidade). Espinheiro é um arbusto das fadas e um dos muitos bosques sagrados. Nunca se deve cortar ou retirar um pedaço seu sem pedir permissão às fadas. Beltane é a única época do ano na Roda em que você pode trazer espinheiro para dentro do lar.

Aqui está uma lista de ervas para promover e fomentar o amor e o romance, seguida por uma lista mais geral de ervas a serem usadas em incensos, óleos e cervejas.

Ervas do amor para união:

Alecrim	Hortelã
Amêndoa	Milefólio
Cardo-santo	Ulmeira
Coentro	Giesta

Ervas de Beltane:

Amêndoa	Linhaça
Arruda	Manjerona
Aspérola	Narciso
Boca-de-lobo	Páprica
Cardo-santo	Rabanete
Coentro	Raiz de satírica
Cogumelo	Samambaia
Corniso	Sangue-de-dragão
Curry	Tanásia
Erva-doce	Urtiga
Espinheiro	Valeriana
Folhas de sabugueiro	Giesta

 FILTROS, INCENSO E ÓLEOS

Assim como no Samhain, Beltane é uma época nobre para recorrer à sabedoria de nossos ancestrais no Outromundo. Rhiannon, Dana e Bel nos ajudam a obter muito conhecimento e o prazer revigorante da primavera. Criar filtros, incensos e óleos simplesmente torna a comunicação com as Deusas e Deuses mais fácil e divertida. Durante a temporada de Beltane, as Bruxas usam uma variedade de misturas para manter o ar fresco e limpo, atrair romance, amor e sucesso e promover cura e proteção. Todas as proporções dadas como abaixo são flexíveis e devem ser ajustadas à sua preferência pessoal, usando a intenção mágica e a aromaterapia como guia. Fixadores ou aglutinantes em filtros, incensos e óleos ajudam a manter o aroma. Em misturas secas, macere as ervas para trazer de volta um aroma que está desaparecendo.

Filtro de Beltane

Coentro
Cogumelo
Narciso seco
Semente de linhaça
Ulmeira
Urtiga

    Misture todos os ingredientes e coloque em uma tigela ou em um saco mágico.

Incenso de Bel

2 gotas de Óleo de Dana (veja a seguir)
Aspérula
Manjerona
Urtiga
Giesta

    Misture todos os ingredientes usando algumas gotas de Óleo de Dana para misturá-los. Leve em uma bolsa mágica ou guarde em uma garrafa ou jarra mágica.

Óleo de Dana

½ medida de óleo de rosas
1 medida de óleo de amêndoa
1 medida de sangue-de-dragão
Algumas pétalas de rosa secas
Cristal de quartzo branco

    Aqueça todos os ingredientes em uma panela esmaltada em fogo bem baixo. Coe e coloque em uma tigela ou garrafa mágica para guardar.

Óleo de Rhiannon

1 dose de óleo de arruda
1 dose de óleo de sangue-de-dragão
1 pitada de páprica
1 quartzo-rosa

Aqueça em uma panela esmaltada. Deixe coar e coloque em uma garrafa mágica.

 ## PEDRAS MÁGICAS

Talvez não estejamos sendo jocosos quando falamos de um relacionamento amoroso como sendo "sólido como uma rocha". Pedras, gemas, metais e cristais têm a capacidade de transmitir um significado profundo e inflexível aos parceiros em um relacionamento. As pedras de Beltane promovem parceria, casamento, paixão e amor, seja amor-próprio, amor sexual ou amor pela família e amigos. Como Alta Sacerdotisa, sou reconhecida pela Comunidade de Massachusetts como uma ministra da religião com o poder de casar legalmente casais em uma tradicional Cerimônia de Casamento. Durante a cerimônia, assim como em muitas tradições, costuma-se trocar anéis, sejam eles de ouro ou cravejados de gemas e cristais. A seguir está uma lista de pedras frequentemente usadas em ritos de casamento ou para promover o amor em qualquer relacionamento.

Pedras para *Handfasting*:

Berilo	Malaquita
Cobre	Ouro
Esmeralda	Quartzo-rosa
Granada	Turmalina

FEITIÇOS MÁGICOS

Todos os anos, membros do meu Coven viajam para Glastonbury, na Inglaterra, para visitar e realizar o Ritual de Beltane no Tor. Certo ano, três Coveners foram vestidos com seus trajes celtas, usando luvas requintadas, malha de aço, torques e outras formas de ornamentação tradicional. Enquanto caminhavam pela trilha mágica em espiral até o topo, três cavalos brancos cruzaram seu caminho. Eles ficaram sem palavras, cumprimentando Rhiannon com um silêncio aterrador. No meio do caminho, três coelhos apareceram e os conduziram pelo trajeto. Era Ostara anunciando a fertilidade da primavera. No topo, dois amantes despertaram de seu sono de Véspera de Maio, encostados na base da torre em sacos de dormir. Bel estava prestes a chegar. Os amantes assistiram surpresos e com olhos enevoados, enquanto os três Coveners se armavam e se preparavam para realizar o ritual no exato momento do amanhecer. Um segurava um véu de seda para o Leste, o segundo o Cálice e o terceiro uma lâmina ritual sobre o Cálice. No momento em que a lâmina perfurou a seda, o primeiro raio de sol do amanhecer atingiu a lâmina e atravessou a abertura no véu.

A energia espiritual em andamento no Beltane é poderosa. Nossos ritos e feitiços nos trazem experiências estranhas e maravilhosas nessa época do ano. Beltane traz expectativas brilhantes do futuro, por isso é um momento para feitiços que garantem prosperidade, preservação, segurança e amor. Aqui estão alguns feitiços que você pode tentar.

Feitiço de Amor de Beltane

Uma tarde, decidi invocar o famoso bardo celta Taliesin. Eu queria ouvir sua voz e saber exatamente o que era um verdadeiro feitiço de amor desde os tempos antigos. Deitei-me na minha cama, entrei em *alfa* e meditei com Taliesin. No meio da meditação, senti-me afundar no colchão. Senti como se estivesse adormecendo profundamente. Comecei a ouvir música, uma doce música encantadora, e a voz de um homem cantando. Sua voz ficou mais clara e eu podia vê-lo olhando nos meus olhos. Eu sabia que ele estava usando *glamour*[9] e eu era o alvo de seu feitiço. Suas palavras me acariciaram e eu senti alegria e paixão. De repente percebi: este é o bardo! Este é o feitiço! Eu devo acordar e escrever isso! Eu lutava para acordar. Ele cantou. Eu sabia que não me lembraria de tudo. Finalmente me levantei da cama e encontrei papel e caneta. Este é o encantamento que Taliesin cantou para mim. Você pode usar isso em um feitiço de amor-próprio ou para se sentir amado ou amada pelo Deus Taliesin:

> Eu sou a brisa suave que move seus cabelos dourados,
> eu sou o vento frio que traz calor para o seu rosto.
> Eu sou o fuso que tece as roupas que você veste.
> Eu sou os dedos que costuram as rendas que coroam sua beleza, que aquece seu coração.
> Eu sou o pássaro canoro que canta seu amor,
> que canta sua beleza,
> que bate em seu coração.
> Eu sou o luar que banha seu sono,
> que aprofunda sua beleza,
> que descansa seu coração.
> Eu sou a luz das estrelas que ilumina seus sonhos.
> Amor é tudo o que isto parece.

Feitiço de Ar Limpo

Você vai precisar:

1 Bastão
1 caneta azul
1 tigela com água
1 Turíbulo com carvão quente
1 vasilha de terra
1 vela branca e 1 vela preta
3 metros de cordão azul
3 metros de cordão branco
3 metros de cordão preto
3 penas de pássaros ou aves (pode ser qualquer pena, de frango, peru, gaio-azul, corvo)
Óleo de Dana (ver pág.147)

---

9. N.T.: na Magia, quando usamos a palavra *glamour* estamos nos referindo a uma espécie de encantamento que cria ilusões sobre a realidade.

Óleo de Rhiannon (ver pág. 148)
Papel manteiga

Lance seu Círculo. Acenda os carvões e deixe-os queimar sem incenso. Coloque a vela preta à esquerda e a vela branca à direita. Coloque a tigela de terra ao Norte, seu Turíbulo ao Leste, penas ao Sul e água ao Oeste. Unja as velas com Óleo de Rhiannon e Óleo de Dana, depois acenda-as e diga:

> Ó PODEROSA, RHIANNON, VOCÊ CARREGOU FARDOS E FOI CAPAZ DE SUPERAR OS OBSTÁCULOS COM FÉ. CONCEDA-NOS ESTA CHAMA DA FÉ. DÊ-NOS A FORÇA E A SABEDORIA PARA EQUILIBRAR OS ELEMENTOS. DANA, MÃE DE TODOS NÓS, AJUDA-NOS A LIMPAR ESTA TERRA, A EQUILIBRAR TODOS OS ELEMENTOS DO COSMOS. ASSIM SEJA.

Segure seu Bastão, aponte para o Norte e diga:

> EU LIMPO, EU ADORO. EU SOU AQUELE QUE ZELA PELA TERRA.

Aponte para o Leste e diga:

> EU LIMPO, EU ADORO. EU SOU AQUELE QUE GUARDA O FOGO.

Aponte para o Sul e diga:

> EU LIMPO, EU ADORO. EU SOU AQUELE QUE PURIFICA O AR.

Aponte para o Oeste e diga:

> EU LIMPO, EU ADORO. EU SOU AQUELE QUE BEBE A ÁGUA.

Pegue seus cordões, dê um laço no topo e faça uma trança. Enquanto trança, diga ou cante:

> COM VENTO SUSSURRANTE, MEU ESPÍRITO CANTA. COM RAJADAS DE VENTO, MEU ESPÍRITO SE MOVE. COM VENTOS UIVANTES, MEU ESPÍRITO VOA PARA AVALON.

Depois de terminar o canto, dê um nó no cordão. Continue trançando e cantando até que haja espaço suficiente para dar três nós em sucessão, deixando três caudas de cordão penduradas livres.

Pegue algumas penas, toque-as com seu Bastão e passe um pouquinho de ambos os óleos da Deusa, dizendo:

> PEDIMOS ÀS DEUSAS DANA E RHIANNON QUE USEM SEU PODER PARA EQUILIBRAR OS ELEMENTOS E PURIFICAR NOSSO AR. QUE ASSIM SEJA.

Pegue cada pena que você sente ser um totem poderoso e espete-a em seus cordões através das tranças e nós. No pergaminho, escreva com uma caneta azul:

PEÇO A ESTE FEITIÇO PARA LIMPAR O AR DA TERRA, PARA QUE TODAS AS PLANTAS, ANIMAIS E HUMANOS POSSAM TER AR FRESCO E LIMPO PARA SEMPRE. QUE ASSIM SEJA.

Enrole o pergaminho e amarre-o no cordão. Toque o cordão e as penas com seu Bastão.

Aponte o Bastão para o Norte e diga:

EU LIBERTO O ELEMENTO TERRA PARA PURIFICAR O AR.

Aponte para o Oeste:

EU LIBERTO O ELEMENTO ÁGUA PARA PURIFICAR O AR.

Aponte para o Sul:

EU LIBERTO O ELEMENTO AR PARA PURIFICAR O AR.

Aponte para o Leste:

EU LIBERTO O ELEMENTO FOGO PARA PURIFICAR O AR.

Seu Círculo está liberado. Pendure sua corda dentro ou fora de casa, como desejar.

Feitiço de Cura de Beltane

Você vai precisar de:

Carvão e Turíbulo
Espada ou lâmina
Incenso de Bel (ver pág. 147)
Óleo de Dana (ver pág. 147)
Óleo de Rhiannon (ver pág. 148)
Pergaminho e caneta vermelha

Lance seu Círculo com a Espada ou lâmina. Acenda o carvão e coloque o Incenso de Bel sobre ele. Toque o pergaminho com os óleos de Dana e Rhiannon e escreva este feitiço com uma caneta vermelha:

PEÇO À DEUSA E AO DEUS DE BELTANE QUE VENHA A SAÚDE EM VEZ DA DOR E SOFRIMENTO; FELICIDADE, AUTOESTIMA E UM CORPO SAUDÁVEL SEJAM MANTIDOS PARA SEMPRE. PEÇO QUE ISSO SEJA CORRETO E PARA O BEM DE TODOS. QUE ASSIM SEJA.

Dobre seu feitiço e passe-o sobre a fumaça do incenso. Desfaça seu Círculo. Leve seu feitiço para a pessoa que deseja curar ou mantenha-o sempre perto de você.

 ## COMIDAS DO FESTIVAL

Maio é a época da fertilidade e dos novos começos. Depois de um longo inverno, todos sentem os murmúrios quentes da primavera, a profunda necessidade de se regenerar. As fadas estão no ar. Elas dançam nas colinas e rolam na grama, deleitando-se com a alegria de uma brisa quente de maio. Nossos espíritos estão elevados com a luxúria e o entusiasmo da primavera. A vida nova está se agitando e os apetites estão aguçados.

Em Beltane, muitas vezes começo meu dia com uma deliciosa tigela de aveia irlandesa. Aveia traz boa sorte e encoraja o poder e a Magia das Fadas. Recomendo vivamente uma marca chamada John McCann's Irish Oatmeal, que está disponível nos Estados Unidos nas lojas irlandesas. A aveia irlandesa demora um pouco mais para ficar pronta, mas vale a pena o esforço. Servida com creme e açúcar mascavo, ou manteiga do interior, a aveia irlandesa promete que seu dia seja frutífero e bem-sucedido.

Em Beltane, a generosidade da Mãe Terra nos é concedida mais uma vez e celebramos a bela variedade de cores, aromas e sabores da terra. Flores da primavera adornam a mesa em todas as refeições. Flores vermelhas, brancas e verdes, cada uma com seu significado especial. O vermelho simboliza o amor, o branco emite energia e o verde representa a força vital da natureza. Narcisos e prímulas, flores de morango e papoulas, encorajam e sustentam a Magia das Fadas e o poder do amor. Esta é a época do ano em que ansiamos por criar vida e energia novamente. Muitos foliões se vestem de vermelho para a festa de Beltane, porque o vermelho é a cor do amor e do casamento, do despertar e do desabrochar.

Em Beltane, as Bruxas costumam usar os carvões do ritual dos Fogos de Bel para dar Magia das Fadas à refeição comemorativa. Costumamos cozinhar com as pétalas das ervas. A urtiga é especialmente comum nas festas de Beltane. Se você já foi picado pela urtiga, os antigos diriam que foi picado pelo amor e, às vezes, pelo próprio casamento. Em Beltane, as crianças correm atrás de brincadeiras com cestos de urtiga, provocando umas às outras com as perspectivas do "amor". Certa vez fui picada no tornozelo por uma urtiga que crescia ao longo do caminho para o chalé de um cavalheiro na Inglaterra e, sim, me apaixonei pela pessoa que morava lá!

Aqui ficam algumas sugestões sobre o que servir em Beltane, mas deixe a sua imaginação, assim como as suas emoções, correrem livremente.

Banquete de Beltane

- Vinho de Beltane
- Sopa de urtiga
- Patinho assado com molho de laranja
- Brócolis e couve-flor com molho de queijo
- Groselha verde e compota de flor de sabugueiro

Vinho de Beltane

1 garrafa de vinho branco seco
1 xícara com água gaseificada ou champanhe
1¼ xícaras de açúcar de confeiteiro
12 raminhos verdes de aspérula
3 garrafas de vinho branco seco
Flores da primavera
Gelo

Combine aspérula, açúcar e o vinho branco seco em uma tigela grande e tampe. Depois de meia hora, remova as aspérulas. Mexa e despeje sobre um bloco de gelo em um Caldeirão grande. Adicione as três garrafas de vinho e a água com gás ou champanhe. Decore ao redor da base do Caldeirão com flores e samambaias.

BELTANE

Sopa de Urtiga

¾ xícara de creme de leite
1 kg de batatas picadas
1 xícara de urtiga lavada e picada (aprox. ½ xícara se estiver seca)
1½ colher de sopa de manteiga
2 cebolas grandes, picadas
4½ xícaras de caldo de galinha
6 alhos-porós, picado
Sal e pimenta do reino moída a gosto

Derreta a manteiga em uma frigideira funda ou caçarola. Quando a manteiga espumar, adicione as batatas, as cebolas e o alho-poró. Mexa até se misturar na manteiga, em seguida, polvilhe com sal e pimenta e tampe. Cozinhe em fogo baixo por 10 minutos, ou até os legumes ficarem macios. Adicione o caldo e refogue os legumes. Adicione as folhas de urtiga e continue a ferver até ficarem macias. Não cozinhe demais. Adicione um pouco de creme por vez. Se desejar, adicione mais temperos, como hortelã, alecrim ou manteiga com ervas. Este prato serve seis pessoas.

Patinho Assado em Molho de Laranja

2 patinhos
3 laranjas grandes (de preferência cultivadas organicamente)

Para o molho:

1 fatia fina de limão, descascado
2 colheres de chá de farinha de milho
2 xícaras de caldo de galinha
Casca ralada e sumo de 2 laranjas
Sal e pimenta

Descasque as laranjas e as divida em partes. Encha as cavidades do corpo dos patinhos com o limão. Coloque em uma grelha em uma assadeira. Cozinhe por 30 minutos a 180º C. Retire do forno. Prenda toda pele sobre ele usando palito de dente e volte ao forno por mais

30 minutos ou até que os sucos escorram quando você espetar a pele. Retire os patinhos. Retire as laranjas e o limão e descarte. Coe a gordura da assadeira. Em uma panela, misture a casca e o caldo e leve ao fogo. Abaixe o fogo e cozinhe. Com um liquidificador, misture a farinha de milho e o suco de laranja e despeje na panela. Cozinhe em fogo baixo até o molho engrossar e clarear. Pincele o molho sobre os patinhos. Decore com laranjas frescas. Sirva o molho à parte. Observação: cerejas podem ser usadas em vez de laranjas, se desejar.

Brócolis e Couve-Flor com Molho de Queijo

2 cabeças grandes de brócolis
2 cabeças grandes de couve-flor
Cozinhe no vapor e reserve.

Para o molho:
1 xícara de creme de leite
1 colher de sopa de manteiga
2 alhos grandes bem picado
1 colher de chá de alho em pó
1 kg de queijo americano, em fatias finas
3 colheres de sopa de farinha ou pasta de farinha e água (espessante)
2-3 colheres de sopa de água

Coloque o creme de leite e a água em uma panela, mexendo sempre em fogo baixo. Adicione a manteiga, o alho e o alho em pó. Em seguida, adicione o queijo, fatia por fatia, sempre mexendo. Depois que todo o queijo estiver derretido, adicione a farinha de milho para engrossar. Mexa até obter a consistência desejada e reserve.

Corte os brócolis e a couve-flor em buquês. Coe bem e deixe esfriar quase à temperatura ambiente. Despeje o molho quente sobre os legumes quando estiver pronto para servir.

Compota de Groselha Verde e Flor de Sabugueiro

1 kg de groselhas verdes (remova as pontas)
2 xícaras de açúcar
2½ xícaras de água fria
2-3 botões de flores de sabugueiro

Amarre as flores de sabugueiro em um quadrado de musselina crua ou algodão e coloque em uma panela esmaltada. Adicione as groselhas, o açúcar e a água. Deixe ferver lentamente por 2 minutos ou até que as groselhas estourem. Remova as flores de sabugueiro. Deixar arrefecer. Sirva em uma tigela bonita ou prato de vidro e decore com flores de sabugueiro frescas.

ATIVIDADES ANTIGAS

Nos tempos antigos, era mais provável que a guerra fosse conduzida de Beltane a Samhain. Durante os meses mais frios, todos ficavam dentro de casa. Nos dias de festival, no entanto, nenhuma arma era levantada. Beltane era um tempo sagrado de paz e comunhão com as Deusas e Deuses. Tribos se reuniam para as últimas fofocas, festas e diversão. Competições e jogos, amor e romance estavam na ordem do dia.

Hoje, como nos tempos antigos, a primavera traz uma energia renovada e vigorante, junto a uma sensação despreocupada de possibilidades. Que atividade mais importante poderia haver na primavera do que deleitar-se com a beleza da estação? Beba no ar e no céu azul e aprecie a música da Natureza. Pássaros, grilos e sapos levantam suas vozes cantando. A primavera é uma época para dançar, correr e elevar nossas próprias vozes em louvor ao nosso Planeta, a Mãe Terra.

Piquenique de "Go A-Maying" Para Dois

Nada é mais romântico ou divertido do que um piquenique de Beltane a dois. Como diz o velho ditado, *"Oba! Oba! Primeiro de maio chegou, o amor ao ar livre hoje começou!"*.

Eu incluí uma receita de Vinho de Beltane (ver pág. 154), que teria de ser preparada com antecedência. Se você não se sente incomodado, basta levar uma simples garrafa de vinho, ou champanhe, se preferir. A erva damiana é um afrodisíaco. Adicione licor de damiana ao seu vinho, ou você pode comprar licor de damiana em uma loja de bebidas. Se seus olhos já estiverem vendo estrelas de amor e você não quiser usar álcool, basta misturar damiana e mel no chá. Para o seu passeio, leve um cobertor grande o suficiente para uma cama do tamanho *king-size* e dois travesseiros. E pode levar também suas próprias flores, um pacote de alpiste para os pássaros e um repelente natural de insetos. Para manter as abelhas e formigas afastadas, leve um pote de mel e coloque-o na base de uma árvore a uma curta distância do seu cobertor. Se for levar frutas frescas em sua cesta, plante as sementes para que uma pera ou pessegueiro cresça. Se não quiser plantar somente as simples sementes, no entanto, lembre-se de trazer um pacote de camisinhas! (embora, possa haver casais que não precisem delas).

Em um piquenique *"go-a-Maying"*, vale a pena trazer pratos e talheres que não podem ser descartados. Por exemplo, traga guardanapos de pano, não de papel, pratos de porcelana e talheres de verdade, não de plástico, e taças de vidro ou cálices de vinho, em vez de copos de papel. Pratos baratos e talheres de prata de segunda mão sempre podem ser encontrados se seus próprios pratos forem especiais demais para serem usados ao ar livre. Lembre-se, em um piquenique, as configurações da mesa não precisam combinar. A questão é que tudo o que você traz deve ser levado para casa e lavado. Assim você não polui o meio ambiente com nada. Seu amor só pode trazer alegria ao ambiente.

Aqui estão algumas sugestões do que levar na sua cesta:

Bolachas de trigo
Flores e vaso
Frutas frescas ou salada de frutas
Garrafa de damiana infundida
Pacote de alpiste
Pão de queijo cheddar
Pote de mel
Repelente natural de insetos
Tabule de morango
Vinho, champanhe ou chá

BELTANE

Guirlanda de Flores

As Bruxas de Salem passam a Véspera de Maio fazendo uma guirlanda de flores para pendurar no topo do mastro. Em uma moldura de guirlanda ou base natural resistente, entrelaçamos as belas e novas flores e ervas da primavera que crescem em nossa área. Para isso, adicionamos longas fitas nas cores lavanda, rosa, verde e dourado. A coroa de flores é suspensa em torno do mastro com quatro fitas.

A Dança do Mastro de Beltane

O mastro tradicional é um carvalho. No entanto, aqui na Nova Inglaterra costumamos usar bétulas. Um grupo de Coveners seleciona uma árvore e os agradecimentos e presentes apropriados são dados em troca. Pedimos permissão à árvore e depois deixamos oferendas de ervas frescas ou cristais. Usamos a mesma árvore ano após ano. Nosso mastro passa o inverno no meu porão. Os galhos são aparados. Quando Beltane chega, a árvore é presa em um suporte. Cobrimos a tora com musgo, samambaias e flores e decoramos o poste, envolvendo-o em fitas de primavera. Nossa guirlanda de flores é suspensa no topo. O mastro pode ser trazido para dentro também. As crianças são todas vestidas de verde e preparadas para dançar e cantar:

> Donzela de Maio, venha à terra curar,
> Torne este dia um momento de alegrar.
> Donzela de Maio, venha à terra curar,
> Da morte ao nascimento nós vamos voltar.

Se não puder fazer um mastro, porque não há espaço ou instalações, poderá fazer um em miniatura de um galho de carvalho ou bétula. Você pode até usar uma vareta. Pinte e decore com fitas e pétalas de flores ou asse um bolo com decoração de mastro, usando pétalas de flores frescas e um lápis envolto em fitas.

MAGIA DAS FADAS

As crianças são uma parte especialmente importante da celebração do Beltane, pois o que é a Primavera senão a sensação de se sentir jovem de novo? Em nossa juventude, possuímos uma sabedoria única que muitas vezes está no mesmo nível dos dons das fadas. As crianças muitas vezes se comunicam na linguagem das fadas, assim como os animais, sabendo e sentindo coisas que nós, como adultos, raramente compreendemos. Beltane é uma época do ano favorável para se comunicar com as fadas. Os poderes delas são particularmente fortes em maio. Durante esta época do ano, elas são mais propensas a serem vistas, embora geralmente pelos cantos dos olhos ou na visão periférica. Como crianças, as fadas desfrutam das brisas frescas da primavera, da terra verdejante e do aroma das flores desabrochando. Aqui está um feitiço que as crianças podem fazer para construir autoconfiança e proteção durante a primavera.

Feitiço das Crianças de Beltane para Proteção

Você vai precisar de:

1 Bastão Mágico
1 fita rosa com 3 cm de espessura
1 tigela
1 ursinho de pelúcia amado
1 vaso
2 quadrados de 15 cm de cetim rosa ou 2 saquinhos mágicos rosa
3 colheres de sopa de cardo-santo
3 colheres de sopa de giesta
3 cordões rosa, cada um com 3 metros de comprimento
Flores
Óleo de Dana (ver pág. 147)
Óleo do Fogo das Fadas (ver pág. 97)
Óleo de Rhiannon (ver pág. 148)

BELTANE

Lance seu Círculo com seu Bastão e diga:

C<small>IRCULE À ESQUERDA, CIRCULE À DIREITA,</small>
C<small>OMO A RODA DE CORES BRILHANTES PERFEITA.</small>

Coloque o ursinho de pelúcia, os cordões, as fitas e os saquinhos mágicos na sua frente. Certifique-se de que ervas e óleos estejam ao seu alcance. Coloque as ervas na tigela e algumas gotas de todos os óleos sobre as ervas.

Toque as ervas com o Bastão e diga:

A<small>S FADAS ME PROTEGEM.</small>

Coloque flores em um local agradável no altar. Segure os cordões rosa todos juntos e amarre o laço no topo.

Faça uma trança e, enquanto vai trançando, diga ou cante:

M<small>ÃE</small> D<small>ANA E</small> R<small>HIANNON,</small>
A<small>S FADAS ME PROTEGEM.</small>

Na parte inferior amarre três nós. Coloque as ervas em dois saquinhos rosa. Pegue a fita de 13 cm e coloque-a em volta do pescoço do seu ursinho e amarre um saquinho mágico nele. Pegue o segundo saquinho cheio de ervas encantadas e amarre em seu cordão celta. Pegue seu ursinho e abrace-o. Ele representa o Deus Bel. Destrace seu Círculo. Pendure o cordão no seu espaço de dormir e mantenha seu ursinho com você quando puder. Sempre faça as coisas corretas e seguras. Ouça seus pais sobre o que é seguro para você e lembre-se de que as *sídhes* (ou fadas) lhe darão sabedoria para se proteger.

Por volta de 21 de junho no Hemisfério Norte
Por volta de 21 de dezembro no Hemisfério Sul

Posicionado em perfeita simetria, o Sol no Solstício de Verão chega naquele momento em sua jornada pelo céu quando seu poder atinge o pico e, em um instante mágico, começa a diminuir. É claro que para muitos de nós, o enfraquecimento da força ígnea do Sol é quase imperceptível no quente e seco mês de junho, mas para os antigos celtas, em sintonia com os ritmos da Natureza, a mudança da maré do Sol era um evento significativo.

O Meio do Verão compartilha muitas das qualidades obscenas e despreocupadas de Beltane. Em sua comédia *Sonhos de Uma Noite de Verão*, William Shakespeare fala sobre a reputação da data com uma grande compreensão dos costumes e crenças celtas. Como se estivesse trançando um nó celta, ele tece três temas separados – um casamento, uma história de amor e uma briga do Outromundo – em um todo unificado. Em meio à "loucura" amorosa do Meio do Verão, ele acaba equilibrando as atividades do Mundo das Fadas com as nossas. Exibindo um conhecimento íntimo das histórias folclóricas e dos absurdos e inconsistências da humanidade, Shakespeare desenvolve essa brincadeira divertida e imprudente na floresta, nunca repreendendo ou instruindo seus jogadores. Como um ser do povo das fadas, Puck, observa: "*Senhor, que tolos esses mortais são*". Puck gosta não apenas dos humanos, mas também das diferenças entre o mundo dele e o nosso.

Como os antigos celtas, Shakespeare conhecia o profundo efeito que a natureza, especialmente a natureza do amor, tem sobre o homem. Quando estamos amando, cometemos erros. Dizemos e fazemos coisas ridículas. Mas estamos no Meio do Verão. Somos humanos e estamos apaixonados. Em sua sabedoria, Shakespeare depositou sua confiança na Natureza e na Roda do Ano, sabendo que, à medida que passamos por esse tempo encantado, todas as coisas se ajeitam novamente.

Como vimos no Solstício de Inverno, o Rei do Carvalho, Deus do Ano Crescente, vence o Rei do Azevinho, Deus do Ano Minguante. No Meio do Verão, o inverso é verdadeiro, com o Rei do Azevinho arrancando o Bastão de seu gêmeo rival. Na mitologia celta, o Solstício de Verão é a época do ano em que o Deus Jovem se retira para a Roda das Estrelas, sempre girando. Estes são os reinos encantados da Deusa Arianrhod, onde o Deus deve esperar e aprender antes de nascer novamente no Solstício de Inverno. Arianrhod significa "roda de prata", e seu palácio, conhecido como *Caer Arianrhod*, é a aurora boreal. Ela é a Deusa dos céus astrais, e lá ela governa o refúgio temporário da morte do Deus como sendo a Deusa da Reencarnação. Embora seu caminho seja repleto de dificuldades, como dizemos na Arte: "*É preciso sofrer para aprender*". Ela possui grande sabedoria e mistérios ocultos, que somente aqueles que foram testados podem compreender. O maravilhoso bardo celta Taliesin, depois de passar por certos períodos de estudo da vida, finalmente entrou no castelo de Arianrhod para aprender os segredos da morte.

Sempre, sempre questione a autoridade

Eu sempre digo aos meus alunos como é importante saber por si mesmos e não simplesmente acreditar. Não acredite em mim. Descubra por si mesmo. Leia, leia, leia! Mas enquanto faz isso, sempre se pergunte quem está escrevendo aquilo que você lê. Quem se beneficia quando você acredita nesta informação? Por exemplo, Júlio César escreveu sobre as antigas tribos celtas. O pouco que nós aprendemos com ele deve ser tomado com muito menos do que um grão de sal e entendido dentro do contexto da propaganda romana. Enquanto César escrevia sobre os celtas, ele também estava ocupado tentando exterminá-los. Como as Bruxas foram perseguidas por tanto tempo, é difícil saber com certeza sobre muitas partes de nossa história. Como muitos povos oprimidos, tivemos que permanecer na clandestinidade e inventar maneiras secretas de praticar nossas crenças. Muita ênfase é colocada em nossa tradição bárdica e, graças à Deusa, temos isso! Mas também tínhamos um alfabeto e uma história escrita. St. Patrick é responsável pela queima em larga escala de textos celtas. Ainda hoje, quase tudo que lemos sobre os celtas tem um verniz cristão. É chocante para mim ler livros de estudiosos e historiadores celtas que em lugar algum mencionam a palavra "Bruxa". Eles sempre dizem "Druida". O que parece escapar deles é que os Druidas eram Bruxos. O que eles praticavam era Bruxaria!

MAGIA DA TERRA

Embora o Solstício de Verão marque o início da força minguante do Sol, a estação em si é de abundância. Flores e ervas estão em plena floração, os dias são longos e as noites quentes e secas. Enquanto os acontecimentos em Beltane têm uma sensação divertida de abandono despreocupado sobre eles, a estação quente do Solstício de Verão tende a criar, nos Estados Unidos, uma paixão ardente e mais ofegante. Casais que decidiram dar uma chance em Beltane ainda estão naqueles primeiros dias inebriantes de seus relacionamentos. Aqueles que estão juntos há um ano e um dia e que decidem continuar o amor um pelo outro, muitas vezes fazem um casamento mais formal no Solstício de Verão ou Lughnasadh.

O Meio do Verão é governado pela "Lua de Hidromel", que às vezes também é chamada de "Lua de Mel". Muitas das tradições modernas de casamento de hoje vêm de origens Pagãs. As alianças de casamento são símbolos do Círculo Mágico da Bruxa. Jogar a liga e o buquê também são considerados costumes Pagãos. Como o Rei das Fadas Oberon, de Shakespeare, diz: "*Desde agora, até o dia raiar/ Fadas e duendes devem aqui passear/ Iremos até o leito nupcial mais estimado/ E por nós ele será abençoado*". A noção tradicional de que o Solstício de Verão é uma época do ano favorável para se casar é claramente uma ideia iniciada pelas fadas.

O Solstício de Verão é uma época erótica e *sexy* do ano, quando o sol brilha sobre nós em plena floração e os céus de verão colidem com relâmpagos de calor e nuvens de trovoada. Não é de surpreender que o elemento Fogo seja uma parte importante das festividades do Solstício de Verão. A tradição de lançar rodas de fogo no ar ou descer do topo de uma colina sagrada era uma prática comum em toda a Europa até o século 19, ou ainda posteriormente. Um fogo de verão é tradicionalmente aceso a partir da fricção de duas madeiras sagradas, o abeto e o carvalho. Nos tempos antigos, como em Beltane, rebanhos de animais eram conduzidos entre as brasas das fogueiras do Solstício de Verão para purgá-los de doenças ou enfermidades. Em algumas regiões, as cinzas eram esfregadas em suas peles como talismã de proteção. Também usamos as cinzas dos feitiços que queimamos em Beltane para esfregar em nossas testas para aumentar nossos poderes mágicos. Em Beltane, nove madeiras sagradas são usadas para acender o Fogo de Bel, mas no Solstício de Verão, nove espécies diferentes de ervas são habitualmente lançadas sobre as chamas. Essas ervas podem ser escolhidas na lista da pág. 172, mas visco, verbena, erva-de-são-joão, amor-perfeito e lavanda geralmente estão entre as nove escolhidas.

As flores são essenciais para o rito do Solstício de Verão. Durante esta época do ano, muitas vezes invoco a Rainha das Fadas e a Deusa das Flores, Vivian. Ela é a sábia professora de Merlin, o Mago, e como Blodeuwedd, que conhecemos no Equinócio de Primavera, foi criada, no Outromundo, completamente de flores. É Viviane quem dá a Espada Excalibur ao Rei Arthur. No ritual do Solstício de Verão, flores de todos os tipos e cores são trazidas ao altar para festa em homenagem a Viviane.

No Dia do Solstício de Verão, às vezes realizamos o rito do nosso templo no quintal da casa de um amigo. Seu quintal parece muito com um prado que se arrasta para a floresta. Antes do ritual do final da tarde, enviamos grupos para a mata para colher flores silvestres para decorar as bordas do quintal. Colocamos esses arranjos coloridos em grandes jarras e baldes de água e depois os colocamos entre as ervas daninhas ou arbustos, dando ao quintal a aparência de um campo de verão em flor. No início da manhã, todos se reúnem antes da primeira explosão de luz. Voltamos para o Leste e esperamos para nos banharmos no brilho dos raios mais fortes do Sol. Seguramos ferramentas de poder sagrado, como cristais, lâminas e espadas para serem usadas posteriormente no ritual, para absorver a energia do Sol.

À medida que o dia passa, mais Coveners chegam carregando braçadas de instrumentos mágicos, comida e flores. Muitos de nós nos dedicamos à agradável tarefa de enfeitar o cabelo. Alguns se tornaram muito bons em fazer guirlandas de flores e ajudam os outros a aprender. As crianças sempre adoram os festivais de verão ao ar livre, porque estes lhes dão a chance de usar suas asas de fada e dançar e cantar as canções das Bruxas que aprenderam.

Se escolho não me encontrar com os outros ao amanhecer no dia do Solstício de Verão, levanto-me de madrugada para passar a manhã apreciando meu jardim de ervas e flores. As Fadas das Flores são poderosas neste momento. Eu acendo velas votivas no meu altar do jardim e muitas vezes deixo presentes para as fadas, como biscoitos, bolos ou frutas para os animais. Encho um Cálice com água de nascente e cubro-o com um pires para evitar que vespas ou joaninhas o bebam. Eu levo este Cálice para usar na minha Magia do dia, seja para atrair o poder das fadas ou para aumentar minha habilidade e energia psíquica. De manhã e mais tarde, depois do ritual da noite, acendo um incenso que é fácil de colocar no chão. À medida que o Sol se eleva, todas as cores se iluminam no jardim e as borboletas e os pássaros começam a abrir as asas e cantar. Antes de cortar as ervas, sempre agradeço e deixo uma oferenda para as fadas no local. Eu sempre corto flores e ervas no dia do Solstício de Verão de maneira ritual, com minha foice de mão. Uso essas guirlandas no meu cabelo em preparação para a grande reunião da tarde.

Preparações

Flores de verão com botões amarelos dourados, vermelhos escarlates, brancos, rosas e violetas decoram o altar do Solstício de Verão. Além das tradicionais velas pretas, brancas e vermelhas que representam a Deusa Tríplice, uso uma vela amarelo-ouro para representar o Sol. A toalha do altar geralmente é preta ou dourada e, via-de-regra, tenho um raminho fresco de carvalho e azevinho para representar os Reis do Carvalho e Azevinho.

Para o ritual a seguir, você vai precisar de um anel de prata para a Alta Sacerdotisa, assim como todos os óleos mencionados neste capítulo.

O que vestir

A Alta Sacerdotisa geralmente usa suas vestes pretas tradicionais ou ela também pode usar branco, dourado, bege, verde, vermelho ou marrom. Os Sacerdotes usam coroas feitas com carvalho e azevinho (meio a meio). Você pode querer usar um torque de ouro ou um alfinete celta. Alguns de nós usam nossos *tartans* para representar herança familiar. A malha de aço está voltando à moda hoje em dia. Você pode querer usar uma luva ou vestimenta de malha. Novamente, use tanta maquiagem e joias quanto desejar. Os celtas não eram modestos em suas roupas.

O Ritual

Lance seu Círculo.

A Alta Sacerdotisa olha para o Norte com seu Pentáculo de altar na mão esquerda. Ela diz:

EU CHAMO O GRANDE JAVALI. SEU CORPO CONECTADO À TERRA É A MORADA DE UM ESPÍRITO.

Ela olha para o Leste e diz:

EU CHAMO O DRAGÃO. SEU GRANDE CORPO RESPIRA FOGO CRIANDO AS BRUMAS DO ESPÍRITO.

Ela olha para o Sul e diz:

EU CHAMO O CORVO. O ESPÍRITO DO AR LEVANTA SUAS PODEROSAS ASAS DE ÉBANO.

Ela se volta para o Oeste e diz:

EU CHAMO A SEREIA. SUA MÚSICA CRIA A NONA ONDA.

O Alto Sacerdote e a Alta Sacerdotisa ungem as velas com Óleo de Merlin e Óleo de Arianrhod (ver pág. 175) e os acende.

Alto Sacerdotisa e Alta Sacerdote:

ANEL DE PRATA DE FIRMEZA ESTÁVEL. Ó DEUSA QUE CARREGA NOSSOS FARDOS POR NÓS, VENHA PARA ESTA CHAMA. NÉVOAS DO DRAGÃO E PEDRA ERGUIDA, QUE PROVAM A MAGIA CONTINUAMENTE. Ó PODEROSO MERLIN, FALE CONOSCO NESTA CHAMA.

MEIO DO VERÃO

A Alta Sacerdotisa pega seu Bastão e faz três círculos acima de sua cabeça no sentido horário.

Alta Sacerdotisa:

A TRÍPLICE ESPIRAL É MEU CAMINHO.

O Alto Sacerdote pega seu Bastão e a unge com Óleo da Névoa do Dragão (veja pág. 175). Ele faz dois círculos acima de sua cabeça.

Ele diz:

OS DOIS DRAGÕES SÃO MEU CAMINHO.

A Alta Sacerdotisa segura o Cálice para o mundo ver e anda em círculo. Ela diz:

AS ÁGUAS DA VIDA ABRIGAM O ANEL DE ESTRELAS.

O Alto Sacerdote ergue sua lâmina para o céu e gira em um círculo.

Ela diz:

OS DOIS DRAGÕES DESCANSAM EM UM CÍRCULO NO NOSSO CAMINHO.

O Alto Sacerdote coloca a lâmina no copo.

Alto Sacerdote:

FOGO ESTELAR, GOLPEIE ESTA LÂMINA. ESTA É A LUZ DA QUAL EXCALIBUR FOI FEITA. À MEDIDA QUE O SOL NASCE ATRAVÉS DAS PEDRAS ERGUIDAS EM NOSSA TERRA SAGRADA, VISUALIZAMOS SEUS RAIOS SE ELEVANDO DO CÁLICE.

A Alta Sacerdotisa mais uma vez ergue o Cálice para todos verem. Ela diz:

LUZ DE NOSSOS PRIMÓRDIOS, DEUS, DEUSA, EQUILIBRE UMA VEZ MAIS ESTE MUNDO EM QUE VIVEMOS. AJUDE-NOS A VER O PORTAL ENTRE OS MUNDOS E A COEXISTIR EM AMBOS. O NASCER DO SOL MARCA A HORA DOS SONHOS SE TORNAREM REALIDADE, ALÉM DO PODER DE TODOS NÓS, ESTÁ O PODER DOS DRAGÕES.

Alto Sacerdote:

VIEMOS DE UM TEMPO ANTES DA ESCURIDÃO E NOSSA PROTEÇÃO VEM ALÉM DO PODER DE TODOS NÓS.

Alta Sacerdotisa:

A Espada da luz protege as mulheres que são fadas e humanas.

Alto Sacerdote:

A Espada da luz protege os homens que são fadas e humanos.

Alta Sacerdotisa:

Viviane, Deusa das sidhe. Viviane usará o anel de prata de Arianrhod, e o poder das mulheres será redobrado.

Alto Sacerdote:

Merlin derramará sangue-de-dragão em nossas veias, e o poder dos homens será redobrado.

Tanto o Alto Sacerdote quanto a Alta Sacerdotisa erguem as mãos, palmas voltadas para o sol nascente.

Alto Sacerdote e Alta Sacerdotisa:

Minhas mãos brilham com o poder do Sol ardente. Grande Deus, esteja sempre conosco. Que assim seja.

Todos levantam as mãos e repetem:

Minhas mãos brilham com o poder do Sol ardente. Grande Deus, esteja sempre conosco. Que assim seja.

Alta Sacerdotisa:

Pedimos ao poderoso Sol que abençoe a Terra, reabasteça nossas florestas tropicais, e as antigas florestas retornarão. Abençoe a Mãe Terra com a semente da vida sempre. Assim seja.

Alto Sacerdote e Alta Sacerdotisa:

Nós somos o sangue das fadas de seus primórdios. Nós somos seus filhos. Guie-nos para curar a Terra, o Ar, o Céu e a Água. Que assim seja.

O Alto Sacerdote derrama água do Cálice no Caldeirão.

Alta Sacerdotisa:

Eu respiro a Magia dos meus criadores neste Caldeirão.

A Alta Sacerdotisa sopra sobre a água.

O Alto Sacerdote coloca o dedo na água e leva-o aos lábios, depois coloca o dedo no anel de prata no altar. Ele pega o anel.

Ele diz:

Poeira estelar prateada venha para descansar neste mundo.

O Alto Sacerdote coloca o anel no dedo de Viviane (a Alta Sacerdotisa).

Ela diz:

Luz do fogo e brumas fumegantes sobem para este mundo. Que assim seja.

Todos em Círculo são tocados com Óleo de Flor das Fadas, especialmente na testa e nas flores que usam no cabelo.

O Alto Sacerdote fica de frente para o Norte com o Pentáculo de altar e diz:

Siga em paz Grande Javali, abençoado seja o seu grande espírito.

Ele fica de frente para o Oeste e diz:

Siga em paz Sereia, bendita é a sua música que dá o movimento a Nona Onda.

Ele fica de frente para o Sul e diz:

Siga em paz Corvo, abençoadas são suas poderosas asas.

Ele se volta para o Leste e diz:

Siga em paz Grande Dragão, abençoado é o fogo que você respira.

Isso desfaz o Círculo.

 ERVAS MÁGICAS

O Solstício de Verão é a estação das ervas frescas e magicamente potentes. Nessa época do ano, a energia mágica de uma erva é adquirida não de suas raízes, como no inverno, mas de seus botões, flores, folhas e caules. Agora muitas ervas estão prontas para serem colhidas para pratos salgados e bebidas de verão. Ervas para culinária como manjericão, hortelã, sálvia, erva-doce, cebolinha e alecrim são as favoritas, veneráveis e bem-quistas na cozinha de qualquer pessoa. O Meio do Verão também é a época de começar a secar ervas (ver pág. 202). Duas ervas sagradas para os antigos celtas são colhidas ritualmente durante essa época do ano. Verbena é sempre colhida na manhã do Solstício de Verão com sua mão esquerda. E o visco, que ainda não deu frutos até o Solstício de Verão, é colhido no exato momento do Solstício e é usado para proteção. No inverno, esta planta sempre-viva e vibrante dá frutos e é usada para fertilidade. A erva deve ser cortada com uma foice de ouro (ou bronze, na verdade) carregada e deixada cair sobre seda ou linho branco, nunca tocando o chão. Como Sir James Frazer escreveu em *O Ramo de Ouro*, o visco era considerado *"a sede da vida"* para o carvalho. Enquanto o visco se enrolasse no tronco do carvalho, como costuma acontecer, o carvalho nunca morreria.

A seguir está uma lista das ervas e flores de verão mais populares:

Abeto	Hortelã
Alecrim	Íris
Amor-perfeito	Lavanda
Anis	Madressilva
Arruda	Manjericão
Artemísia	Matricária
Avelã	Salsinha
Carvalho	Sálvia
Cebolinha	Sorveira
Cerefólio	Tomilho
Erva-de-são-joão	Ulmeira
Estragão	Urze-branca
Funcho	Urze-vermelha
Girassol	Verbena
Hissopo	Visco

 ## FILTROS, INCENSOS E ÓLEOS

O Meio do Verão costuma ser uma boa época do ano para buscar proteção e purificar o espaço contra energias negativas ou nocivas. As Bruxas fazem filtros para usar como talismãs de proteção para casa,

MEIO DO VERÃO

animais de estimação e animais selvagens. Ramos de sorveira pendurados em portas ou em celeiros e anexos os mantêm a salvo de intrusos indesejados. A arruda é usada para curar e proteger contra doenças. O perfume encantador da lavanda é um ingrediente ideal para um incenso de verão. Esta também é a estação em que esperamos respostas sobre fertilidade e amor. Certos óleos de Solstício de Verão podem ser usados em feitiços para adivinhar as perspectivas futuras de casamento de moças e rapazes. Diz-se que, nos tempos antigos, na véspera do Solstício de Verão, as mulheres jovens galopavam pelos campos de cultivo em vassouras para garantir uma colheita abundante e encorajar a fertilidade pessoal. Deste ritual agrícola, os cristãos criaram a imagem maligna da Bruxa voando em uma vassoura, tão tristemente arraigada em nossas psiques modernas.

Aqui estão algumas amostras para estimular suas próprias misturas imaginativas:

Filtro do Solstício de Verão

3 gotas de Óleo de Flor das Fadas (ver pág. 174)
Abeto
Erva-de-são-joão
Hissopo
Matricária
Milho
Pinheiro
Semente de erva-doce
Trigo

Urze Misture todos os ingredientes e unja com algumas gotas de Óleo da Flor de Fada. Coloque em uma tigela sobre uma mesa ou em uma jarra ou bolsa mágica para levar com você.

Incenso DO Solstício DE Verão

Misture partes iguais dos seguintes itens:

3 gotas de Óleo de Sereia (veja a seguir)
Alecrim
Folhas de carvalho

Folhas de girassol
Trigo ou milho triturado
Urze
Verbena

Combine todos os ingredientes e guarde em uma garrafa mágica, tigela ou bolsinha mágica.

Óleo de Sereia

A sereia faz parte da minha herança celta mágica. Meu nome, Laurie, vem da tribo McLaren da Escócia. Um dos antigos símbolos dessa família é a sereia. Eu pessoalmente uso a sereia de duas caudas em grande parte da minha Magia, porque sou pisciana e meia-escocesa.

Aqui está a minha receita pessoal para o Óleo de Sereia:

1 concha
1 pitada de algas marinhas
1 seixo
2 medidas de Óleo de Avelã

Aqueça todos os ingredientes em uma panela esmaltada. Deixe esfriar. Despeje em pequenas garrafas ou potes e use para ungir velas e feitiços.

Óleo de Flor das Fadas

1 medida de óleo de lavanda
1 medida de óleo de sabugueiro
Alguns botões de rosa secos

Aqueça lentamente em uma panela esmaltada. Deixe esfriar. Despeje em garrafas mágicas e use em feitiços, filtros e unção ritual.

MEIO DO VERÃO

Óleo de Merlin

1 medida de óleo de abeto
1 medida de óleo de avelã
1 pedrinha de Tinthele (da caverna de cristal onde Merlin dorme)*
1 raminho de carvalho sagrado da Inglaterra, que tenha sido atingido por um raio*

*Podem ser comprados em uma loja de suprimentos para Bruxas, mas também pode, se preferir, substituir por um seixo encontrado na área onde você mora. Se não conseguir encontrar um carvalho que tenha sido atingido por um raio, use qualquer ramo de carvalho, sabendo, no entanto, que sua energia não é tão poderosa quanto aquele atingido por um raio.

Óleo de Arianrhod

1 estrela prateada (estrelas de glitter)
1 medida de óleo de cedro
1 medida de óleo de madressilva
1 medida de óleo de uva

Aqueça suavemente em fogo brando e em uma panela esmaltada. Retire do fogo e deixe ferver. Armazene em frascos transparentes ou garrafas mágicas.

Óleo da Névoa do Dragão

½ colher de chá sal marinho
1 medida de musgo de carvalho
1 medida de óleo de pinheiro
1 medida de óleo de urze
1 pedaço de musgo irlandês, cortado fino

1 raminho de giesta, cortado fino
2 pitadas verbena
3 medidas de hamamélis

Misture em uma panela esmaltada em fogo bem baixo. Deixe esfriar e coloque em uma pequena garrafa ou em um pote com tampa.

PEDRAS MÁGICAS

As pedras cantam com os ecos dos primórdios da Terra. As Bruxas sabem que as pedras são objetos mágicos. Cada uma delas é o arauto de uma maravilha, uma encarnação da verdade eterna do Cosmos. Não há presença tão forte nem tão poderosa e encantadora como a de uma pedra. Assim como o profeta Merlin, que dorme na caverna de cristal, as pedras são criações belas e estranhas, porta-estandartes de sinais auspiciosos da Natureza. Muitas vezes me pergunto o que aconteceu em sua criação. Que alquimia da história e gênio do Outromundo as criou? No Meio do Verão, a noite mais curta do ano, vemos as estrelas subirem com uma grata sensação de familiaridade, mas também com um desejo incerto de conhecer seus segredos. O que são estrelas senão pedras celestiais? Quais convulsões da Natureza as trouxeram à tona para nosso benefício e uso? Talvez apenas Merlin saiba a resposta para esses presentes de Arianrhod.

A paisagem de pedra do Solstício de Verão está em chamas com o fogo do sol e os sons líquidos e claros do elemento Água. Usamos pedras em filtros ou as usamos como joias e amuletos para atrair amor e luz e nos manter saudáveis e protegidos contra danos.

A seguir está uma lista de algumas das pedras mais reveladoras do Meio do Verão:

Âmbar	Ouro
Citrino	Prata
Concha	Quartzo claro
Diamante	Rubi
Diamante Herkimer (brilhante)	Topázio-amarelo
Granada	Turmalina-amarela
Olho de gato	

FEITIÇOS MÁGICOS

O grande feiticeiro, Merlin, possui uma série de habilidades psíquicas que podem ser invocadas nesta época do ano para promover proteção, aconselhamento e vidência para o futuro. Vindo das tradições galesa e britânica, Merlin também é chamado de Merddin e Myrddin. Tendo adquirido seu conhecimento das formas de encantamento com a Deusa Viviane, Merlin é vidente, poeta, metamorfo, mestre da ilusão, Bruxo sábio e profeta. Ele mora no espírito do carvalho sagrado, mas dorme na Caverna de Cristal, onde abriga o poderoso espírito do dragão. Suas vestes mágicas são como o céu da meia-noite salpicado de estrelas e planetas, e ele fala sua Magia através do poder nas pedras erguidas. Segundo a lenda, Merlin construiu Stonehenge.

Em Salem, e em grande parte do nordeste dos Estados Unidos, não há bosques antigos. Mas no oeste de Massachusetts, perto de Lenox, ainda existem bosques profundos com árvores retorcidas e nascentes frescas que surgem aparentemente do nada. Este é um lugar onde sinto especialmente o espírito de Merlin. Costumo chamá-lo no Meio do Verão para me ajudar em feitiços e meditação. Tenho vários itens mágicos de onde Merlin uma vez pisou, e recebi itens que foram tocados por seu poder. Escrevo pequenos poemas ou versos que me vêm enquanto tento imaginar sua presença e seus arredores encantados. Aqui está um exemplo de um pequeno poema que escrevi sobre o espírito do dragão de Merlin, que ajudou a me concentrar melhor na minha Magia. Faz parte da liturgia da Tradição Cabot.

A Névoa do Dragão

Vento entre os galhos fez canção,
e fez bater as asas do dragão
através do céu da meia-noite.
Trilhas de brumas na Terra há tanto tempo,
do dragão provou o alento,
Merlin não mentiu.

E tem outro sobre uma sereia encantada. Este é um poema inspirado durante uma meditação. Uma visão veio a mim de uma bela praia com vista para águas azuis cintilantes enluaradas. Ao largo da costa havia algumas rochas lisas. Eu vi um braço com escamas deslizar por uma pequena pedra, e lá estava ela. Metade de seu corpo estava na água. Seu cabelo flutuava nas ondulações e seu braço repousava sobre a pedra. Eu ouvi seu canto de sereia.

Canção da Sereia

ONDA AZUL, PENAS BRANCAS;
SEUS CABELOS VERDES PENTEADOS SE ESPALHAM NA ÁGUA BRILHANTE.
BRUMA, NÃO DESTINADA A SER BEBIDA,
ASPERGIDA COM A LUZ DAS ESTRELAS QUE CAEM
DO ELO DE SEU BRAÇO COBERTO DE ESCAMAS.

À medida que o sol começa a deslizar para baixo, o Solstício de Verão também pode ser um momento de ansiedade sobre o futuro. Com efeito, o Solstício marca o início do fim para o beneficente Deus do Sol. Buscamos garantias de uma colheita abundante, esperamos a saúde e a produtividade dos animais e tomamos medidas para proteger nossos lares.

Aqui estão dois feitiços para ajudá-lo durante essa época paradoxal de abundância e preocupação com o que está por vir:

Feitiço da Nona Onda

Vá para beira-mar ou lago para pegar água. Se você não tiver nada disso em sua área, use uma tigela grande de água.

Você também vai precisar de:

1 amuleto ou algo para simbolizar a lua (uma sereia prateada, uma pedra da lua, uma colher prateada, qualquer coisa feita de prata)
1 amuleto ou algo para simbolizar o sol (um citrino, um rosto dourado ou uma flor amarela)
1 Bastão do Mar (feito de galho ou cristal prateado com conchas e pedras azuis e verdes)
1 garrafa de vidro verde com tampa
1 pouco de água de uma lagoa, oceano ou lago de sua escolha
1 tigela vazia
1 xícara de areia ou terra da costa

MEIO DO VERÃO

2 velas na cor azul-claro e 2 verdes-claras
9 conchas
Algas marinhas
Cordão ou fita verde
Incenso do Solstício de Verão (ver pág. 173)
Óleo de Sereia (ver pág. 174)
Vidro do mar (você pode caminhar ao longo de uma praia para coletar conchas ou vidros do mar. Se não conseguir, pode omitir o vidro marinho do feitiço)

Unja as velas com Óleo de Sereia e diga:

> Merrow (sereia), venha para este lugar mágico e traga consigo uma tempestade segura de proteção. Caesa (pronuncia-se *sei-za*), venha a estas margens proteger nossas águas da poluição.

Acenda o carvão e polvilhe o Incenso do Solstício de Verão sobre ele. Fique de pé com as mãos para cima e segure seu Bastão do Mar. Fale com as nove donzelas que guardam as aberturas. Diga:

> Seu poder é restaurado. As Sacerdotisas do Templo dos Nove Poços seguram as taças de ouro e os poços estão protegidos de todos os que violariam e depredariam suas águas doces.

Então fale com Merrow:

> Merrow, envie a Nona Onda para proteger as águas da terra.

Encoste seu Bastão do Mar nas nove conchas, a garrafa e a tigela com água, algas marinhas, sal marinho, areia e a água do mar ou lago. Pegue as nove conchas e coloque-as na garrafa verde, adicione uma pitada de sal marinho, uma pitada de terra ou areia, um pouco de alga marinha e três gotas de Óleo de Sereia. Sinta a garrafa e amarre os amuletos nela.

Segure a garrafa e diga:

> Eu guardo esta garrafa. Seu poder invocará as sereias para proteger as águas da terra e do mar.

Coloque um pouco da alga, sal, areia, água, Óleo de Sereia e amuletos na tigela. Coloque a tigela ao ar livre. Se morar na cidade, coloque em uma varanda ou jardim. Se morar perto da costa, coloque na beira da praia, onde ninguém encontrará, debaixo de uma rocha ou no oceano. Coloque sua garrafa verde em uma janela onde a luz do Sol e da Lua envie mensagens para as Sereias e os Nove Guardiões dos Poços. De vez em quando, ao meditar sobre este importante feitiço, repita o poema que escrevi ou um que você mesmo escreveu para conjurar a imagem das sereias e reacender o feitiço.

Feitiço da Névoa De Merlin

Você vai precisar de:

1 Bastão
1 bola de cristal
1 caneta vermelha
1 Espada
1 pedaço de pergaminho
1 pedra grande para colocar em local sagrado, como seu próprio santuário ao ar livre, Círculo ou jardim. Se não tiver nenhuma dessas opções, então encontre uma ao ar livre para colocar a pedra onde a terra precisa de energia para sobreviver.
1 pequeno Caldeirão
2 velas verdes, 2 vermelhas, 1 preta e 1 branca
Filtro do Solstício de Verão (ver pág. 173)
Incenso do Solstício de Verão (ver pág. 173)
Óleo de Merlin (ver pág. 175)
Óleo da Névoa do Dragão (ver pág. 175)
Turíbulo, carvão e fósforos

Coloque as duas velas verdes e as duas vermelhas em cada lado do altar. Coloque a vela preta à esquerda e a branca à direita.

Unja as velas verdes e vermelhas com Óleo da Névoa do Dragão enquanto diz:

Ó PODEROSOS DRAGÕES, VOEM AQUI NESTE ESPAÇO SAGRADO, TRAGAM COM VOCÊS O FOGO DA CRIAÇÃO.

Unja as velas pretas e brancas com Óleo de Merlin. Toque a preta e diga:

MERLIN, DEUS DAS PEDRAS ERGUIDAS, TRAGA PARA ESTE FEITIÇO O FOGO E O ALENTO DO DRAGÃO.

Toque a vela branca e diga:

MEIO DO VERÃO

Merlin, fazedor de Magia, envie seus dragões ao vento para proferir ao Universo o nosso feitiço.

Coloque seu incenso no carvão, segure seu Bastão e chame Merlin para entrar em seu Círculo Sagrado.

Toque seu Bastão na pedra e diga:

Da pedra para a vida, Grande Merlin, venha para este Círculo Mágico comigo. Eu sou seu servo, seu filho, sou das sidhe. Venha para este lugar. Vamos fazer um feitiço juntos.

Visualize em sua mente Merlin parado na sua frente e ele virá. Segure sua Espada em pé à sua frente e jure aos Antigos:

Esta Espada que me foi confiada será usada para proteger a terra de qualquer um que vier fazer-lhe mal. Juro por minha vida e meu poder diante de Merlin que farei tudo o que estiver ao meu alcance para proteger a terra.

Em seu pergaminho escreva o seguinte encantamento com uma caneta vermelha:

Para todos que me escutam, saibam bem disso: a Terra é protegida pelo poder do dragão, o poder de Merlin e pela minha vida. Aviso a todos os que vierem fazer mal, tudo o que fizerem de prejudicial será negado e neutralizado e tudo o que foi feito de prejudicial será desfeito e vocês não agirão mais contra Ela. Peço ao Deus e à Deusa que, se este feitiço não for do seu agrado, que ele não se realize.

COMIDAS DO FESTIVAL

Como Bruxas, vemos sempre o lado místico de uma refeição. A comida é uma forma de aproximar as pessoas, e o delicioso banquete de saciar a sede do Solstício de Verão oferece a oportunidade perfeita para fazer exatamente isso. Esta é a época para refeições ao ar livre. As noites quentes de verão são mais bem aproveitadas em pátios e varandas, apreciando boa comida e bebida e desfrutando da companhia de amigos e familiares próximos. Em uma refeição magicamente preparada, a vida vem de todas as direções em maravilhosas variações. A recompensa do Solstício de Verão nos traz a promessa pura e duradoura da terra. O poder de nossa Magia sobre as tradições culinárias desempenha um trabalho importante, pois servimos frutas e legumes suculentos do Solstício de Verão, pães integrais e pratos que usam ervas frescas e saborosas em vez de secas. Ao preparar sua refeição de verão, tome cuidado para usar ervas carregadas e medite sobre o significado e a Magia positiva de seus ingredientes.

O menu oferecido aqui usa uma grande variedade de alimentos. Claro, a maneira mais poderosa de comer é se alimentando regionalmente, mas isso nem sempre é possível. Laranjas e abacaxis não são nativos da Nova Inglaterra, por exemplo, mas eu os como. O ponto é tentar comer alimentos da sua região com a maior frequência possível. O menu preparado abaixo funciona bem do lado de fora, mas se você ficar preso em uma chuva surpresa de verão, a refeição pode ser facilmente transportada para dentro de casa, onde equipamentos e utensílios são convenientes.

Banquete de Arianrhod

- Hidromel do Meio do Verão
- Pão de ervas do Solstício
- Sopa fria de tomate
- Bifes de salmão grelhado ao molho de cebolinha
- Pepinos de erva-doce estrelados em molho verde de verão
- Salada de tutti-frutti

Hidromel do Meio do Verão

½ colher de sopa de fermento de bolo
1 kg de mel
1 raminho de açafrão
2 colheres de chá canela
2 colheres de chá gengibre em pó
2 tampinhas de água de rosas
3,5 litros de água
300 ml de suco de fruta (morango ou abacaxi, a sua escolha)
5 cravos-da-índia

Leve a água para ferver lentamente com canela, açafrão, gengibre, cravo e água de rosas. Adicione o mel até dissolver. Em seguida, adicione o suco de frutas. Cubra bem e ferva por 15 minutos. Frio a morno. Dissolva o fermento na água morna e adicione. Cubra com uma toalha por 2 dias antes de coar e engarrafar. Pode ser necessário arejar a mistura periodicamente. Para eliminar a necessidade de arejamento, uma trava de fermentação pode ser adquirida de um distribuidor de suprimentos para fabricação de cerveja caseira.

Pão de Ervas do Solstício

1 ¼ xícaras de água quente
1 colher de chá de sal
1 colher de chá de tomilho fresco
1 colher de sopa de açúcar
1 pacote de fermento biológico seco
2 colheres de chá de alecrim fresco picado
2 colheres de sopa de cebolinha fresca picada
2 colheres de sopa de Crisco[10]
3 xícaras de farinha

Misture duas xícaras de farinha, açúcar, sal e fermento em uma tigela grande. Adicione as ervas, a água e o Crisco. Bata lentamente, mexendo na xícara restante de farinha até ficar homogêneo. Raspe a massa das laterais da tigela e deixe crescer em um local quente por 35 minutos, ou até dobrar de volume. Perfure e bata com uma colher por cerca de 15 segundos. Coloque a massa em uma forma untada e enfarinhada, vá enfarinhando e formando o pão com as mãos. Cubra e deixe crescer novamente por cerca de 30 minutos ou até dobrar novamente de volume. Asse a 180º C por 40 a 45 minutos. Pincele o topo com manteiga ou margarina e retire da panela para deixar esfriar.

---

10. N.T.: marca de gordura vegetal para fazer pães e doces.

Sopa Fria de Tomate

½ colher de chá páprica
½ xícara de azeite
¾ xícara de mistura de ervas (incluindo manjericão, carefólio, estragão, salsinha, endro, cebolinha e tomilho)
1 cebola doce espanhola, descascada e fatiada
1 alho, descascado e picado
1 pimentão, sem sementes e picado
1 xícara de pepino, descascado, sem sementes e fatiado
2 tomates grandes, sem pele, sem sementes e picados
3 colheres de sopa de suco de limão
3 xícaras de água fria

Coloque os tomates picados, a pimenta, o alho e as ervas em uma tigela. Misture o azeite, o suco de limão e a água fria. Adicione a cebola, o pepino e a páprica. Deixe na geladeira por 5 horas. Sirva sobre cubos de gelo em taças e decore com salsa fresca ou agrião.

Bife de Salmão Grelhado em Molho de Cebolinha

½ xícara de manteiga sem sal
1 folha de louro
1 pitada de pimenta
1 xícara de creme de leite
2 alhos-porós picados,
2 colheres de sopa de vinagre de vinho branco
2 xícaras de vinho branco seco
Azeite/ou manteiga derretida
Bifes de salmão com 1 cm de espessura
Cebolinha fresca bem picada

Para preparar o molho: leve o alho-poró, a cebolinha (deixando um pouco para usar como guarnição), a folha de louro, os grãos de pimenta, o vinho e o vinagre de vinho para ferver em uma panela. Retire do fogo e adicione a manteiga e o creme de leite. Reaqueça lentamente em fogo baixo, mantendo-o aquecido antes de servir.

Para preparar o salmão: pincele os bifes com azeite ou manteiga derretida. Asse ou grelhe por 5 minutos. Regue, vire e grelhe por mais 5 minutos ou até que o osso esteja solto ou rosado por dentro. Sirva com o molho quente ao lado, sobre os bifes, ou coloque os bifes em cima do molho e decore com o restante da cebolinha.

MEIO DO VERÃO

Pepinos Estrelados com Molho Verde de Verão

¼ xícara de cebola picada
¼ xícara de óleo vegetal
½ colher de chá de sal
1 colher de chá de semente de erva-doce
2 colheres de sopa de suco de limão
4 pepinos

Lave e descasque os pepinos. Fatie-os em círculos. Corte as fatias de pepino com um cortador de biscoito em forma de estrela. Coloque em uma tigela do tipo Tupperware com tampa. Adicione o óleo, o suco de limão, a semente de erva-doce, o sal e a cebola. Cubra e leve à geladeira por 12 a 15 horas, mexendo de vez em quando.

Para o molho:

¼ xícara de cebolinha
¼ xícara de salsa
1 xícara de maionese
2 colheres de chá de vinagre de estragão
6 a 8 raminhos frescos de endro

Bata em velocidade alta até ficar cremoso. Refrigere por 2 horas e sirva sobre os pepinos.

Salada de Tutti-Frutti

1 abacaxi inteiro fresco, cortado, fatiado e em cubos
1 kg de uvas verdes e vermelhas sem sementes
1 toranja, separada em pedaços
1 xícara de morangos frescos
2 ameixas em cubos
2 nectarinas, sem caroço e em cubos
2 pêssegos sem caroço e em cubos
2 tangerinas, separadas em pedaços
2 xícaras de melão verde e laranja em bolas ou fatias
400 g de cerejas frescas

Misture todos os ingredientes em uma fruteira grande. Para fazer um molho, bata 1 xícara de creme de leite, 2 colheres de sopa de suco de abacaxi e uma pitada de sal em uma tigela gelada até ficar firme.

ATIVIDADES ANTIGAS

Os meses de verão eram muitas vezes tempos de conflito para as antigas tribos celtas. Depois dos muitos intrusos míticos além da Nona Onda, os celtas também foram invadidos pelos vikings, romanos, normandos e anglo-saxões. Desde a época do rei Eduardo I, que convidou todos os poetas, músicos e artesãos galeses ao seu castelo para massacrá-los, exércitos e ideias inimigas tentaram destruir uma cultura que se recusava a morrer. Ainda hoje vemos as pressões insidiosas da vida moderna tentando matar o que resta das línguas celtas – as línguas vivas mais antigas da Terra – galês, gaélico irlandês, gaélico escocês e manx[11]. Os celtas eram conhecidos por seus ferozes lutadores, que incluíam homens e mulheres. A rainha guerreira celta Boudicca quase que sozinha eliminou uma legião romana inteira. Ainda hoje devemos continuar a lutar tanto no plano espiritual quanto nas frentes políticas para manter vivas nossas tradições.

Mapeando a Influência Celta

Muitos de nós pensam que a influência celta afetou apenas as tribos que vieram das ilhas britânicas. Nada poderia estar mais longe da verdade. As tribos celtas estavam sempre em movimento, crescendo e mudando. Seu povo gerou as tribos de muitas outras terras. Muitos dos mitos gregos são considerados de origem celta. Os costumes e tradições celtas são encontrados em toda a Europa, Mediterrâneo, Índia, Turquia, Ásia e além. Como veremos (ver pág. 223), há novas evidências mostrando que os celtas viajaram muito além da Nona Onda para se estabelecerem na América do Norte muito antes dos vikings.

Os dias de junho são tão longos com a luz do sol, que há tempo suficiente para realizar muitas coisas e se divertir também. Esta é a época

---

11. N.T.: *manx* ou *manês* é a língua nativa da Ilha de Man.

para viajar, fazer jardinagem e brincar ao ar livre. As crianças praticam esportes e jogos imaginários nos parques da cidade e nos campos. Fazemos trilhas pelas montanhas, andamos pela natureza para identificar ervas, ou realizamos longas caminhadas na praia. Andar de bicicleta, nadar e acampar sob as estrelas são apenas algumas das maravilhosas atividades de verão que nos trazem o prazer e os presentes generosos da Deusa nesta época do ano. Aqui estão algumas ideias sobre como você pode sair e apreciar a natureza e o calor do Sol antes que ele comece sua mudança de curso descendente.

Guirlandas da Deusa e do Deus

As guirlandas podem ser feitas para representar qualquer Deusa ou Deus. Você pode fazer oito guirlandas, uma para cada Sabbat. A guirlanda de flores é um Círculo Sagrado que representa a Roda do Ano, o círculo eterno da vida. Uma guirlanda de Arianrhod, por exemplo, pode ser feita com flores de verão e estrelas de prata recortadas. Faça uma coroa de sereia com algas (musgo irlandês) e conchas. As algas levam alguns dias para secar no sol quente. Se você não tiver algas marinhas, use musgo de árvore. Use uma base de arame ou forme uma base com uma videira e teça as algas secas dentro e fora da moldura. Prenda conchas ou outros tesouros de praia colando ou amarrando-os na base com fita. Alguns de nós são mais habilidosos do que outros e podem manipular figuras de papel machê. Se você for talentoso com essa habilidade, pode fazer uma guirlanda de Merlin moldando dois dragões tocando suas caudas em um círculo. Pinte-os usando verde, amarelo e vermelho. Adicione um rubi ou granada para dar vida a eles. O poder mágico de uma guirlanda pode ser dobrado ou triplicado dependendo de quantos símbolos você escolher usar. Por exemplo, adicionar as estrelas de prata de Arianrhod à guirlanda de conchas da sereia dobra o poder da coroa. Adicione flores de verão e você captura o espírito de Viviane, e assim por diante. Use sua imaginação. Ela é um presente da Deusa!

MAGIA DAS FADAS

Em *Sonho de Uma Noite de Verão*, Shakespeare retrata as fadas como seres poderosos, complexos e amigáveis exibindo um profundo conhecimento do Outromundo. Ele nunca as equipara a demônios ou fantasmas, como tantos em seu tempo fizeram. A linguagem da peça revela a compreensão íntima de Shakespeare sobre o humor, a franqueza e a sabedoria mantidas vivas no folclore das fadas e na tradição oral celta. É como se as próprias fadas o ajudassem a escrever a peça, e acredito que Shakespeare, um amigo leal das fadas, seria o primeiro a admitir isso!

Como em Beltane, o Meio do Verão é um bom momento para entrar em contato com o Mundo das Fadas. Em sua sabedoria, as fadas sabem que o Solstício de Verão é um momento de realização para a Natureza. Como humanos, no entanto, muitas vezes devemos buscar um caminho interior para entender o mundo ao nosso redor. Meditação e ritual nos mostram a presença do espírito das fadas, que é a grande força e energia que se move em todas as coisas, ajudando a fortalecer nossa Magia. As fadas podem nos ajudar a encontrar pedras e gemas, por exemplo, mas devemos discernir seu significado. As memórias antigas residem logo abaixo do nosso campo consciente de percepção, de modo que os significados às vezes são temporariamente perdidos ou esquecidos. Meu livro anterior, *O Poder da Bruxa*, inclui um gráfico com os significados de pedras, elementos e outras informações, o que torna mais fácil encontrar respostas para os enigmas das fadas. O Meio do Verão é a hora de pedir proteção e confiança às fadas, para olhar para o futuro enquanto você passa seus dias ao ar livre aproveitando o sol. Aqui estão dois feitiços do Jardim das Fadas para você experimentar, um para ambientes internos e outro para ambientes externos:

Feitiço do Jardim das Fadas

De certa forma, uma pequena horta é uma forma de contribuir para as necessidades ecológicas de nossa sociedade. Adubar, fertilizar, capinar e cultivar flores, tomates, pepinos e ervas frescas me fazem sentir

MEIO DO VERÃO

que, ao tocar a terra todos os dias, também sou nutrida. Dessa forma, sinto-me muito mais consciente das mudanças sazonais do Planeta. Neste momento, enquanto escrevo estes feitiços para o verão, a Nova Inglaterra está branca com uma furiosa tempestade. Meu jardim está todo branco e a Rainha da Neve está reinando. Acabei de encher todos os alimentadores de pássaros e coloquei um pouco de comida para todos os cães e gatos de rua. Os flocos de neve ainda estão no meu cabelo quando me sento para escrever, então os pensamentos de primavera e verão são muito mais preciosos. Portanto, hoje usarei meu jardim de cristal, contemplando-o de uma janela segura e quente.

Feitiço do Jardim de Cristal das Fadas

Você vai precisar de:

1 pequena tigela de borda curta ou vaso de flores
3 ou mais cristais de sua preferência, como quartzo claro, ametista, citrino, quartzo-rosa (prefira o natural ao polido; eu uso o quartzo mais claro possível na minha tigela)
Areia suficiente para encher uma tigela (isso você pode coletar em uma praia ou em uma loja de aquários; areia da praia, sugiro que você coloque em uma assadeira e leve ao forno a 180ºC por 1 hora, para garantir que todos os germes ou microrganismos sejam purificados.)

Antes de lançar o Círculo, recolho flores e madeiras sagradas quando conveniente e alguns vegetais para colocar no meu altar. Quatro a doze dias antes de estar pronto para este feitiço, cubra os cristais com sal marinho em uma tigela.

Você também vai precisar de:

1 Bastão das Fadas
1 bolsinha mágica rosa, 1 preta e 1 verde
1 tigela grande de água mineral
1 toalha branca, nova e limpa
1 Turíbulo
1 vela votiva amarela, 1 verde, vermelha, 1 azul, 1 branco e 1 preta
Incenso do Solstício de Verão (ver pág. 173)
Óleo de Flor das Fadas (ver pág. 174)
Óleo do Fogo das Fadas (ver pág. 97)

Você precisa decidir que tipo de feitiços quer colocar nos cristais. Decida, por exemplo, qual será por amor, poder, dinheiro, proteção da família, animais, habilidade psíquica, autoestima.

Lance seu Círculo com seu Bastão das Fadas.

Unja as velas com Óleo de Flor das Fadas, acenda-as e diga:

O FOGO DO VERÃO CHEGA A ESTE ESPAÇO MÁGICO. A FAÍSCA DE LUZ DESSAS VELAS MÁGICAS TRARÁ A ESTE JARDIM MÁGICO TODO O PODER QUE AS SIDHE PODEM DAR À TERRA. QUE ASSIM SEJA.

Acenda o carvão, coloque o incenso sobre ele e ponha a areia em uma tigela. Retire cada cristal um por um do sal, lave-os, seque-os e segure-os sobre a fumaça do incenso. Coloque cada cristal em seus lábios e diga em voz alta ao cristal o que você quer que ele faça. Coloque-os na tigela de areia. Carregue magicamente suas sacolas mágicas para poder tirar um cristal da tigela e levá-lo com você quando precisar.

Para trazer as Deusas das Fadas para o seu Círculo e dentro da tigela, faça três círculos acima de sua cabeça com o Bastão das Fadas.

Unja-se com Óleo de Flor das Fadas e diga:

Ó GRANDES DEUSAS DAS SIDHE, VENHA MORAR COMIGO. SOU SUA FILHA E GUARDIÃ DE SUA FÉ. NESTE TEMPO ENSOLARADO, TRAGA-ME SEU PODER DE FLORESCIMENTO. AUXILIE-ME A CUIDAR DE MIM MESMO, AJUDAR A CURAR A TERRA E DESFRUTAR DE SUA GRANDE BELEZA.

Toque seu Bastão em todos os cristais, tigela, areia e bolsinhas mágicas.

Coloque incenso no carvão e passe seu Bastão pela fumaça e diga:

AGRADEÇO POR SEU AMOR E PODER. TENHO ORGULHO DA MINHA FÉ NAS FADAS. ESTE JARDIM É O INSTRUMENTO DE SEUS PODERES. QUE ASSIM SEJA.

Destrace seu Círculo. Coloque a tigela no altar ou em uma mesa perto de onde você descansa. Enquanto medita, você pode estender a mão e segurar um cristal e recarregar-se com o poder das fadas.

Os Jardins das Fadas podem ser jardins que florescem tanto de dia quanto de noite. O jardim noturno parece suave banhado pelo luar com pequenas velas votivas brilhando, imitando o céu noturno. Aqui está uma lista de flores noturnas para usar em seu jardim lunar:

MEIO DO VERÃO

Aquilégia
Centauria
Cleome nemophila branca
Cosmos
Cosmos rosa
Dedaleira
Empress iberis (candytuft – nome popular)
Escabiosa (Suspiros dos jardins)
Filodendro amarelo
Flor-de-cetim
Flor-de-cone
Flor-de-mel
Flores do campo
Gardênia
Margaridas
Margaridas africana
Nicotiana
Nigela-dos-trigos branca
Prímula
Violeta-dama (*Hesperis matronalis* – nome científico)

Feitiço do Jardim das Fadas ao Ar Livre

Reconhecer o poder das fadas nas plantas e nas florestas nos arredores fortalece a Terra a quilômetros de distância. Este processo vai fortalecer você e as plantas que colher para comida mágica, incenso, poções e filtros. Muitas das plantas em meu jardim são mudas de sementes que foram plantadas psiquicamente em Samhain, carregadas magicamente em Imbolc e plantadas em Beltane. Muitas dessas plantas floresceram por anos. Tem um parque nacional perto da minha casa. Os guardas florestais que fazem a maior parte da jardinagem na área costumam vir ver meu jardim. Eles observam o tamanho e o brilho de minhas flores e plantas. Eu sempre digo a verdade, mesmo que eles não acreditem em mim. As fadas cuidam do meu jardim!

Para o feitiço a seguir, você vai precisar de:

1 Bastão das Fadas
1 Cálice com água de nascente
1 guardanapo azul
1 pequeno tampo redondo para uma mesa de madeira ou 1 pequena peça redonda de mármore (você pode comprar pequenas mesas com pernas aparafusadas na maioria das lojas de móveis e um pedaço de mármore que pode ser colado com massa especial encontrada em uma loja de utilidades domésticas)
1 tigela
1 Turíbulo

1 vela branca, 1 azul, 1 rosa e 1 verde
3 grandes rochas ou cristais para usar como pernas para este altar
Incenso do Solstício de Verão (ver pág. 173)
Óleo de Flor das Fadas (ver pág. 174)
Óleo do Fogo das Fadas (ver pág. 97)
Sementes, plantas e flores cortadas do jardim

Lance um Círculo ao redor de seu jardim grande o suficiente para proporcionar a você espaço para montar seu altar ao ar livre. Sempre lance o Círculo na lua crescente ou três dias antes da lua cheia.

Acenda todas as velas, unja com ambos os óleos das fadas e diga:

Grande Deusa das Sidhe, venha morar comigo. Eu sou sua filha e guardiã de sua fé. Neste tempo ensolarado, traga-me seu poder de florescimento, seu poder de fazer toda a Magia, ajude-me a cuidar de mim mesmo, curar a Terra e desfrutar de sua grande beleza. Que assim seja.

Coloque incenso no carvão. Encha a tigela com terra de jardim. Coloque o guardanapo azul sobre o Cálice com água.

Aponte seu Bastão para o Norte e diga:

Chamo o elemento Terra. Rei Bran, venha a este jardim mágico para nos fortalecer.

Aponte para o Sul e diga:

Chamo o elemento Ar. Rainha das Fadas, Cerridwen, venha para este jardim mágico enquanto a coruja observa este feitiço dia e noite.

Aponte para o Leste e diga:

Chamo o elemento Fogo. Maeve, Rainha das Fadas, venha a este jardim mágico e coloque Magia nas cores desta flor.

Aponte para o Oeste e diga:

Chamo o elemento Água. Merrow, traga sua névoa para derramar Magia sobre este jardim.

Retire o guardanapo do Cálice, segure-o em direção ao jardim e diga:

Eu trago todas as energias corretas do cosmos e dos antigos, os Tuatha de Danann, para este cálice. Eu invoco a Deusa de todos nós, Dana, nesta água abençoada.

MEIO DO VERÃO

Coloque o polegar na água três vezes e nos lábios, provando o espírito de tudo que você reuniu na água abençoada. Tome alguns goles e despeje o resto na tigela de terra.

Toque as duas mãos na terra e diga:

Este é o Outromundo. Esta é a Terra das Fadas. Ela pertence ao meu jardim.

Espalhe punhados de terra sagrada ao redor entre as plantas ou árvores. À medida que a terra sagrada toca o chão seu jardim será iluminado com a Magia das Fadas para sempre.

Dispense os quatro elementos e destrace o Círculo.

Blessed Lammas

1º de agosto no Hemisfério Norte
1º de fevereiro no Hemisfério Sul

O Deus irlandês Lugh é conhecido como o "Luminoso ou Brilhante". Ele está associado tanto ao Sol quanto à fertilidade agrícola, já que sua mãe adotiva morreu ao preparar as terras da Irlanda para o plantio. Seu festival acontece em sua homenagem. Ele também é um Deus de Todas as Habilidades e campeão dos Tuatha de Danann ou "Filhos da Deusa Dana". Na batalha dos Tuatha de Danann para tomar a Irlanda dos fomorianos, ele troca a vida de um prisioneiro por informações sobre os mistérios da agricultura. Sua contraparte britânica/galesa, Lleu, é o filho de cabelos loiros da Deusa Arianrhod, que já a conhecemos no Solstício de Verão. Assim como Lugh, Lleu é tanto o Deus do Sol quanto o Deus dos Grãos.

Lughnasadh (pronuncia-se: *lu-na-sa*) marca o início da colheita dos grãos, a primeira colheita na Roda do Ano. A importância do grão para a vida é evidente em praticamente todas as formas de divindades em todas as religiões da Terra. Toda a preparação do grão, desde a semente até a colheita, é paralela aos aspectos de vida em morte e morte em vida da Grande Deusa, a Mãe Terra.

A mitologia celta está repleta de histórias que falam do significado simbólico dos grãos. Em um desses mitos, um menino bebe acidentalmente do Caldeirão Mágico da Deusa galesa Cerridwen. Ele se transforma em uma lebre. Ela se transforma em um cão de caça e o persegue. Ele se transforma em um grão de trigo, Cerridwen, por sua vez, transforma-se em uma galinha preta. Ela come o trigo e dá à luz um menino, que se torna o grande bardo e poeta vidente, Taliesin. Cerridwen, então, é a Deusa da Morte e Regeneração, Grãos e Inspiração Poética.

A Deusa Tríplice Macha em seu aspecto guerreiro muitas vezes preside o festival de Lughnasadh. Ela é forçada a correr contra os cavalos do Rei Ulster enquanto está grávida. Macha dá luz à gêmeos. Ao dar à luz, ela amaldiçoa os homens de Ulster a experimentarem a dor do parto por cinco dias e quatro noites. Por sua vitória na batalha, Macha se torna a Rainha de Ulster por sete anos. Seu direito ao trono é contestado, mas ela mantém sua soberania ao persuadir seus adversários com seus encantos. Os homens constroem para ela uma fortaleza, chamada Emain Macha, que ela marca com um broche mágico de nó celta. Macha não só preside a batalha na guerra, mas também no amor. Ela se preocupa com qualquer tipo de conflito e sua resolução.

MAGIA DA TERRA

Em Lughnasadh, o Deus Sol já começou sua jornada descendente, enfrentando agora as geadas escuras do inverno. A Deusa, no entanto, nunca diminui. Ela simplesmente muda de aparência. Em Lughnasadh, ela usa um rosto de extraordinária abundância. Durante esta temporada de alto verão, a generosidade do nosso Planeta está em pleno andamento. Colhemos os benefícios de frutas frescas, vegetais e ervas. Este é um momento em que a maioria de nós experimenta uma saúde excepcionalmente boa e uma vida robusta.

Lughnasadh marca o último apogeu do Deus Sol. Sob as estrelas da Lua da Cevada e do Verão, também apreciamos as paixões extintas da estação. Os casamentos são muitas vezes celebrados em Lughnasadh, assim como no Solstício de Verão, e, como nos diz Robert Burns, é uma *"noite feliz"* em que ele passa entre os campos de milho com sua amante. Lughnasadh é uma época em que os aspectos simbólicos dos elementos sustentadores da vida dos grãos se espalham por todas as partes da vida.

Preparações

Em Lughnasadh, o altar, adornado com um pano branco ou dourado, é levado para fora. Para honrar e reconhecer a generosidade da Terra, trazemos milho, frutas e legumes, cestas de pão e buquês de flores de verão para o nosso Espaço Mágico ao ar livre. Acendemos velas douradas e amarelas para representar o Sol e adicionamos velas para representar as cores do arco-íris. Uma mistura de ervas regidas pelo Sol é posicionada para fácil acesso no altar.

Para o seguinte ritual você vai precisar de sal; água; maçãs; pão; trigo; frutas e legumes em cestas; um Caldeirão com água e avelãs flutuando nele; bolos do Sabbat; um Cálice; Óleo de Cerridwen; Óleo de Taliesin; Óleo de Lugh (ver pág. 205); velas douradas, amarelas, brancas e pretas; incenso; um Filtro de Lughnasadh (ver pág. 204); um Bastão Prateado (ver pág. 26); uma lâmina e uma lança. (Se você não tiver uma lâmina ou lança, pode escolher um objeto semelhante, como um abridor de cartas feito de latão, por exemplo. Carregue-o em um Círculo Mágico e chame-o de lâmina ou lança.) Você vai precisar de uma ou todas das seguintes madeiras sagradas: azevinho, carvalho, espinheiro, freixo, salgueiro, amieiro, sorveira, vidoeiro, videira, hera, junco, abrunheiro, sabugueiro, abeto, tojo, urze, álamo e teixo.

O que vestir

Embora muitos que compareçam à celebração de Lughnasadh venham vestidos com shorts de algodão branco ou amarelo e blusas sem mangas, a Alta Sacerdotisa e o Alto Sacerdote geralmente usam suas tradicionais vestes pretas ou brancas. A Alta Sacerdotisa usa uma coroa de flores com longas fitas de 1m a 1m 30 nas cores do arco-íris. Alguns de nós pintam os rostos com girassóis, prendem os cabelos com flores e laços e trazem instrumentos mágicos para representar Lugh e outros Deuses e Deusas.

O Ritual

Alta Sacerdotisa:

A TODOS OS QUE ME OUVEM, NEM MESMO POR SEUS INÍCIOS, SUA MÃE E SEU PAI; NEM MESMO POR SEU AMOR EU OS FARIA MAL. MAS PELO BEM DE DANA, EU TRAGO VIDA. EU TRAGO AMOR. EU BUSCO A SOBERANIA DE TARA. ENTRO EM TARA. A TERRA VERDE SE ESPALHA DIANTE DOS MEUS OLHOS E AS BRUMAS SE ELEVAM DA ÁGUA. A

Dama do Lago concede a magia. A Espada do encantamento trará apenas honra ao cavaleiro que protege esta terra. Aqui está o poder das sidhe. Aqui nesta Espada está o poder de Dana, a grande e poderosa Dana, que dá vida aos sonhos. Eu honro você. Estou encantada pelo seu poder e pelo poder do Outromundo.

A Espada é mergulhada no Caldeirão de água pela Alta Sacerdotisa e apresentada ao Alto Sacerdote.

Alta Sacerdotisa:

Aqui está a Magia das sidhe, que dão vida à esta Terra. A maçã está vermelha como o fogo; o milho está dourado como a vida; o carvalho está verde como a luz. Todos apreciam o sol brilhante e glorioso. Ó Grandes pedras erguidas, que abrigam o poder da vida, cantem para nós milagres brilhantes, tão brilhantes quanto o sol.

O Alto Sacerdote ergue o Bastão Prateado e diz:

Nós somos o povo do ramo de prata. As crianças de Avalon e os Tuatha de Danann. Ogma, Dana, Dagda, todos venham à esta sagrada Tara.

O Alto Sacerdote pega o Pentáculo de altar e olha para o Leste:

Eu o chamo, Dagda, traga seu poder e força. Venha para esta Tara. Nós lhes damos boas-vindas.

Ele olha para o Sul e diz:

Eu o chamo, Ogma, venha trazer sua força e poder, nós lhes damos boas-vindas.

Ele se vira para o Oeste e diz:

Eu o chamo, Manannan mac Lir, venha trazer seu poder e força para esta Tara, nós lhe damos as boas-vindas.

Ele se volta para o Norte e diz:

Eu o chamo, Gwydion, venha trazer seu poder e força para esta Tara, nós lhe damos as boas-vindas.

A Alta Sacerdotisa carrega as velas e as unge com Óleo de Lugh. Ela diz:

Lugh, Grande Deus da Lança Dourada, portador da colheita, você de muitas habilidades. Traga sua luz para compartilhar conosco, lance luz dourada sobre a sagrada Tara.

LUGHNASADH

O Alto Sacerdote coloca incenso nas brasas e diz:

Lugh, sua aparência é linda de se ver. Seu tartan é de seda brilhante, seu capacete dourado tem cristais dos quatro reinos. Você nos ensina amuletos de proteção e força. Mostre-nos sua lança dourada de poder.

A Alta Sacerdotisa, levanta sua lâmina para o céu com ambas as mãos e diz:

Eu sou soberana aqui em nome de Cerridwen. Eu lhe ofereço um trono de poder nesta Tara. Seja bem-vindo.

O Alto Sacerdote pega a lâmina e a Alta Sacerdotisa pega o Cálice, segurando-o para que todos possam ver. Ela diz:

A música mágica de Taliesin anunciou a chegada de Lugh. Eu, a Rainha da Soberania, dou as boas-vindas a Lugh neste Cálice.

O Alto Sacerdote ergue a lâmina e diz:

Lugh, toque esta lâmina com sua lança dourada para que você possa entrar neste lugar soberano, Tara. Eu atraio a luz dourada de Lugh para este Cálice.

O Alto Sacerdote coloca a lâmina no Cálice. A Sacerdotisa bebe a água abençoada e a entrega ao Sacerdote, depois despeja o resto no Caldeirão com as avelãs e a água. Ele mexe a água com o dedo, depois coloca os dedos nos lábios três vezes e prova a água.

A Alta Sacerdotisa se vira para ele e diz:

Eu dou as boas-vindas à busca do equilíbrio, fuja deste reino, mas você nunca estará fora do meu alcance.

O Alto Sacerdote se afasta dela ao redor do Círculo.

Alta Sacerdotisa:

Cerridwen, galgo, persiga a lebre. Com luz dourada esta verdade dará suporte ao equilíbrio da Deusa que pode eclipsar a escuridão e a doçura, a corrida sem fim, o Círculo de ponta a ponta. Sol, Lua, face a face, metamorfose, mistura e dobra, que traça a fé das fadas.

O Alto Sacerdote diz enquanto caminha:

Taliesin, cante para mim sobre os caldeirões profundos e contos que terminam em honra.

Alta Sacerdotisa:

Estou no lugar da Deusa da Transformação e chamo todos os poderes do bem para esta Terra. Agradeço aos poderes do Caldeirão e da lança pela abundância que vemos.

Ela pega seu Bastão, toca a cesta e diz:

Eu falo como Sacerdotisa e carrego magicamente essas ervas, frutas e grãos, abençoados eles são. Abençoados são os solos a partir de onde crescem. Pedimos que todas as pessoas da Terra compartilhem desta recompensa. Conceda-nos o poder de ajudar a semear, crescer e alimentar a Terra e seus animais.

Todos:

Abençoado seja Lugh, abençoada seja Cerridwen, abençoado seja Taliesin.

O Alto Sacerdote e a Alta Sacerdotisa juntos abençoam os bolos, passam para todos no Círculo e dizem juntos:

Estes bolos são o poder e o espírito dos antigos.

Depois que os bolos estão prontos, os óleos são passados pelo Círculo e todos ungem suas testas, pulsos e nuca.

A Alta Sacerdotisa ergue a lança acima de sua cabeça, e todos prestam atenção.

Juntos, a Alta Sacerdotisa e o Alto Sacerdote dizem:

Elevamos o Cone de Poder.

Todos levantam as mãos para o céu e se ajoelham no chão ou se deitam para tocar ou beijar Tara, a Terra Sagrada.

O Alto Sacerdote pega o Pentáculo de altar, olha para o Norte e diz:

Poderoso Gwydion, siga em paz. Volte novamente.

Ele olha para o Oeste:

Poderoso Manannan mac Lir, siga em paz. Volte novamente.

Ele olha para o Sul e diz:

Poderoso Ogma, siga em paz. Volte novamente.

Ele se volta para o Leste e diz:

LUGHNASADH

Poderoso Dagda, siga em paz. Volte novamente.

A Alta Sacerdotisa libera os quatro elementos e depois desfaz o Círculo. Aqueles escolhidos pelo Sacerdote e Sacerdotisa podem beber a água do Caldeirão Sagrado. Eles distribuem varetas e cada um mergulha a sua no Caldeirão. O resto da água é mantido em um Espaço Sagrado e o que sobrou dos bolos são deixados como presentes na floresta ou compartilhados com todos os presentes.

ERVAS MÁGICAS

Lughnasadh marca um ponto de virada no ciclo da vida da Terra. Embora o verão seja quente e abundante, os sinais mais visíveis da força minguante do Sol estão logo no virar da esquina, nas folhas caídas do outono. Durante esta época do ano, as Bruxas usam ervas para trazer boa sorte e abundância em sua culinária, cura, poções e feitiços. Todos os grãos, sementes, ervas e flores colhidos agora podem ser secos para uso posterior durante o inverno ou para decorar os altares dos futuros Sabbats. Assim como as ervas, os grãos são considerados sagrados e devem ser colhidos com uma foice "dourada" magicamente carregada.

Em muitas regiões do Hemisfério Norte, Lughnasadh é a época da colheita das frutas. Nas ilhas britânicas, os mirtilos são particularmente abundantes. A colheita de mirtilos em Lughnasadh é um ritual antigo que afeta a colheita do verão como um todo. Se os mirtilos forem abundantes, as colheitas serão abundantes. Quase todas as ervas, flores e grãos atingem seu pico de cor, sabor e potência mágica no verão. O alho é uma erva particularmente versátil, que é usada para proteção contra energia negativa e para limpar e purificar o corpo. Calêndula nos ajuda a nos comunicar com as fadas e aumenta a habilidade psíquica. O musgo é para ganho financeiro. E em Lughnasadh a verbena é usada para riqueza e proteção. Durante esta época de casamentos, o milefólio é um ingrediente comum em filtros e óleos para presentes de casamento para amor e união. O lúpulo, usado como aromatizante de cerveja e fermentados, bebidas favoritas de Lughnasadh, também é bom para dormir e curar. As Bruxas fazem compressas e chás de confrei para melhorar a cicatrização de ossos quebrados, arranhões e contusões.

A seguir segue uma lista de ervas para usar em sua Magia durante a temporada de Lughnasadh:

Abrunheiro	Heliotrópio
Acácia	Hera
Alho	Hortelã
Arroz	Lúpulo
Artemísia	Manjericão
Aveia	Margarida
Avelã	Menta
Azevinho	Milefólio
Babosa	Milho
Calêndula	Murta
Cebola	Musgo irlandês
Centeio	Papoula
Cevada	Peônia
Chagas	Pólen de abelha
Cogumelo	Cenoura brava
Confrei	Sabugueiro
Flor de trevo	Serralha
Folha de framboesa	Trigo
Folha de maçã	Ulmeira
Folha de mirtilo	Solidago
Folha de morango	Verbena
Girassol	Videira

Secagem e Conserva de Ervas, Sementes e Flores

PARA SECAR AS ERVAS: pendure as ervas de cabeça para baixo, frouxamente reunidas em cachos, ou espalhe-as em uma rede de arame fina. Eu costumo pendurar minhas ervas para secar cobrindo-as delicadamente com gaze para evitar a poeira. As ervas devem ser secas em uma sala ou armário escuro e ventilado em uma faixa de temperatura de 20º a 30º C. A maioria das ervas costumam secar dentro de uma semana, mas elas devem ser verificadas periodicamente antes disso. As ervas estão prontas quando estiverem secas ao toque, mas não se desintegrarem ou quebrarem.

Quando estiverem prontas, retire as folhas e coloque imediatamente em potes com tampas herméticas. Coloque data e rotule os frascos, porque as ervas ficam tão parecidas quando secas, que é difícil distinguir uma da outra. Em seguida, guarde-as em um quarto ou armário escuro.

PARA SECAR SEMENTES: para coletar sementes, pendure as plantas de cabeça para baixo sobre um pedaço de papel ou deixe-as de cabeça para baixo dentro de um saco de papel marrom, até que as sementes secas caiam.

PARA SECAR FLORES: se for flores inteiras, pendure-as de cabeça para baixo ou para cima em uma tela de arame. Você também pode colocá-las em uma assadeira, espalhar sal sobre elas e deixá-las em uma sala seca, cobertas com gaze. A secagem pode levar dois dias ou mais, mas deve ser verificada periodicamente. Para secar folhas e pétalas, espalhe as flores em uma tela de arame, sacudindo-as de vez em quando para estimular a secagem uniforme.

Manjerona, manjericão, hortelã, salsa, cerefólio, cebolinha, sementes de funcho, endro e levístico, entre outros, podem ser congelados. Recolha as ervas pela manhã enquanto o orvalho ainda está preso nas folhas. Dê-lhes uma boa sacudida e coloque em sacos para congelar.

Lembre-se, sempre consulte um livro de ervas para determinar quais são comestíveis e quais não. Algumas ervas são venenosas e nunca devem ser ingeridas.

FILTROS, INCENSOS E ÓLEOS

O verão é a época de grandes trovões e tempestades de raios. As Bruxas costumam coletar a água da chuva das tempestades para usar em sua Magia. Esta água é carregada com a energia da luz e do som e pode gerar fortes impulsos mágicos em qualquer filtro, incenso ou óleo. Para proteção contra danos de uma tempestade, no entanto, use as pétalas, caules ou folhas de peônias em um filtro que você pode pendurar no telhado ou no beiral de sua casa. Em Lughnasadh, fazemos um filtro suficiente para compartilhar com todos na celebração. Os aspectos do Sol estarão impregnados em todas as receitas de filtro até o próximo Lughnasadh, quando fazemos novas misturas.

Aqui estão algumas sugestões de misturas que você pode usar em rituais ou com talismãs e amuletos para encantamentos de verão:

Incenso de Lughnasadh

1 gota de Óleo de Lugh (ver pág. 205)
3 gotas de Óleo de Cerridwen (ver pág. 205)
Cevada
Folha de maçã
Manjericão
Milefólio
Musgo irlandês
Pétalas de rosa secas
Trigo

Misture todos os ingredientes e guarde em um saco ou tigela mágica. Para carregar magicamente, coloque-o em um Espaço Sagrado ou traga ao ritual de Lughnasadh para a energia do Sol, crescimento, cura, riqueza e proteção da Terra.

Filtro de Lughnasadh

3 gotas de Óleo de Cerridwen (ver pág. 205)
3 gotas de Óleo de Lugh (ver pág. 205)
3 gotas de Óleo de Macha (veja a seguir)

Artemísia	Heliotrópio
Cevada	Manjericão
Cogumelos	Milefólio
Confrei	Rosa
Folha de framboesa	Sementes de papoula
Folha de morango	

Use os óleos para ligar o filtro. Misture todos os ingredientes e guarde com você em um saco mágico. Trance uma Corda de Bruxa de Lughnasadh e use em seus rituais e feitiços.

Óleo de Cerridwen

1 medida de óleo de abeto
1 medida de óleo de avelã
1 medida de óleo de sabugueiro

    Veja as instruções em Óleo de Macha a seguir.

Óleo de Taliesin

1 medida de óleo de abrunheiro
1 pena pequena
1 pitada de pólen de abelha
1 seixo da base de uma pedra reta
2 medidas de óleo de avelã

    Veja as instruções em Óleo de Macha a seguir.

Óleo de Lugh

1 citrino
1 medida de óleo de girassol
1 medida de óleo de heliotrópio
1 peça de ouro, como corrente de ouro ou peça de joalheria ou ouro raspado, que você pode obter de um joalheiro

    Veja as instruções em Óleo de Macha a seguir.

Óleo de Macha

1 medida de óleo de milho
1 medida de óleo de semente de uva
1 obsidiana pequena
1 pena de corvo

    Óleos devem ser aquecidos em fogo bem baixo em uma panela esmaltada. Retire do fogo quando estiver aquecido e deixe esfriar. Coloque em garrafas e potes mágicos nas cores do arco-íris.

PEDRAS MÁGICAS

Nossa imaginação pode ser facilmente levada pelos encantos mágicos das pedras. Elas são bastante simples em si mesmas, ainda que observemos, toquemos e recordemos, às vezes meditando sobre sua composição eterna. As Bruxas acreditam que as pedras, apesar de sua aparência inanimada, são objetos de sabedoria e grande energia positiva e, como a água, são uma das formas mais puras da Natureza. Por séculos incontáveis prestamos atenção ao efeito da luz na forma. As formas geométricas dos cristais revelam novas perspectivas que nos ajudam a nos preparar para o futuro.

Em Lughnasadh, como em todos os Sabbats, afirmamos a honrada importância das pedras como nossas amigas. Além de prosperidade e crescimento, buscamos confiança para enfrentar o que vem pela frente e o fortalecimento do nosso vínculo com a Natureza. A constância de cada pedra individual na Terra se concentra em um tipo místico de energia bruta comprimida. As pedras contêm qualidades dinâmicas e exibem uma sensibilidade mágica aparentemente em desacordo com sua concretude. Dentro do núcleo de cada um está aprisionado, como o próprio Deus Jovem, o espírito concentrado e requintado de energia e luz. Perceber essas verdades sobre a Magia das Pedras é particularmente útil durante este ponto de virada na Roda do Ano, quando nos deparamos com o espantoso paradoxo de Lughnasadh, que fala sobre a abundância e escassez.

A seguir está uma lista de pedras para usar na sua Magia em Lughnasadh:

Ágata	Mármore
Ardósia	Obsidiana
Aventurina	Olho de gato
Citrino	Quartzo claro
Granito	Rodocrosita
Magnetita	Topázio-dourado

🍁 FEITIÇOS MÁGICOS

Na época de Lughnasadh, as Bruxas lançam feitiços para conexão, carreira, saúde e ganho financeiro. É importante, no entanto, perceber como o Sol está mudando neste ponto, tornando-se gradualmente mais fraco à medida que agosto se aproxima de setembro no Hemisfério Norte. Este é um momento para fazer aterramento e meditações do Sol. Visualize a luz dourada do Sol aquecendo seu corpo. Você vai sentir a glória da energia do Sol e depois usá-la para feitiços mais mundanos. Por exemplo, depois de meditar sobre a importância do Sol e agradecer à Deusa e ao Deus por seus presentes de luz e calor, você pode lançar um feitiço usando a energia do Sol para conseguir um novo emprego ou talvez algum tipo de presente material. Pedir dinheiro ou ganho material não é proibido ou desprezado em nossa tradição espiritual, desde que isso não se torne uma obsessão ou o objetivo principal de sua vida. Riqueza extrema ou pobreza extrema não é saudável nem natural. A Bruxaria, como eu a vejo, esforça-se para encontrar um equilíbrio entre pobreza e riqueza. Aqui estão dois exemplos de feitiços para tentar em Lughnasadh seguidos por uma meditação e feitiço de Macha:

Feitiço de Lughnasadh para Abundância e Proteção

Você vai precisar de:

1 altar voltado para o Leste
1 broche celta com um símbolo dedicado a Macha
1 pano de altar dourado
1 punhado de cevada e de feno
1 punhado de terra seca de um lugar que você chama de "casa"
1 tigela ou Caldeirão
1 Turíbulo
1 vela branca, 1 preta e 1 marrom
1 cajado de madeira ou ramo de trigo
3 penas de corvo
22 cm de fita vermelha
Incenso de Lughnasadh (ver pág. 204)
Óleo de Lugh (ver pág. 205)
Óleo de Macha (ver pág. 205)

Voltado para o Leste, em frente ao altar diga:

Como o broche de Macha delimita sua fortaleza, eu delimito este Espaço Sagrado.

Faça o Círculo com o cajado ou palha de trigo. Invoque os quatro quadrantes, elementos ou totens. Unja as velas com Óleo de Lugh. Acenda as velas pretas e brancas. Na vela marrom, esculpa uma inicial ou runa com o broche, para representar quem ou o que deve ser protegido.

Enrole a base da vela com a fita vermelha e diga:

Peço que o calor dos raios do Sol permaneça durante todo o ano, para aquecer nossos corações e nossos lares. Faça com que sinta-mos a energia do Sol em nossos campos para que cresçam em abundância e alimentem todos os filhos da Terra.

Coloque o incenso no Turíbulo sobre a terra seca e leve, enquanto diz:

Macha, voe alto sobre este espaço e proteja esta minha soberania, o domínio que generosamente me concedeu. Peço que seu broche delimite o meu espaço e o proteja como se fosse o seu.

No Caldeirão coloque o feno e a cevada e repita:

Assim como nos banqueteamos nos bons tempos, alimente-nos, mãe, nos tempos difíceis. Não apenas nossos corpos, mas nossas mentes. Deixe-nos conhecer o seu generoso amor que nos aquece como o sol do verão.

Pegue as penas de corvo em sua mão direita e carregue os objetos no altar, movendo as mãos no sentido horário sobre os objetos. Diga:

Macha, que está conosco em triplicidade como Mãe, Donzela e Anciã, fique conosco para que possamos conhecer todos os aspectos de seu amor e fecundidade, assim como a força e a proteção da deusa guerreira que se eleva rapidamente contra a opressão. Enquanto ela embala seus filhos no colo, peço que isso seja correto e para o bem de todos. Que assim seja.

Quando o fogo se apagar, coloque o incenso, a terra, a fita e as penas no Caldeirão. Adicione três gotas de Óleo de Macha e misture. Coloque em um saquinho mágico marrom e leve com você ou coloque nas fronteiras da sua entrada. O resto pode ser guardado até ser necessário. Libere os quadrantes e destrace o Círculo.

Feitiço do Pássaro de Lughnasadh

Às vezes, enquanto caminho nos arredores de Salem, um grupo sombrio de penas esvoaça de cima e cai no meu caminho mágico. Normalmente o que cai é uma pena de gaivota, mas às vezes uma pena de corvo encontra seu caminho. Há dias em que andamos sobre as penas e nem as notamos. Outras vezes, elas atraem nossos sentidos psíquicos e se tornam presságios. Originalmente, *ser vidente* significava "interpretar psiquicamente o voo dos pássaros". A palavra *vidência* mudou ao longo do tempo para significar "adivinhação" em geral. Há um significado mágico em encontrar penas. Nos tempos antigos, embrulhava-se presentes com penas para enviar mensagens secretas. Marrom e branco e preto significam amizade. Uma pena vermelha significa grande fortuna e assim por diante. Enquanto usa seus sentidos mágicos, dê um passeio e encontre e colete penas. Reúna objetos mágicos e penas que você possa costurar ou amarrar em uma Corda de Bruxa. Aqui está a receita para atrair amor e sorte em Lughnasadh:

Você vai precisar de:

1 agulha e linha azul
1 cordão azul de 1 metro
1 cordão branco de 1 metro
1 cordão preto de 1 metro
1 medida de Óleo de Flor das Fadas (ver pág. 174)
1 pequena garrafa azul
1 vela azul
2 penas de corvo
2 penas de gaio azul

Coloque todos os itens no altar e unja a vela com Óleo de Flor das Fadas. Acenda a vela e diga:

Luz que brilha nas asas dos pássaros mágicos, venha ao meu Espaço Sagrado.

Emparelhe os três fios e dê um laço no topo. Veja seu futuro muito brilhante e visualize-se recebendo riquezas, saúde, um ambiente limpo e um amor em sua vida. Metamorfoseie-se em um pássaro. Voe sobre a Terra onde você mora.

Durante o voo, diga:

ASAS DO ESPÍRITO, FORTALEÇA-ME E EU VEREI. O VENTO SOB MINHA ASA SOPRA PARA O BEM, E AS COISAS AFORTUNADAS SÃO PARA MIM E PARA A TERRA TAMBÉM.

Retorne ao seu espaço e entrelace os cordões, cantando:

SAÚDE, FORTUNA, AMOR E SEGURANÇA.

Depois de dizer isso três vezes, dê um nó. Em seguida, costure ou cole uma pena no cordão onde está o nó. Amarre uma pequena garrafa cheia de Óleo de Flor das Fadas em seu cordão e continue trançando e colocando suas penas. Segure a agora Corda de Bruxa finalizada em suas mãos e carregue-a magicamente com suas intenções mais uma vez (novamente visualizando-se com amor e saúde, por exemplo). Em seguida, libere o Círculo e pendure a Corda de Bruxa em sua sala de estar ou de trabalho.

Meditação e Feitiço de Macha

Sente-se em uma posição confortável. Entre em *alfa*. Visualize-se nas costas de um corvo. Sinta suas penas próximas ao seu corpo. Você está voando pelo ar. Sinta o vento em seu rosto, ondulando através de suas vestes. Você flutua pelas dunas e vê abaixo de seus campos sob a luz do sol. Há pessoas cantando enquanto ajuntam o feno em montes sob o sol quente. Agora você está tão perto que pode sentir o cheiro do feno fresco e ouvir a cadência da música de uma colheitadeira. Desça em um carvalho próximo. Macha senta-se à direita do campo e ela protege tudo o que examina. O Sol de Lugh está alto no céu, mas a força do Sol está diminuindo. Há uma sensação de paz e segurança ao se envolver nas asas de Macha. Descanse. Você está em seus braços, nas asas da Mãe, aquecendo-se no calor dos raios do Pai.

Lance o seguinte feitiço, dizendo em voz alta:

NAS ASAS DO CORVO, MACHA OBSERVA A COLHEITA DAS FRUTAS E GRÃOS. A CEIFA DO FENO EXCITA SEUS SENTIDOS E A TRIBO SE REÚNE PARA A FESTA. MÃE, MACHA, ANCIÃ DA COLHEITA, JUNTE-SE A NÓS ENQUANTO AGRADECEMOS POR ESTA RECOMPENSA. PARTICIPE E ABENÇOE NOSSA ABUNDÂNCIA. QUE ASSIM SEJA.

COMIDAS DO FESTIVAL

Lughnasadh é uma época de grande generosidade. Tomates vermelhos suculentos podem ser comidos direto do pé. Árvores e videiras estão repletas de frutas e vegetais maduros. Em cada refeição que comemos, experimentamos o contraste requintado entre o frescor das frutas, legumes, ervas e seus equivalentes secos ou enlatados de inverno. Na festa de Lughnasadh, todos os alimentos devem ser os mais frescos possíveis, folhas e vegetais verde-escuros e crocantes e frutas doces e suculentas. A Magia acrescenta qualidades maravilhosas e uma dimensão espiritual às refeições que as tornam diferentes e excitantes. Por exemplo, melhora todo o contexto de sua refeição, saber que as capuchinhas na salada de ervas selvagens (dadas a seguir) emitem pequenos raios de luz ao anoitecer!

O menu que veremos é típico de um churrasco de verão americano, mas lembre-se de que raramente há regras definidas no repertório culinário de uma Bruxa, além de fazer o possível para comer alimentos nativos de sua região. Alimentos preparados magicamente, no entanto, devem refletir sua própria personalidade e desejos para o futuro. Se a carne ou o cordeiro são muito gordurosos ou você simplesmente não gosta do sabor, substitua por hambúrgueres de peru grelhados com baixo teor de gordura e colesterol, ou frango, ou peixe. Se ervas e flores selvagens têm um gosto muito forte para você em uma salada, substitua uma salada de vegetais frescos por pepinos, tomates e cogumelos. A parte importante de preparar e desfrutar de uma refeição feita magicamente é agradecer às Deusas e aos Deuses pela generosidade eterna da terra e depois comer, beber e se divertir! Seguem algumas sugestões do que servir:

Banquete de Lugh

- Vinho de pétalas de rosas
- Bolo e pães de milho do Sabbat
- Empada de carne ou de cordeiro
- Salada de ervas silvestres com vinagrete
- Milho assado
- Amoras e creme

Vinho de Pétalas de Rosas

1 jarra grande de vinho
4 ou 5 rosas, cultivadas organicamente

Remova as pétalas dos caules das rosas, enxágue suavemente em uma peneira e coloque no fundo da jarra de vidro vazia. Certifique-se de que as rosas foram cultivadas organicamente sem o uso de pesticidas. Despeje o vinho de sua escolha sobre as pétalas de rosa e sirva.

Bolos e Pão de Milho do Sabbat

¾ colher de chá de sal
¾ xícara de farinha peneirada
1 ovo batido
1 xícara de leite
1½ xícaras de fubá
2 colheres de sopa de açúcar
2½ colher de chá de fermento em pó
3 colheres de sopa de manteiga ou margarina derretida

Unja uma assadeira de 20 cm. Coloque-a (sem a massa de pão de milho dentro) no forno pré-aquecido a 350° C. Peneire a farinha, o fermento, o açúcar, o sal e o fubá. Adicione o ovo, a manteiga derretida e o leite. Misture à mão. Não misture demais. Coloque a massa na assadeira quente. Asse a 350° C por 25 minutos ou até que o topo esteja dourado.

Empada de Carne ou Cordeiro

¼ xícara de farinha de rosca
1 cebola bem picada
1 colher de chá de manjericão
1 colher de chá de salsinha
1 colher de chá de suco de limão
1 fatia de pão branco, embebido em ¼ copo de leite
2 kg carne moída ou cordeiro

Misture todos os ingredientes em uma tigela grande. Coloque em formato redondo de 1 cm. Grelhe por cerca de 10 minutos de cada lado ou até o ponto desejado.

Salada de Ervas Silvestres com Vinagrete

4 flores e 16 folhas de capuchinha
4 folhas de couve
4 folhas de mostarda roxa
4 ramos de alecrim
4 ramos de manjericão
8 folhas de dente de leão
12 flores de trevo vermelho
12 folhas de violetas

Coloque todos os ingredientes em uma grande saladeira carregada com a energia do sol.

Para o molho:

½ colher de chá de alho picado
2 colheres de sopa de vinagre balsâmico
4 colheres de sopa de azeite
Espigas de milho
Manteiga
Milho assado
Sal e pimenta

Puxe as cascas do milho sem arrancar. Remova os fios. Lave o milho com água. Esfregue com manteiga, sal e pimenta. Recoloque as cascas, torcendo-as para prender. Coloque no forno a 320º C por 25 minutos ou na grelha pelo mesmo tempo.

Amoras e Creme

1 colher de chá de açúcar
1 pote de creme de leite (fresco)
1 kg de amoras frescas
1 kg de framboesas frescas (se for possível)

1 kg de mirtilos frescos
1 kg de morangos frescos

Coloque as frutas em uma tigela grande. Bata o creme de leite em uma tigela pequena com batedores que foram resfriados na geladeira por 2 horas. Bata até que o creme fique espesso e leve e forme picos firmes.

ATIVIDADES ANTIGAS

Nos tempos antigos, o último joio de trigo ou grão a ser cortado era guardado e transformado em uma boneca de milho. Em Lughnasadh, ela é chamada "Mãe do Milho" e é mantida em um Espaço Mágico e sagrado. Em Imbolc, o oposto de Lughnasadh na Roda do Ano, ela se torna a Noiva do Milho, a Deusa Donzela Brid, e é usada em nosso ritual de Sabbat. Pulseiras e colares de grãos podem ser amarrados e usados como amuletos de fertilidade e proteção. As guirlandas são muitas vezes feitas durante esta época do ano, para os mesmos fins, a partir das espigas de grãos e cascas de milho. A isso muitas vezes acrescentamos as flores do Verão que aqui crescem desde tempos imemoriais, os seus botões doces nas suas estações exalam os seus perfumes para que todos usufruam.

Lughnasadh é uma época de saúde robusta e energia erótica. As tribos antigas se reuniam durante esta época do ano para colher notícias, resolver quaisquer disputas, organizar casamentos e mostrar força e habilidade. Elas realizavam eventos esportivos e corridas de cavalos, colhiam frutas, brincavam nos campos, jogavam jogos de tabuleiro e criavam amuletos e talismãs trançando fios de cebola e alho. Também é o momento perfeito para fazer óleos e vinagres de flores e ervas frescas, ótimos presentes para dar no Solstício de Inverno ou no Imbolc.

Óleos e Vinagres de Flores e Ervas

Para fazer óleos perfumados de flores e ervas, use um óleo de sua escolha – azeite de oliva, óleo de cártamo ou óleo de girassol – uma jarra ou uma garrafa mágica especial que possa ser selada. Adicione sal marinho ao fundo para evitar que os ramos frescos de flores e ervas fiquem rançosos. Uma vez que o óleo é aberto, mantenha-o refrigerado. Adicione qualquer erva ou flor culinária que você goste. Raminhos de alecrim, manjericão ou tomilho funcionam bem. Ou espete cabeças de alho inteiras com pequenos espetos para que as cabeças não quebrem. Encha o frasco restante com óleo e sele. Faça o mesmo para vinagres. Você pode usar um vinagre *gourmet* ou simplesmente comprar vinagre branco na mercearia. Flutue as ervas no vinagre e adicione raiz de galanga para aromatizar. Você pode espetar cabeças de alho ou cebolas para fazer vinagre de alho e de cebola também. Quanto mais tempo o óleo ou vinagre ficar, mais infundido com a erva ou flor ele ficará. Os vinagres funcionam bem em garrafas com rolha. Para selar uma garrafa com rolha usando cera de abelha, vire a garrafa em uma panela de cera derretida em fogo baixo. Amarre uma linda Corda de Bruxa ao redor do pescoço da garrafa, prenda uma etiqueta de pergaminho que rotule o óleo ou vinagre e você terá um maravilhoso presente de Jardim das Fadas para qualquer ocasião.

Bruxas e os 3rs: Reduzir, Reutilizar e Reciclar!

As Bruxas respeitam o Planeta muito antes da chegada do Greenpeace e do GreenTeens e muito antes dos indivíduos preocupados com a ecologia do chamado movimento "New Age". Honrar, amar e nutrir a Terra não é simplesmente uma postura política para uma Bruxa. Na verdade, é ainda mais do que uma religião. A Bruxaria é um modo de vida. As noções de economia e reciclagem foram trazidas para os Estados Unidos por Bruxas e são evidentes em muitas das práticas dos primeiros agricultores norte-americanos. A maioria das Bruxas mantém um ano e meio de comida e água em suas casas, preparando-se para os ciclos das estações. Certo ano, os canos de água de Salem quebraram e toda a cidade ficou sem água por sete dias. A minha era uma das poucas casas preparadas para tal emergência.

Aqui estão duas receitas que você pode usar para garantir que tenha pelo menos o básico à mão em caso de emergência.

Economia de Grãos

Para economizar grãos, adicione uma colher de sopa de farinha fóssil no fundo de um frasco hermético. (A farinha fóssil pode ser obtida na maioria das lojas de alimentos saudáveis.) Isso evita a eclosão de insetos e ácaros e mantém os grãos frescos.

Economia de Água

Para economizar água, adicione cinco gotas de cloro em um jarro de um ou dois galões. Isso mantém a água fresca por cinco meses. Date e rotule os jarros, trocando seu estoque no final do período de cinco meses. Reserve de um a dois galões de água por pessoa/família/dia.

MAGIA DAS FADAS

Em Lughnasadh, as Bruxas gostam de chamar os membros habilidosos e talentosos da fé das fadas. Às vezes, quando a lua está fazendo coisas estranhas e maravilhosas e nos perguntamos sobre os segredos das estrelas, isso ajuda a celebrar a constância das fadas. Seus espíritos vivos infundem toda a Natureza com vitalidade sobrenatural. Este diversificado panteão de Deusas e Deuses está repleto de jovens figuras animadas e harmonias fascinantes. Eles são realizados e visionários e alimentam nosso amor pela beleza e pelas artes mágicas. Na lenda celta, o povo *Catti* da Irlanda era uma dessas tribos. O *Catti*, ou *Cat People*, era um povo místico que adorava gatos e os imitava na maneira como maquiavam seus rostos. Se um gato morria, eles usavam sua pele como um manto sagrado.

Os *Catti* guardavam a pele dos gatos para fazer adornos de cabeça e usavam as garras como amuletos. Os celtas acreditavam que os olhos do gato eram uma entrada para o Mundo das Fadas. O cérebro de um gato está sempre em *alfa*, por isso é muito fácil se comunicar psiquicamente com eles. Os chamados "especialistas em gatos" diriam que os gatos estão alucinando quando olham para certos pontos à sua volta. Sabemos que eles estão vendo o mundo espiritual. Quanto mais se acaricia os gatos, mais familiares eles ficam. Você pode entrar em *alfa* e trabalhar e conversar muito com eles. Eu tenho três gatos que me permitem morar na minha casa. Eles são uma ótima companhia e têm um amor imortal. Costumo usá-los em minha Magia. Se você gostaria de se comunicar com o Mundo das Fadas, especialmente com um Rei ou Rainha, os gatos são bons comunicadores. Aqui está uma poção que você pode usar para ungir seu gato, trazendo-lhe proteção e empoderamento mágico, seguido por um feitiço de gato feito em homenagem à tribo *Catti* da Irlanda.

Poção de Gato

1 medida de azeite de oliva
1 medida de óleo de erva-de-gato
1 medida de óleo de heliotrópio
1 pitada generosa de folhas de erva-de-gato
Alguns fios de pelo de gato encontrado pela casa

Misture todos os ingredientes e guarde em uma garrafa mágica.

Feitiço do Gato

Colocar um gato no Círculo Mágico nem sempre é uma boa ideia, pois durante um ritual eles muitas vezes decidem se levantar e sair para fazer um lanche. É melhor usar pelos ou bigodes para representar o gato no Círculo. Nunca corte os bigodes de um gato! Eles usam seus bigodes para avaliar a largura de seus corpos. Reúna-os quando eles caírem. Para o fcitiço a seguir, você vai precisar de:

1 Bastão
1 caneta preta
1 cordão preto de 1 metro
1 Espelho Mágico
1 estátua ou foto de um gato
1 pequena tigela
1 Poção de Gato, (que acabamos de ver)
1 saquinho mágico preto
1 tigela de comida de gato, frango ou peru fatiado para um tratamento especial

1 Turíbulo e carvão
1 vela branca, 1 preta, 1 verde e 1 amarela
Óleo de Flor das Fadas (ver pág. 174)
Pergaminho

Acenda e unja as velas com a Poção de Gato e diga:

EU INVOCO O CLÃ DO POVO GATO PARA VIR A ESTE ESPAÇO SAGRADO E TRAZER SEU PODER E AMOR PARA LANÇAR UM FEITIÇO DAS FADAS.

Coloque Óleo de Flor das Fadas no carvão e diga:

FADAS, JOGUEM SEU FEITIÇO NESSE GATO COM REBULIÇO.

Pegue a imagem ou estátua do gato e passe-a pela fumaça do incenso. Coloque o "gato" na frente do Espelho Mágico como se ele estivesse olhando para si mesmo. Em seu pergaminho escreva:

CATTI, CATTI, MOSTRE-ME QUAL SERÁ O MEU FUTURO. CATTI, CATTI, MANDE-ME UM FUTURO QUE EU POSSA MOLDAR E DOBRAR. CATTI, CATTI, PROTEJA OS ANIMAIS E A RAÇA HUMANA, POIS ISTO ESTÁ APROVADO AOS OLHOS DAS SIDHE, POR MINHA VONTADE. QUE ASSIM SEJA.

Coloque um pouco de pelo de gato, Óleo de Flor das Fadas, bigodes e três gotas de Poção de Gato no feitiço. Enrole-o e coloque no saquinho mágico preto. Em seguida, amarre a bolsinha no cordão preto, para que você possa usá-la por três dias e noites. Enquanto usa a bolsinha preta, espere que seu gato aja um pouco estranho. Ele verá as fadas ao seu redor. Quando tiver uma chance, acaricie-o e olhe nos olhos dele para ver o Outromundo. Se você não tiver um gato, use uma estátua ou foto e mantenha-a na frente do seu Espelho Mágico toda vez que precisar de uma resposta ou proteção. Após os três dias e noites, pendure o cordão em sua sala de estar.

Se quiser, pode fazer uma coleira de gato, pegando um tecido preto e formando um pequeno tubo para encaixar no pescoço dele. Coloque pequenos cristais ou algumas ervas dentro. Ou compre uma coleira e um Pentáculo, mas consagre-o em um Círculo Mágico primeiro.

Mabon

por volta de 22 de setembro no Hemisfério Norte
por volta de 21 de março no Hemisfério Sul

Como humanos, acredito que estamos ligados por um vínculo de empatia com o destino do nosso Planeta, a Terra. Se escolhemos conscientemente reconhecer este vínculo do ponto de vista de nossa vida diária, pouco importa para nossos eus espirituais, emocionais e biológicos, que devem agir de acordo com uma necessidade interior. Esses impulsos essenciais são comandados, é claro, pelo eterno fluxo e refluxo da Vida, as leis e harmonias cósmicas que nos levam de volta aos primórdios da Terra. Durante o Equinócio de Setembro, quando o Sol passa pelo equador do nosso Planeta, fazendo noite e dia terem duração quase igual em todo o mundo, sinto apaixonadamente a extraordinária relação entre a humanidade e esses movimentos, padrões e marés primordiais. A influência de um giro tão suave no eixo da Terra, um movimento poético estabelecido muito antes da existência do tempo, é profundo.

A História de Mabon

Neste ponto da Roda do Ano, escolho celebrar a história universal de Mabon, que nos foi transmitida pela antiga tradição oral protocelta. *Mabon ap Modron*, que significa "filho", ou "filho da mãe", é o "Filho Jovem", a "Juventude Divina", ou, como prefiro chamá-lo, "Filho da Luz". Assim como o Equinócio de Setembro marca um tempo significativo de mudança, o mesmo acontece com o nascimento de Mabon. Modron é sua mãe, a Grande Deusa, Guardiã do Outromundo, Protetora e Curadora. Ela é a própria Terra.

Desde o momento do Equinócio de Setembro, a força do Sol diminui, até o momento do Solstício de Inverno em Dezembro, quando o Sol fica mais forte e os dias voltam a ser mais longos que as noites. Mabon também desaparece, tirado de sua mãe ao nascer com apenas três noites de idade. Sua mãe está em doce lamento. E, embora seu paradeiro seja velado em mistério, Mabon é finalmente libertado com a ajuda da sabedoria e da memória dos animais mais antigos vivos – o Melro, o Cervo, a Coruja, a Águia e o Salmão. Seu buscador faz a pergunta ritual de cada um dos animais: "*Diga-me se você sabe alguma coisa de Mabon, o filho de Modron, que foi tirado de sua mãe com três noites de vida?*"

O tempo todo, no entanto, Mabon estava morando em um feliz cativeiro, no útero mágico de Modron, no Outromundo. Esse é um lugar acolhedor e encantador, mas também cheio de desafios. Somente em um lugar tão poderoso de força renovável poderia Mabon renascer como o campeão de sua mãe, a fonte de alegria e Filho da Luz. A luz de Mabon foi atraída para a Terra, ganhando força e sabedoria o suficiente para se tornar uma nova semente.

Compreender os temas da história de Mabon é aceitar a realidade e o significado de um mundo arquetípico. Os arquétipos de Mabon e Modron são as primeiras formas ou os primeiros modelos que nos permitem considerar informações não estritamente mensuráveis por máquinas ou sentidos físicos. Eles transcendem os limites da convenção e podem viajar, como todo o panteão de Deusas e Deuses viaja, entre os mundos. As Bruxas, assim como os celtas, que também praticavam a Bruxaria, têm um profundo senso de coexistência e dimensões múltiplas de tempo. Existem muitos ciclos de tempo e muitos dos ciclos se sobrepõem. Acreditamos em nossa história, mas também acreditamos na presença da verdade fora do tempo.

A história de Mabon e Modron, por ser arquetípica, ecoa por todas as eras e serve para todos os seres de todas as religiões em todos os mundos. Existem muitos Mabons e muitas Modrons. O Deus grego Apolo compartilha muitas das características de Mabon. O título gaulês de Mabon é *Maponus*. Mabon foi celebrado ao longo da Muralha de Adriano, e há novas evidências de que ele foi homenageado muito antes da chegada dos vikings na América do Norte! (Veja a seguir.) Embora muito tenha sido mudado, aspectos de Mabon e Modron são encontrados nas religiões judaicas e cristãs posteriores.

Cada uma de nossas identidades culturais vem de como interpretamos e nos posicionamos nessas narrativas do passado. Durante o Equinócio de Setembro, este momento dramático de equilíbrio cósmico, bem como de mudanças, eu honro Mabon e a Grande Deusa, sua mãe, Modron, em rituais. O ritual a seguir é da Tradição Cabot e uma parte da liturgia recuperada pelo Templo de Nine Wells, em Salem, Massachusetts. Ele é oferecido como um exemplo. Você pode e é encorajado a criar um de sua preferência.

Os Celtas Estiveram nas Américas!

Foram encontradas evidências concretas de que os Deuses e as Deusas celtas foram adorados aqui na América muito antes da chegada dos vikings e de Cristóvão Colombo. Até agora, grande parte da nossa história estava perdida ou foi confundida com a lenda e o folclore dos nativos norte-americanos. Em seu notável livro sem precedentes *America B.C.: Ancient Settlers in New World*, Barry Fell, professor de Harvard, relata a impressionante descoberta arqueológica de altares celtas, menires esculpidos em *Ogam* (o alfabeto celta), tigelas de libação e outros artefatos rituais que datam de 800 – 600 AEC. Dólmens foram descobertos em Massachusetts, e uma Pedra Beltane, datada da época de Júlio César, foi encontrada em Mystery Hill, New Hampshire. Um monumento de pedra construído para se alinhar com o Solstício de Inverno foi descoberto em Danbury, Connecticut. Nas proximidades, outras estruturas foram encontradas inscritas em *Ogam* em homenagem ao Deus Celta do Sol, Bel. Altares esculpidos em *Ogam* que celebram Mabon, o Deus Jovem, foram descobertos em South Woodstock, Vermont; e uma máscara de madeira do Deus Cornífero, Cernunnos, entre muitos outros artefatos, foi desenterrada em Oklahoma, o local do meu nascimento, em Spiro Mound. Os celtas deixaram um rastro de inscrições e túmulos na América do Norte enquanto viajavam pelos rios Mississippi, Arkansas e Cimarron! Graças à pesquisa exaustiva e épica de Barry Fell sobre a pré-história da América do Norte, pela primeira vez temos agora provas científicas de algo que tantas Bruxas norte-americanas acreditavam ou sonhavam apenas pela metade – que, sim, os celtas definitivamente estiveram aqui! É por isso que sinto o poder de Merlin nos velhos bosques de Lenox, Massachusetts, e o poder das fadas em meu jardim. E pode ser por isso que a maioria das pessoas acham as práticas xamânicas dos nativos norte-americanos tão semelhantes às tradições da Bruxaria.

MAGIA DA TERRA

Há muito tempo, em muitas partes do mundo, o Sabbat de Mabon das Bruxas foi usurpado nas celebrações da Colheita. Lavradores traziam a colheita e compartilhavam a festa. Os aspectos espirituais foram e são ainda hoje suprimidos, esquecidos ou perdidos. Isso é lamentável para nós e para nosso Planeta. Os rituais, em geral, ajudam a nos reconectar com um senso elevado de espiritualidade. Ao participar deles, nos tornamos mais fluentes na comunicação com experiências que muitas vezes desafiam a compreensão no mundo físico. Em um ritual podemos equilibrar a realidade ou nossa posição na sociedade cotidiana com a Natureza. Podemos descobrir a necessidade de uma mudança em nossa vida, ou transmitir um compromisso apaixonado de proteger nosso meio ambiente. Os rituais são perspicazes, empáticos e agradáveis.

O ritual de Mabon nos coloca em contato com os elementos transformadores da vida aqui na Terra. Esta é uma parada agridoce na sempre giratória Roda do Ano. O Equinócio de Setembro é um fenômeno belo e natural, digno de nosso reconhecimento e honra. É triste, porém, perceber que ao longo da história fomos impedidos de participar e de desfrutar de uma celebração tão simples. E assim, neste Sabbat em particular, nós choramos e rimos. O Filho da Luz está mudando, e a Deusa Mãe lamenta. Nós, como Sacerdotisas, temos pequenas lágrimas em nossos rostos. Alguns de nós literalmente choram, lamentando o desaparecimento gradual do Sol, mas imediatamente nos regozijamos e agradecemos à Mãe por dar à luz o Filho, por tê-lo em seu ventre e por nutri-lo. O ritual de Mabon carrega a sabedoria das eras e, esperançosamente, a inspiração divina, que dará vida e significado sagrados aos muitos desafios e mudanças que enfrentamos e para a luz e as sombras ao nosso redor.

Preparações

Enquanto a configuração básica do altar permanece a mesma, as cores e algumas ferramentas mágicas, no verdadeiro estilo Mabon, mudam. Durante Mabon, você deve decorar o altar com cores de outono, como ouro, vermelho-alaranjado, castanho-avermelhado, cobre e bronze. Samambaias secas, calêndula, serralha, trigo, folha de freixo, folha de louro, junco e cardo também podem ser usados em torno da maré de Mabon para decorar o altar. Você pode ter uma tigela de folhas de carvalho ou algumas bolotas no seu altar, para ajudar a fortalecer sua Magia. Cestas de cabaças, grãos, abóboras e frutas devem estar próximas.

Além das velas pretas e brancas do lado esquerdo e direito, respectivamente, geralmente adicionamos uma vela dourada ou amarela à esquerda e uma vela marrom ou vermelha-alaranjada à direita. Dois Cálices com água de nascente e um prato com sal entre eles representam as lágrimas da Deusa. Você também vai precisar de uma lâmina ritual, um cajado grande, um joio de trigo e frutas no altar ou em uma cesta. O altar em Mabon está voltado para o Oeste, onde o sol se põe. Em Mabon, a toalha do altar geralmente é dourada, mas pode ser qualquer cor apropriada para essa época específica do ano. Você também vai precisar de um Pentáculo de altar, uma foice de ouro ou bronze, Óleo de Mabon e incenso para a prosperidade (ver pág. 231-2), carvão, um Turíbulo e fósforos de altar. Lembre-se de usar fósforos de madeira sem publicidade de qualquer tipo na caixa; não deve haver nenhum tipo de escrita além da escrita mágica no Círculo.

O que vestir

A Alta Sacerdotisa usa uma coroa decorada com folhas de carvalho, grãos e bolotas com fitas laranja, bronze e douradas. Uma maçã, representando a Deusa, fica no centro da coroa. Pintamos lágrimas azuis em nossos rostos para representar as lágrimas de Modron por seu filho. Como uma Sacerdotisa, eu sempre uso vestes pretas rituais para atrair a luz. Em Mabon, adiciono ao meu vestido as cores do Sol e da Terra, às vezes usando uma estola de laranja, vinho, amarelo e marrom enfeitado em ouro para o Sol. Se você é bom em costura ou bordado, pode costurar ou aplicar os símbolos do Sol e da Terra em suas roupas. O símbolo da Terra é uma forma de diamante marrom. O Sol é representado por um círculo dourado com um ponto no meio. Você pode bordar runas para Mãe Terra, Sol, proteção, vida e renascimento. Pode também usar bordados líquidos, comprados em uma loja de artesanato, para pintar símbolos e runas. O Alto Sacerdote usa folhas de carvalho, trigo, ervas e fitas coloridas em sua coroa ou capacete.

O Ritual

Mabon e Modron representam um dos maiores dramas da Roda do Ano. Seus festivais são um momento emocional de alegria e tristeza. À medida que Modron transforma a vida de seu filho, Mabon, sentimos e suportamos a polaridade das emoções humanas. Este evento é proposital. A morte e o renascimento são reconfortantes em vista da capacidade da Grande Mãe de continuar a vida além da morte. Nada no mundo é mais trágico do que uma mãe perder a vida de um filho. E nada é mais doce do que o crescimento de uma criança no útero.

O outono na Nova Inglaterra está em chamas com folhas laranja, rosa, amarelas e vermelho-vinho, contra o verde escuro de bálsamo e pinheiros. O céu é sempre azul brilhante, e brisas suaves e frescas muitas vezes agitam e voam as folhas caídas. Abóboras e cabaças podem ser vistas nas encostas enquanto os agricultores as colhem e as colocam para vender em carrinhos e na beira da estrada, junto a maçãs vermelhas maduras e milho seco. Você pode sentir quase naturalmente o equilíbrio quando o Sol cruza o equador. O ritmo da mudança é sagrado e nos equilibra física e espiritualmente. Podemos realmente saber e sentir que estamos em sintonia com o fluxo da vida ao nos unirmos ao espírito de todos.

Agora nos propomos a fazer magia e aprofundar nosso compromisso com a vida e nossa fé. Nós também podemos mudar como as estações e melhorar nosso mundo e tudo que nele há. Conseguimos isso através do ritual e da celebração. O ritual coloca cada um de nós como sendo um com a Deusa e o Deus. Conhecemos mais profundamente sua existência e poder fazendo seu trabalho aqui na Terra. No ritual, recebemos vislumbres e lampejos do poder da Deusa e do Deus a qual damos forma. Nesses momentos extáticos de Magia, nós somos o Universo.

Antes de colocar um altar ou entrar em um Círculo Mágico, você deve refletir sobre algum tipo de meditação de equilíbrio. Você vai precisar meditar sobre o significado de sua vida e da Magia nesta volta da Roda. Dê uma longa caminhada em seu ambiente de outono. Chute as folhas como fazia quando criança. Sente-se em um tronco e veja as nuvens fazerem formas para você observar ou adivinhar. Pense no sol de verão perdido e no inverno frio, repleto de gelo e neve, que está chegando. Faça a si mesmo estas perguntas: Estou pronto para enfrentar a mudança? Estou pronto para criar calor em uma época de inverno nesta Terra e em minha vida? Posso trazer a luz de volta a uma situação escura se ela ocorrer? Por que as estações mudam? A mudança ocorre dentro e fora de mim? Tenho o poder de mudar? Sou sábio para sentir mudança, perda e ganho? Qual é a minha colheita? O que há para agradecer em minha família, comunidade ou mundo em geral?

Duas horas antes da hora do equinócio, tome um banho morno. Use óleos de ervas se desejar, vista suas roupas e joias rituais e prepare-se para colocar o altar no estilo Mabon.

A Alta Sacerdotisa lança o Círculo três vezes no sentido horário e diz o seguinte:

Eu traço este Círculo e crio um Espaço Sagrado, uma porta de entrada para o Outromundo. Este Círculo nos protegerá de todas as energias e forças negativas e positivas que possam vir a causar danos. O primeiro anel que eu lanço é preto, o segundo é branco, e o terceiro é dourado. Que assim seja.

Ao levantar os braços para o Universo, a Alta Sacerdotisa diz:

Eu sou soberana aqui nesta Terra. Meu castelo é o lar de Magia e brumas, de bosques e terras e de grande beleza. Nesta terra reina a Deusa e seu filho é primordial. As fadas vagam por esta terra e uma música triste enche o ar neste dia, nesta hora. Modron, Ó Grande Rainha e Mãe Terra, nós a chamamos aqui para compartilhar sua dor.

Alto Sacerdote:

Ó Deus sombrio, grande filho de Modron, imploramos seu retorno do mundo misterioso que o mantém. O poder do seu brilho é a alegria de sua mãe. Modron é a Terra e a Mãe que todos nós atendemos. Seu lamento agridoce alimenta seu retorno a nascer de novo e de novo.

O Sacerdote usa sua lâmina ritual para levantar um pouco de sal do prato em um dos Cálices com água de nascente e diz:

O SAL DE SEU PRANTO ESTÁ SOBRE NOSSO ROSTO.

O Sacerdote mistura o sal na água, levanta o Cálice, mergulha o dedo nele e toca no rosto da Sacerdotisa, depois no próprio rosto. Então as Sacerdotisas e os cantores muitas vezes murmuram, sentindo a perda da criança, e às vezes até choram. A Sacerdotisa carrega magicamente, unge e acende as velas e o incenso e coloca um pouco do incenso no carvão quente.

Ao acender as velas, ela diz:

EU ACENDO ESTAS VELAS PARA TRAZER DE VOLTA A LUZ DO SOL À TERRA.

A Sacerdotisa então pega um pequeno pacote de ramos de trigo na mão esquerda e na mão direita uma foice de ouro.

Ela os ergue para o céu e fala:

A LÂMINA DESTA FOICE É A LUZ BRILHANTE DE MABON.

E então ela golpeia o trigo com a foice e os coloca no altar.

O Alto Sacerdote:

AGRADECEMOS AO DEUS E À DEUSA PELA GENEROSIDADE QUE DESFRUTAMOS, QUE SUSTENTA A VIDA NA TERRA.

Em frente ao altar há uma cesta de pão, trigo e frutas de todos os tipos. O Sacerdote e a Sacerdotisa caminham até a cesta, pegando pedaços de frutas, levantando-os para o céu e dizendo juntos:

DAMOS GRAÇAS AOS NOSSOS ANTIGOS. DAMOS GRAÇAS AO NOSSO DEUS E À DEUSA QUE DERRAMAM SOBRE NÓS IMENSAS BÊNÇÃOS NESTE MOMENTO DA GRANDE COLHEITA.

Cada um deles coloca a fruta no chão e caminha até o altar. A Sacerdotisa pega o Cálice com água da nascente. O Sacerdote pega a lâmina ritual, levantando a lâmina em direção ao Sol.

Alta Sacerdotisa:

NÓS NOS ALEGRAMOS COM SEU RETORNO, MABON. DAMOS BOAS-VINDAS À TERRA COMO CRIANÇA E SEMENTE. SEJA BEM-VINDO.

Todos no Círculo repetem:

SEJA BEM-VINDO.

O Alto Sacerdote:

COM ESTA LÂMINA EU TRAGO PARA ESTE CÁLICE SAGRADO A ENERGIA DO SOL. COMO A NOITE É PARA O DIA, O HOMEM PARA A MULHER, EU CONSAGRO ESTE CÁLICE COM A ENERGIA DA UNIÃO DO DEUS E DA DEUSA. QUE ASSIM SEJA.

O Sacerdote mergulha a lâmina na água. Ambos fecham os olhos para visualizar a luz do Sol entrando na água do Cálice. Eles abrem os olhos. O Sacerdote coloca a lâmina no altar e a Sacerdotisa levanta o Cálice para ser mostrado ao redor do Círculo. Ela toma um gole da água e entrega o Cálice ao Sacerdote, que bebe um gole da água abençoada.

A Alta Sacerdotisa:

SOMOS TODOS ABENÇOADOS E SOMOS GRATOS. NÓS DEVEMOS NOS ALEGRAR E APROVEITAR O DESPERTAR DESTA COLHEITA.

O Alto Sacerdote e a Alta Sacerdotisa juntos:

AGORA ELEVAREMOS O CONE DE PODER.

Todos os participantes seguem o Sacerdote e a Sacerdotisa enquanto eles levantam as mãos dos lados para o céu, depois se abaixam e colocam as duas mãos na Terra.

Todos:

ABENÇOADA SEJA A TERRA.

Todos se levantam. O Sacerdote ou a Sacerdotisa pega o Pentáculo de altar, segura-o primeiro para o Oeste, depois para o Leste, Norte e Sul e depois o coloca no altar.

A Sacerdotisa pega o Bastão. Ela anda em sentido anti-horário, segurando o Bastão estendido e diz:

ESTE CÍRCULO ESTÁ LIBERADO NO COSMOS PARA FAZER NOSSA VONTADE. ESTE CÍRCULO ESTÁ ABERTO, MAS NÃO QUEBRADO. QUE ASSIM SEJA.

Todos os participantes riem, abraçam-se e se alegram. A Roda foi girada mais uma vez para uma vida melhor.

ERVAS MÁGICAS

As ervas de Mabon nos oferecem a oportunidade perfeita para compartilhar as alegrias desta estação encantada e a generosidade da Mãe Terra. À medida que dias e noites mais frios do outono chegam, o verde vívido e as flores brilhantes de ervas, plantas e flores começam a desaparecer, mudando para tons mais escuros de marrom, cobre, amarelo dourado e bronze. Uma erva deve ser usada quando sua força mágica está no auge. Se suas raízes precisam ser usadas, corte-a pouco antes que a planta esteja prestes a morrer. Se suas flores ou folhas têm de ser usadas, corte-as pouco antes de estarem prestes a brotar. Durante o Mabon, a energia do Sol está sendo puxada de volta para a terra, para as raízes da erva, onde a maior parte de seu poder mágico está agora armazenado.

Quando as Bruxas coletam ervas, nós as cortamos com uma foice dourada (ou bronze) que carregamos em um Círculo Mágico. Como dissemos, a erva recém-cortada nunca deve tocar o chão. Se isso acontecer, sua energia mágica é devolvida à Mãe. Durante a estação do outono, guardamos bolotas e todas as ervas, grãos e sementes que podemos encontrar, seja para secar e armazenar ou para cultivar dentro de casa para replantar na primavera. Por volta dessa época, geralmente qualquer erva que esteja morrendo e seja regida pelo Sol é apropriada para ser usada em filtros, poções ou cervejas.

A seguir está uma lista de algumas das ervas e plantas mais comuns usadas durante Mabon:

Açafrão	Girassol
Alecrim	Maçã seca ou sementes de maçã
Amêndoa	Milefólio
Arruda	Olíbano
Calêndula	Rosa mosqueta
Camomila	Rosa-de-pedra
Flor de maracujá	Sálvia
Folhas de carvalho	Trigo
Folhas e cascas de nogueira	Visco

Muitas vezes secamos ervas em Mabon, bem como em Lughnasadh (ver pág. 202). As Bruxas estão sempre preparadas para os ciclos das estações. O costume de preservar, secar, conservar não apenas ervas, mas também grãos, frutas e vegetais é uma tradição das Bruxas. Mabon é a hora de verificar seus armários de ervas, adegas e despensas. Quão bem se preparou determinará como você viverá durante o inverno. Quando a colheita é boa, colhemos a recompensa, dividimos nossa comida e guardamos tudo o que podemos para os próximos meses mais frios ou para outra vez, talvez no próximo verão, quando a colheita não for tão abundante.

FILTROS, INCENSOS E ÓLEOS

Misturar calêndula, maracujá e samambaia e usar incenso ou mirra como resina fará um belo incenso para queimar durante o Mabon. Uma mistura de ervas de milefólio seco e alecrim pode ser mágica para trazer o calor do sol para dentro. Faça um Filtro de Mabon de milefólio seco e dulcamara para atrair amor e proteção. Adicione um pequeno cristal ou uma joia de ouro, talvez um único brinco de ouro do qual você perdeu o par, e você receberá a luz do sol, honrando Mabon e participando da beleza do Equinócio de Setembro.

Qualquer proporção de ervas Mabon pode ser usada para fazer filtros, óleos ou incenso. Experimente. Crie suas próprias quantidades e proporções de acordo como você se sente ou o que está tentando alcançar. Se estiver preocupado com a aromaterapia de um óleo ou incenso, continue tentando diferentes fórmulas até chegar a um aroma que seja agradável para você. A seguir estão algumas sugestões de misturas que funcionam bem em torno de Mabon:

Óleo de Mabon

Você pode comprar Óleo de Mabon de uma loja de suprimentos de Bruxaria ou conseguir com uma Alta Sacerdotisa. Para fazer o seu próprio óleo, combine partes iguais do seguinte (se não quiser usar ambos, pode usar um ou outro):

Óleo de amêndoa
Óleo de avelã

Adicionar:

1 bolota
1 pedra regida pelo Sol (como topázio-amarelo, citrino, olho de gato, âmbar)
1 pitada de folhas de calêndula
1 punhado de folhas de carvalho
Cascas de nozes, ligeiramente esmagadas ou em pedaços

Misture todos os ingredientes em uma panela esmaltada. Aqueça lentamente o óleo. Desligue e coe. Coloque em uma garrafa, tigela ou pires que será usado apenas para carregar óleos em seu Círculo Mágico. Para carregar o próprio óleo, traga-o para um Círculo Mágico na hora do Mabon ou durante o seu ritual Mabon. Algumas Bruxas levantam seu Bastão ritual ou varinha e pedem à Deusa e ao Deus para tocarem o Bastão ou a varinha com luz e poder para carregar este óleo mágico. Quando tiver concluído isso, destrace seu Círculo.

Filtro de Mabon ou Incenso para Prosperidade e Proteção

Em uma tigela usada apenas para fazer este Filtro de Mabon, misture três colheres de sopa de cada um dos itens:

Alecrim
Calêndula
Folhas secas de carvalho
Incenso
Maçã Seca
Maracujá
Milefólio
Mirra
Rosa-de-pedra
Trigo

Acrescente:

1 colher de chá de pó brilhante
1 medida de Óleo de Mabon (ver pág. 231)
Glitter, ou uma joia de ouro real

Misture bem. Coloque a tigela em seu Espaço ou Círculo Mágico para que ela seja carregada. Coloque em uma mesa ou armário em sua casa ou escritório, use em seu feitiço de prosperidade (veja Feitiços Mágicos pág. 234), ou queime-o como um incenso de Mabon.

PEDRAS MÁGICAS

As pedras, especialmente os cristais, são condutores incríveis de energias mágicas. Durante séculos, os curadores espirituais reconheceram as habilidades da pedra, desde as preciosas, os cristais ou rochas ígneas, para proteger, curar, comunicar e expressar amor e prosperidade. Durante o Mabon, as pedras regidas pelo Sol ajudarão a trazer a energia do Sol até você. As pedras Mabon incluem:

Âmbar	Ouro (o metal)
Aventurina	Peridoto
Citrino	Quartzo claro
Diamante	Topázio-amarelo
Olho de gato	

Podem ser usadas como joias ou transportadas em forma de filtro. Como os meses mais frios estão à frente, Mabon geralmente é um bom momento para colocar cristais nos quatro cantos de sua casa para proteção. As Bruxas também usam pedras para criar Círculos Sagrados em áreas arborizadas ou em seus quintais. Desde os arranjos encantados encontrados no interior celta da "Ilha Poderosa", Grã-Bretanha, até as rodas medicinais que os nativos norte-americanos encontraram na América do Norte, círculos de pedras significam lugares de poderosas concentrações de energia. De fato, a própria Terra pode ser vista como uma enorme rocha infundida de energia sobre a qual caminhamos, dançamos, cantamos e respiramos em uníssono, o ritmo do todo, mais uma vez, tornando-se o ritmo de cada um.

FEITIÇOS MÁGICOS

Como Mabon é um momento de equilíbrio, muitas vezes lancei feitiços para trazer equilíbrio e harmonia às energias de uma sala, casa ou situação. Mabon também é tempo de mudança. Há uma excitação ou vivacidade no ar. Uma sensação de exuberância em antecipação à mudança se faz presente, junto a isso, uma vulnerabilidade que vem com qualquer nova experiência. Em torno de Mabon, costumo lançar feitiços não apenas para proteção, mas para riqueza e prosperidade, para trazer um sentimento de autoconfiança ou segurança. Muitas vezes me ajuda se eu focar minha intenção mágica meditando na Deusa ou no Deus Jovem. Às vezes escrevo meus pensamentos e sentimentos e às vezes crio um poema curto, como fiz para outros Sabbats, para concentrar minhas energias e emoções. Aqui está um poema que escrevi sobre Mabon, o Jovem Deus da Luz, que também tem muitas associações com Merlin, o Mago:

PRÍNCIPE E MAGO,
BRUXA, BRUXA REAL,
QUE CONCEDE AMOR, SAÚDE, FORÇA INTERNA E PODER,
DÊ SEU PODER AOS POÇOS SAGRADOS PARA TRAZER VIDA DA PEDRA.
O LAMENTO DE SUA MÃE, MODRON,
É VERDADEIRAMENTE UM TRIBUTO AO AMOR E PODER DURADOUROS.
Ó GRANDE PEDRA ERGUIDA, Ó MERLIN,
JOVEM E AMADO FILHO, ADEUS! ADEUS!
Ó GRANDE MÃE, DIGA ADEUS, DE NOVO! E DE NOVO!
À MEDIDA QUE A RODA GIRA É MARCADA PELO SOM,
DE NOVO! E DE NOVO! ADEUS! ADEUS!
A PARTIR DOS POÇOS VÊM OS PODERES CURATIVOS DE MABON.

Aqui está um feitiço que é bom para alcançar um senso de lugar ou harmonia em sua vida, seguido por um feitiço de prosperidade com ervas.

Feitiço para Desequilíbrio de Polaridade

Esta visualização usa os quatro elementos: Terra, Ar, Fogo e Água. Deite-se ou sente-se em uma cadeira confortável e entre em *alfa* (ver Apêndice, pág. 245). Respire profundamente e visualize seu próprio corpo. Em sua mente, veja suas pernas dos quadris para baixo como uma rica terra marrom.

Ao ver suas pernas como terra, repita o que vê. Diga:

Eu sou a Terra. A Mãe Terra faz parte de mim. Eu sou seu filho da Terra.

Veja e visualize seu estômago e quadris da cintura até os encaixes do quadril. Preencha esta área do seu corpo com água. Ao visualizar o elemento Água, diga o seguinte:

Claro e frio, o fluido primordial faz parte de mim e eu faço parte dos lagos, oceanos, piscinas e fluxos de vida.

Veja seu peito do pescoço à cintura como Ar. Às vezes você pode precisar imaginar nuvens para visualizar o elemento Ar. Em seguida, repita:

Eu sou o ar, e o ar faz parte de mim. Eu tenho o voo, a respiração e a liberdade de movimento. Eu respiro o Universo.

Agora, visualize sua cabeça do topo ao pescoço como o Fogo. Ao visualizar a chama ou o calor incandescente do fogo, você diz:

Eu sou Pi, o fogo interior. Eu sou a Deusa e o Deus da Luz, e a força criativa de tudo. Eu sou tudo o que foi, é e será.

Fique em *alfa* e veja todo o seu corpo em quatro seções poderosas de Terra, Água, Ar e Fogo. Quando sentir que está pronto, permita que todos os elementos se misturem e mexam por todo o seu corpo, mente e espírito. Permaneça em *alfa* por alguns minutos antes de contar e aproveite a sensação de estar totalmente equilibrado.

Feitiço de Ervas para Prosperidade

Lance o Círculo Mágico ou entre em um Espaço Mágico. Traga consigo o seguinte:

1 caneta para escrever feitiços
1 carvão de acendimento instantâneo
1 citrino
1 cristal de quartzo transparente
1 quadrado de 15 cm de papel pergaminho ou papel que você usa para feitiços e afirmações
1 quadrado de 15 cm de tecido amarelo, de preferência algodão ou seda,

ou uma bolsa mágica dourada, linha ou corda amarela
1 saquinho de chá (certifique-se de remover a etiqueta) de ervas com especiarias que tenha canela e cravo-da-índia nele
1 Turíbulo
1 vela dourada ou amarela
1 vela preta
2 colheres de sopa de cada: alecrim, calêndula e milefólio
Incenso de Prosperidade de Mabon (ver pág. 232)
Óleo de Mabon ver pág. 231)

Em um Círculo Mágico, unja as velas com Óleo de Mabon ou óleo de dinheiro, que pode ser comprado em uma loja de suprimentos para Bruxas.

Segure a vela dourada e carregue-a com estas palavras:

CONSAGRO ESTA VELA PARA TRAZER PROSPERIDADE PARA MIM. PEÇO QUE ISSO NÃO PREJUDIQUE NINGUÉM E QUE SEJA CORRETO PARA TODOS. QUE ASSIM SEJA.

Segure a vela preta e diga:

CONSAGRO ESTA VELA PARA ATRAIR PARA MIM TUDO O QUE É SEGURO, CORRETO E CONCEDIDO PELOS DEUSES E DEUSAS.

Coloque as velas nos castiçais e diga enquanto as acende:

ESTA CHAMA É A LUZ DO DEUS MABON E DA DEUSA MÃE MODRON.

Acenda o carvão. Coloque uma pitada de Incenso de Prosperidade nele. Pegue o pedaço de papel manteiga e escreva seu feitiço. Por exemplo:

PEÇO À DEUSA MODRON E AO DEUS MABON QUE ME CONCEDAM ISTO: PROSPERIDADE EM TUDO, DINHEIRO, SAÚDE E FELICIDADE. PEÇO EQUILÍBRIO E PODER PSÍQUICO, ESPIRITUAL E FÍSICO ELEVADOS. PEÇO QUE ISSO SEJA CORRETO AOS OLHOS DO DEUS E DA DEUSA E PARA O BEM DE TODOS. QUE ASSIM SEJA.

Repita este feitiço em voz alta, falando com o Deus e Deusa. Veja-os em seu Espaço Sagrado ouvindo suas palavras. Agradeça em voz alta pela recompensa que eles lhe deram no passado. Pense na Roda do Ano que veio antes e seja verdadeiramente grato por tudo que lhe foi concedido, mesmo que seja apenas sua própria vida. Passe o feitiço e o papel na fumaça ascendente do incenso. Enrole o feitiço e amarre com um fio ou cordão amarelo e separe. Coloque o quadrado de tecido ou saquinho mágico na sua frente com um cordão ou linha de ouro para amarrá-lo. Pegue suas ervas secas e pedras uma por uma. Segure-as em suas mãos. Levante as mãos e mostre-as ao Deus e à Deusa. Visualize a luz do Deus e da Deusa atingindo os objetos com seu poder mágico. Coloque as ervas e pedras no quadrado ou saquinho mágico, amarre e deixe de lado.

Em seguida, pegue seu saquinho de chá, segure-o em suas mãos e diga:

> Eu consagro este saquinho de chá para trazer prosperidade, saúde e felicidade. A cada gole deste chá vou ficar mais próspero. Que assim seja.

Guarde o chá para saborear ou beber no domingo seguinte após o Equinócio de Setembro. Coloque outra pitada de Incenso de Prosperidade no carvão. À medida que a fumaça sobe, agradeça ao Deus e à Deusa por entrarem em seu Espaço e Círculo Sagrados.

Dê adeus a eles e libere seu Círculo, dizendo:

> O Círculo está aberto, mas não foi quebrado. Eu o lanço no Universo para o bem de todos. Que assim seja.

Apague as velas ou deixe-as queimar pelo tempo que quiser. Você pode querer reacendê-las quando desejar lançar o feitiço novamente. Leve o feitiço e a bolsa mágica com você. Agora pode usar seu Óleo de Mabon no pulso, na nuca e na testa por pelo menos mais quatro dias. Após o feitiço ter sido lançado, pode usar o incenso carregado quantas vezes desejar.

COMIDAS DO FESTIVAL

Mabon é o Dia de Ação de Graças das Bruxas, um momento para apreciar e agradecer à Deusa por sua generosidade e compartilhar as alegrias da colheita. Mabon é regido pela Lua do Vinho e marca a conclusão da colheita dos frutos. Pêssegos, maçãs, uvas, cabaças e abóboras são abundantes. Os grãos do verão estão agora secos e prontos para serem armazenados, e as frutas e vegetais que não comemos agora preservamos e conservamos para uso posterior durante o inverno.

Para uma Bruxa, a festa de Sabbat é suntuosa, não apenas para o corpo, mas para a alma. Acho que todos concordaríamos que a comida é sagrada, mas poucos de nós preparamos e comemos refeições com o propósito de honrar a terra. Quando preparamos comida, especialmente para uma festa de fim de ano, não nos limitamos a mexer, misturar ou bater uma lista de ingredientes de uma receita bem recortada. As Bruxas tentam equilibrar os ingredientes – um toque suave de ervas aqui, uma generosa rodada de néctar de mel ali – o que for preciso para harmonizar as energias de cada um com a energia do todo, capturando tanto a bondade do paladar quanto a essência mágica de uma refeição.

Uma refeição feita magicamente, então, não apenas satisfaz a fome, como faz você se sentir bem consigo mesmo e o reconecta aos dons naturais da Deusa. Beber cidra de maçã quente é um excelente exemplo de uma bebida mágica Mabon, que exige uma mudança espiritual benéfica. A maçã governa o coração, e a sidra sozinha é uma poção de amor-próprio. Ao temperá-la com canela, regida por Júpiter e pelo Sol, torna-se uma bebida inebriante de saúde, bem-estar e prosperidade. Ao beber cidra, estamos essencialmente ingerindo a luz do sol e, de certa forma, cuidando do Sol, assim como Modron faz com Mabon.

A seguir, deixo uma sugestão de refeição Mabon, mas você pode experimentar suas próprias misturas mágicas usando alimentos e ingredientes abundantes em sua área.

Banquete de Mabon

- Cidra da Lua de Mabon
- Frango assado com sálvia, manjericão e tomilho
- Abóbora moranga recheada com manteiga doce, canela e mel
- Pão de maçã mágico, de Candy Kelly

MABON

Cidra da Lua de Mabon

½ colher de chá de cravos-da-índia
1 colher de chá de pimenta-da-jamaica
2 paus de canela, 10 cm de comprimento
4 xícaras de cidra de maçã
4 xícaras de suco de uva
Paus de canela adicionais para xícaras, 15 cm de comprimento

    Em uma panela de 4 litros, aqueça a cidra e o suco de uva. Adicione a canela, a pimenta-da-jamaica e os cravos. Leve apenas à fervura. Abaixe o fogo e cozinhe por 5 minutos. Sirva com uma concha de um Caldeirão. Rende 8 xícaras.

Frango Assado com Sálvia, Manjericão e Tomilho

1 frango grande inteiro
1 limão
3 colheres de sopa de manteiga sem sal
3 ou 4 raminhos de tomilho fresco
3 ou 4 ramos de manjericão fresco
3 ou 4 ramos de sálvia fresca

    Primeiro esprema o suco do limão nas cavidades do frango. Coloque as colheres de manteiga nele e esfregue levemente com um ou dois raminhos de cada uma das ervas. Asse o frango por aproximadamente 1 hora a 180º C. Perto do final da assadeira, polvilhe o restante das ervas, guardando uma ou duas para decorar.

Abóbora Moranga Recheada com Manteiga Doce, Canela e Mel

4 abóboras
8 colheres de chá de canela
8 colheres de sopa de manteiga sem sal ou margarina doce
8 colheres de sopa de mel

Corte a abóbora pela metade (não de ponta a ponta). Retire as sementes. Adicione uma colher de sopa de mel e manteiga e uma colher de chá de canela para esmagar as metades. Cubra frouxamente cada metade com papel alumínio e coloque em uma assadeira rasa. Asse a 180º C por 1½ horas.

Pão Mágico de Maçã, de Candy Kelly

¼ copo de água
¼ xícara de óleo vegetal
½ colher de chá cada sal, canela, fermento em pó e bicarbonato de sódio
½ punhado de passas
½ xícara de açúcar ou ¼ xícara de mel
1 punhado de nozes picadas (reserve um pouco para a cobertura)
2 ovos
2 punhados de aveia
2 xícaras de farinha
3 ou 4 maçãs raladas, com casca

Misture as maçãs e todos os ingredientes, exceto a farinha e a aveia. Bata bem. Adicione delicadamente a farinha e a aveia à mistura. Mexa apenas até misturar. Despeje em assadeira untada e enfarinhada. Polvilhe o topo com as nozes restantes, batendo-as. Asse a 180º C por 1 hora.

ATIVIDADES ANTIGAS

Nas épocas dos Sabbats, muitas vezes participamos de diversas atividades "tradicionais" sem nunca saber exatamente por que o fazemos. Fazer guirlandas, ou usar ervas em decorações em torno de janelas e portas, por exemplo, tem um significado antigo além do fato de que guirlandas ficam bonitas. Uma coroa de flores cria a forma sagrada de um Círculo. Decoramos as coroas de outono feitas de videira com agridoce para proteção. Ao enfeitar uma guirlanda com fitas douradas e amarelas, ramos de milefólio seco ou paus de canela, trazemos o calor e a energia do Sol. As tribos antigas faziam grinaldas nessa época do ano, porque estava frio lá fora e eles queriam trazer calor para dentro de casa.

Embora possamos não perceber como tal, fazemos guirlandas hoje pelo mesmo motivo.

Durante a temporada de Mabon, os materiais são abundantes para fazer enfeites e pot-pourris, Cordas de Bruxa e brinquedos para crianças. A seguir estão algumas sugestões para se divertir com o Mabon.

Vassoura da Bruxa

Amarre as palhas de milho secas em torno de um galho forte e relativamente reto de sua escolha. Carvalho, bordo, bétula ou nogueira funcionam bem. Usando fita ou barbante, decore a vassoura com gato-de-nove-caudas ou raminhos de rosa-de-pedra. Vassouras menores são ideais para pendurar em uma porta ou varanda, enquanto as maiores são mais funcionais e podem servir como um instrumento de proteção em um canto de uma entrada. As Bruxas costumam deixar suas vassouras perto de suas portas e sempre apontadas para proteção. Acreditamos que qualquer energia negativa que possa escurecer uma porta será neutralizada entrando em uma extremidade da vassoura e descendo, recuando e saindo.

Grinalda de Mabon

Entrelace uma videira em um Círculo e prenda com barbante ou fita. Se você não encontrar uma videira, pegue uma base de arame de uma florista. Junja raminhos de milefólio agridoce e seco. Acrescente fitas, um Filtro de Mabon (ver pág. 232), ervas ou qualquer pedra, joia ou amuleto governado pelo Sol e Júpiter.

Bonecas Mágicas de Maçã

Maçãs são símbolos sagrados da Bruxa. Nossa terra sagrada, Avalon, significa "Terra das Maçãs" ou "Ilha das Maçãs". Corte uma maçã no meio e suas sementes revelam a forma sagrada do Pentáculo. Você vai precisar de duas maçãs grandes para fazer Mabon e Modron, dois lápis ou duas cavilhas com cerca de 30 centímetros de comprimento, uma faca, um copo ou tigela com água para lavar os dedos e um prato e uma toalha para limpar as mãos. Descasque e retire o caroço das maçãs. Para esculpir um rosto em uma maçã, você precisa entender um pouco sobre escultura. Para fazer um olho, por exemplo, não faça um buraco na maçã. Faça cunhas como recortes ao redor da forma do olho, de modo que o olho fique levantado da superfície da maçã. O mesmo se aplica para fazer um nariz. Corte fatias ao redor. Faça com que os recursos da maçã se sobressaiam. Faça o mesmo com a boca, deixando os lábios sobressalientes. Se quiser fazer um beicinho, faça uma linha sobre o monte. Se quiser ficar chique, corte fatias ao redor das maçãs do rosto ou orelhas para torná-las mais pronunciadas.

Coloque as maçãs em um espeto e coloque-as em uma jarra onde possam secar. Prepare tudo muito antes de Mabon e carregue em Círculos Mágicos. Depois de duas a três semanas, elas encolhem, parecendo cabeças e rostos encolhidos. Você pode embelezá-las se desejar. Alguns as pintam de dourado ou as deixam naturais e depois as transformam em bonecas. Use trigo, cabelo de boneca ou ervas secas para o cabelo. Alguns fazem pequenos mantos e capas e os trazem para o Círculo Mágico, pedindo à Deusa e ao Deus que os carreguem com sua luz.

Você também pode pendurar as cabeças de Mabon e Modron na Corda de uma Bruxa ou na Guirlanda de Mabon. Para pendurá-los em um cordão, você precisa de três fios nas cores de Mabon com cerca de três metros de comprimento. Segurando três fios de corda em suas mãos, dê três nós, em seguida amarre uma cabeça de maçã. Dê mais três nós e enfie outra. Dê mais três nós e você terá uma Corda de Bruxa de nove dobras que poderá pendurar sobre uma porta ou entrada.

MAGIA DAS FADAS

A menos que tenha sangue de fada dentro de você, pode ser difícil ver as fadas olhando diretamente para elas. Muitas vezes, só conseguimos vislumbrá-las em nosso campo de visão periférico. No entanto, como vimos no capítulo anterior, os olhos de um gato podem atuar como uma porta de entrada para o Mundo das Fadas. Piscinas, lagos, água em um Caldeirão, luz das estrelas e cristais são outros exemplos de limiares para o Mundo das Fadas.

O outono é uma estação linda para sair e entrar em contato com o ambiente natural. O jogo a seguir é uma maneira simples de se divertir lendo o futuro enquanto desfruta do melhor que a paisagem de Mabon tem a oferecer. Embora os objetos que você deve procurar pareçam bastante comuns, eles são, na verdade, runas de fadas, que podem ser usadas na adivinhação das fadas. Uma chave perdida, penas, uma garrafa interessante sem fundo chato – essas são coisas estranhas e bonitas que você tende a encontrar por acaso. Na verdade, você realmente não os encontra. Eles vão até você! A Fada Rainha Oonach pode ajudá-lo com adivinhações ou missões em qualquer época do ano. Ela é radiante com estrelas e tem cabelos dourados. Para chamá-la, você pode usar um sino de fadas ou qualquer sino redondo de prata. Para o jogo seguinte, especialmente se for sua primeira vez, você precisa definitivamente pedir ajudas às fadas.

Adivinhação de Mabon

Em algum lugar, mas de preferência ao ar livre, encontre uma pena branca (para pureza ou para afastar o mal), uma pena preta (para coisas materiais que estão por vir, como surpresas) e uma pena azul (para mensagens de felicidade). Reúna três bolotas, marcando cada uma com um marcador mágico (vermelho para amor, verde para dinheiro e preto para saúde). Encontre um galho de um carvalho e amarre um barbante laranja nele, encontre um galho de uma macieira (para amor) e amarre um barbante vermelho nele. Encontre uma pedra branca (para as coisas serem enviadas para fora), uma pedra preta (para as coisas virem até você) e uma pedra cinza (para coisas que podem ou não acontecer). Se estiver jogando com Bruxas, consagre todos os itens em um Círculo Mágico. Caso contrário, coloque os itens em um Espaço Sagrado, talvez durante a refeição de Mabon. Escreva no papel o que cada item representa. Coloque todos os itens em uma caixa e agite. Cada pessoa que joga faz uma pergunta para a qual deseja uma resposta. Sem olhar, alcance e escolha um item. Se a resposta parecer ambígua, escolha novamente. Por exemplo, escolher o galho de maçã e uma pedra preta significa "o amor está chegando", uma bolota verde e uma pedra preta significam "o dinheiro está chegando", e assim por diante.

Viagem Estelar de Penny

As noites de setembro de Mabon no Hemisfério Norte são claras e frescas, mas não tão frias que você não possa sair. É o momento perfeito para apreciar as estrelas. Claro, em Mabon, tentamos focar no Sol. Tentamos atraí-lo, lembrá-lo e respeitá-lo. Mas mesmo no escuro, há a luz do Sol, pois o que são estrelas, senão lembranças do Sol, reflexos de luz de muito tempo atrás.

Uma noite de setembro, minha filha Penny descobriu uma maneira maravilhosa de se conectar com a Magia da Terra e das estrelas.

Talvez a parte mais difícil de fazer essa "viagem" seja encontrar um local onde possa realmente se deitar e ver as estrelas. Se você mora em uma área urbana, isso pode ser difícil de encontrar. De qualquer forma, se puder, pegue um cobertor, deite-se e olhe para as estrelas por meia hora. Não olhe para o seu campo de visão periférico. Olhe só para o céu. Estude as estrelas. Traga um cronômetro para saber quando meia hora se passou – você não quer ter de levantar o braço para continuar olhando para o relógio. Ao final de meia hora, levante os braços para o céu, alcançando sua estrela. Você vai sentir como se estivesse caindo da Terra – como se estivesse caindo no céu. Você de fato "perdeu o contato" com a Terra, mas entrou em contato com o espaço e a realidade das estrelas. Se quiser parar o passeio, basta colocar a mão no chão, ou se quiser ser realmente dramático, role de bruços e beije a Terra.

APÊNDICE*

ALGUNS ELEMENTOS BÁSICOS DA BRUXARIA

A seguir estão algumas breves descrições de alguns elementos básicos usados na prática da Bruxaria. Para uma análise mais aprofundada de cada um, você pode consultar meu livro anterior sobre a Arte, *O Poder da Bruxa: A Terra, a Lua e o Caminho Mágico Feminino*.

ACIONANDO O ALFA INSTANTÂNEO: as Bruxas usam *alfa instantâneo* quando estão em lugares ou situações em que não podem relaxar ou fechar os olhos, como ao dirigir um carro. Para poder entrar em *alfa instantâneo*, você deve primeiro entrar em um estado de *alfa profundo* usando a Contagem Regressiva de Cristal descrita a seguir. Enquanto estiver em *alfa*, cruze o dedo médio da mão esquerda sobre a parte superior do dedo indicador. Diga:

QUANDO CRUZO OS DEDOS, ESTOU EM ALFA INSTANTÂNEO.

Novamente, você pode não "sentir" como se tivesse entrado em um estado alterado, mas você o fez. Conte-se backup. Agora você acionou o olho da sua mente e o programou com informações que lhe permitirão entrar em *alfa* sempre que precisar. Basta cruzar os dedos e você está lá.

ALFA: base científica de toda Bruxaria e Magia. É um estado alterado de consciência associado ao relaxamento, meditação e sonhos. Em *alfa*, a mente é receptiva a diferentes vias de comunicação, como telepatia, clarividência e precognição. Entrar em *alfa* requer prática. De fato, um livro inteiro poderia ser escrito apenas em *alfa*. Eu ensino um método fácil para entrar em *alfa* usando cores e números. Chamo isso de Contagem Regressiva do Cristal. Para se colocar em *alfa*, encontre um espaço tranquilo, feche os olhos e relaxe, respirando profundamente. Quando você se sentir equilibrado e relaxado, visualize uma tela vazia em sua mente. Em seguida, veja na tela um número 7 em vermelho. Segure-o na tela e solte-o. Agora, veja um número 6 na cor laranja. Segure-o e solte-o. Faça a contagem regressiva do espectro de cores restante: amarelo 5, verde 4, azul 3, índigo 2, orquídea 1. Essa sequência de cores aparece em todo arco-íris e em toda quebra prismática de luz. Quando chegar à orquídea 1, faça uma contagem regressiva de 10 a 1 para aprofundar o estado *alfa*. Diga a si mesmo:

AGORA ESTOU EM ALFA E TUDO QUE EU FIZER SERÁ PRECISO E CORRETO, QUE ASSIM SEJA.

Agora você pode fazer qualquer meditação ou tarefa de cura que desejar. Pode sair do *alfa* a qualquer momento que desejar, está sempre no controle no estado *alfa* e até parcialmente consciente do que está acontecendo na sala. Os sinos não soam quando se atinge o nível *alfa*. Você ainda pode ouvir e pensar. Na verdade, você está atingindo o *alfa* assim que fecha os olhos. Para contar de volta, apague o que tem na tela com as mãos. Em seguida, dê a si mesmo total garantia de saúde, colocando a mão com a palma para baixo, cerca de quinze centímetros acima da cabeça. Em um movimento suave, abaixe a mão na frente do rosto, peito e estômago, enquanto vira a palma para fora e empurra para longe de você. Diga:

ESTOU ME CURANDO E ME DANDO TOTAL LIBERAÇÃO DE SAÚDE.

Isso elimina quaisquer energias prejudiciais ou negativas que possam ter estado presentes enquanto em *alfa*.

AS QUATRO DIREÇÕES: são, naturalmente, Norte, Sul, Leste e Oeste. Dependendo de onde fica o altar, andamos em deosil, ou no sentido horário, parando em cada ponto para chamar as quatro direções, e em sentido anti-horário, para nos despedir.

CONFIGURAÇÃO BÁSICA DO ALTAR: muitas Bruxas trabalham voltadas para o Leste, mas você pode trabalhar de frente para o seu altar da maneira que desejar, desde que entenda o significado por trás das instruções e a razão pela qual fez sua escolha. O Norte enfrenta mistério e constância. Leste enfrenta nova vida, renascimento e começos. Sul enfrenta movimento e pensamento. Oeste enfrenta água, mundos subaquáticos e criação. Você também pode colocar as representações dos quatro elementos em qualquer direção que desejar. Montei meu altar com a Terra no Norte, o Fogo no Leste, o Ar no Sul e a Água no Oeste.

Uma pedra ou óleo do elemento Terra é uma boa representação para a Terra. Uma vela representa o Fogo. Incenso ou uma planta do elemento Ar é para o Ar, e um Cálice ou tigela com água para Água. Um Pentáculo deve focar o centro do seu altar, que é um ponto de poder com todos os objetos relacionados à Magia que você pretende fazer. Tenha uma vela preta para atrair energia e uma vela branca para enviar energia. Além disso, a Deusa Tríplice é frequentemente representada por velas brancas, vermelhas e pretas. O altar não precisa ser chique. Pode ser uma mesa de canto ou até uma mesa de cozinha. A imagem a seguir mostra muitos dos elementos básicos e colocação de objetos no altar.

LANÇAR UM CÍRCULO MÁGICO: Lançar um Círculo Mágico cria um Espaço Mágico e tempo para você realizar Magia. O Círculo tradicional tem nove pés de diâmetro. Se você vive em quartos apertados, ainda assim pode lançar um Círculo Mágico. Nove pés, ou seja, 2.75 m é simplesmente o ideal mágico. Para lançar o Círculo, a Alta Sacerdotisa caminha três vezes no sentido horário ao redor de um círculo, apontando seu Bastão bem estendido além de seu corpo e diz:

> EU LANÇO ESTE CÍRCULO PARA NOS PROTEGER DE TODAS AS FORÇAS E ENERGIAS NEGATIVAS E POSITIVAS QUE POSSAM VIR NOS FAZER MAL. ENCARREGO ESTE CÍRCULO DE ATRAIR APENAS AS FORÇAS E ENERGIAS MAIS PERFEITAS, PODEROSAS, CORRETAS E HARMONIOSAS QUE SEJAM COMPATÍVEIS COM NOSSA MAGIA. EU LANCEI ESTE CÍRCULO PARA SERVIR COMO UM ESPAÇO SAGRADO ENTRE O MUNDO, UM LUGAR DE AMOR PERFEITO E PERFEITA CONFIANÇA. QUE ASSIM SEJA.

Uma vez que o círculo é lançado, ele não pode ser quebrado. Não tenha sequer um fio de telefone atravessando o perímetro e certifique-se de não ter nenhum animal perambulando. Ninguém deve sair do Círculo até que ele seja aberto no final do ritual pela Alta Sacerdotisa. Para abrir o Círculo, caminhe três vezes no sentido anti-horário e diga:

> O CÍRCULO ESTÁ ABERTO, MAS NUNCA QUEBRADO.

OS QUATRO ELEMENTOS: são, naturalmente, Terra, Ar, Fogo e Água, que coincidem com as quatro direções. Quando lançamos um Círculo Mágico, convocamos os quatro elementos para trazer um equilíbrio dessas energias coletivas na Natureza para o Espaço Sagrado.

Pentáculo: estrela de cinco pontas dentro de um círculo. Um símbolo sagrado da Bruxa que tem uma longa e rica história. A estrela é sempre desenhada em um traço contínuo, e sempre usamos o Pentáculo com a ponta superior voltada para cima. O Pentáculo representa os cinco sentidos da humanidade, através dos quais, adquirimos conhecimento sobre a Terra e sobre nós mesmos. O círculo ao redor da estrela é o Círculo Mágico da vida, o Deus/Deusa, a Roda do Ano e o poder envolvente do Todo. Representa a sabedoria universal.

Pentáculo de altar: um grande Pentáculo frequentemente usado em rituais para apontar as quatro direções e atrair todas as energias. Geralmente é cortado em latão ou prata e tem cerca de quatro a seis polegadas de diâmetro.

CONSAGRANDO INSTRUMENTOS E ERVAS

Consagrar ferramentas e ervas é uma forma de transferir energia de você e do Universo para um objeto. Seu Bastão é o primeiro instrumento que precisa ser carregado. Claro, você precisa de um Bastão para lançar um Círculo e que vai carregar suas ferramentas! Você ainda pode lançar um Círculo usando uma corda de 1,37 m e um pouco de sal marinho de uma loja de comida gourmet ou loja de Bruxas. Coloque seu altar e todos os instrumentos a serem carregados no centro. Coloque uma das extremidades do fio no centro do espaço onde se encontra. Na outra extremidade, comece a caminhar no sentido horário a partir do Norte, polvilhando sal marinho para fazer a marca do Círculo. Dê 30 cm, marque outro Círculo com o sal marinho e, a 20 cm a partir dele, marque um terceiro. Seu Círculo está lançado. Para carregar os instrumentos, entre em *alfa*, passe as mãos sobre o Bastão em um movimento de varredura e diga:

Eu neutralizo qualquer energia incorreta neste Bastão.

Em seguida, segure o Bastão com as duas mãos e diga:

Eu consagro este Bastão para catalisar todos os meus pensamentos e minha vontade. Peço que isso seja correto e para o bem de todos. Que assim seja!

Agora você pode usar seu Bastão para lançar Círculos e carregar outros objetos mágicos.

LUAS E CORRESPONDÊNCIAS

Janeiro: Lua do Lobo. Proteção, confiança, força.

Fevereiro: Lua Casta. Donzela Deusa Bride, fertilidade, força.

Março: Lua Semente. Sementes de plantas, frutas, verduras, semente de sucesso, espiritualidade.

Abril: Lua da Lebre. Deusa Ostara, fertilidade, crescimento, sabedoria.

Maio: Lua das Fadas. Poder das fadas, sabedoria, amor, romance, boa saúde.

Junho: Lua do Hidromel. Casamento, amor, romance, abundância, carreira, sucesso, saúde.

Julho: Lua de Ervas. Força, potência mágica, colheita de ervas, saúde, sucesso.

Agosto: Lua da Cevada. Deusas dos grãos e Deuses do sol, colheita de grãos, generosidade, agricultura, fertilidade, casamento, boa saúde.

Setembro: Lua do Vinho. Colheita de uvas e frutas, sangue da vida, proteção, confiança, força.

Outubro: Lua de Sangue. Colheita da carne, lembrança, proteção, estabilidade, resoluções de ano novo.

Novembro: Lua de Neve. Fadas do Gelo, esperança, proteção, calor, cura.

Dezembro: Lua de Carvalho. Merlin, Rei do Carvalho, boa vontade, paz, proteção, amor.

ÁRVORES SAGRADAS DOS CELTAS

Abeto: árvore sagrada da vida e da morte. A árvore de Merlin e Vivian. Símbolo de soberania e dom de conhecimento.

Abrunheiro: arma de proteção, neutraliza qualquer coisa ruim que possa acontecer.

Amieiro: árvore de Bran. Aspecto de morte em vida, porque ela não morre no inverno. Bom para o Bastão da Soberania e para a força. Suas flores produzem corante verde e sua casca corante vermelho.

Aveleira: ajuda você a se tornar uma pessoa de muitas artes e habilidades. Aumenta os cinco sentidos.

Azevinho: Rei Sol. Usado para fertilidade, proteção, é firme na adversidade, aumenta a força e ajuda você a vencer dificuldades e desafios.

Carvalho: poderoso e sagrado. Bosques de carvalho são ótimos lugares para fazer magia. O carvalho atingido por um raio é o mais poderoso. A bolota é para invisibilidade, todos os poderes mágicos, força e fertilidade. A árvore favorita de Merlin.

Espinheiro: apenas trazido para a casa em Beltane. Abriga as fadas e nunca deve ser destruído. Bom para música, poesia e habilidade psíquica.

Bétula: bom para aliviar a dor, forte contra intempéries ou vento, ajuda você a passar para Avalon.

Freixo: protetor. Nunca derrubado pelos celtas. Sua madeira é usada em muitos cajados para força psíquica, poder e cura.

Tojo: bom para proteção, porque seu caule tem espinhos afiados. Suas flores douradas são símbolos do Sol. Também é usado para castidade e fidelidade.

Hera: o lado feminino do azevinho, mas muito forte. Símbolo de resistência, estabilidade e profundos poderes psíquicos. Regida por Saturno.

Macieira: Árvore Sagrada de Avalon, ou Terra da Maçã, ou Ilha das Maçãs. Três maçãs ficam penduradas no bastão sagrado do ramo de prata. Bom para curar os doentes, ajuda a dormir e protege seu coração. Uma maçã cortada ao meio forma a estrela da Bruxa, um Pentáculo ao meio.

Junco: seus galhos flexíveis dobram e conectam este mundo com os reinos subaquáticos.

Sorveira: madeira poderosa das *sidhe*, ótima para Bastões e fogos de Caldeirões, usada para adivinhação e proteção mágicas. Suas bagas alimentam as fadas.

Sabugueiro: símbolo do "Bom Deus", Dagda. Bom para habilidades variadas, artes e estabilidade. Suas bagas são usadas para avermelhar e colorir a pele.

Salgueiro: seus ramos são usados para casamentos e Vassouras de Bruxa. Bom para a beleza e o amor.

Teixo: aspectos de vida-na-morte e morte-em-vida da Deusa. O eterno ciclo da vida.

Urze: para riqueza, proteção, conhecimento, mente aberta, sorte e coroas de flores.

Videira: associações do Submundo e Merrow. Poder da Deusa Tríplice, Morrighan. Doador de vida.

LEITURA ADICIONAL

LIVROS

BAIN, Ian. *Celtic Knotwork*. New York: Sterling Publishing Co., Inc., 1992.

CABOT, Laurie com COWAN, T. *Power of Witch: The Earth, the Moon and the Magical Path to Enlightenment*. New York: Dell Publishing, 1989.

_____. *Love Magic: The Way to Love Though Rituals, Spells and the Magical Life*. New York: Dell Publishing, 1992.

CONWAY, D.J. *Celtic Magic*. St. Paul, MN: Llewellyn Publishing, 1990.

CRUZ, TP e SLOVER, C.H. *Ancient Irish Tales*. Dublin: Figgis, 1936.

CUNNINGHAN, Scott. *The Magic in Food*. St. Paul, Minn.: Llewellyn Publishing, 1990.

EVANS-WENTZ, W. Y. *The Faery Faith in Celtic Countries*. Library of the Mystic Arts. New York: Citadel Press/Carol Publishing Group, 1990.

FELL, Barry. *América BC: Ancient Settlers in the New World*. New York: Pocket Books, 1976.

FRAZER, Sir James George. *The Golden Bough*. New York: The Macmillan Company, 1951.

The Mabinogion. Translated and introduced by Jeffrey Gantz. New York: Dorset Press, 1985.

MACBAIN, Alexander. *Celtic Mythology and Religion*. Stirling Eneas Mackay, 1917.

MATTHEWS, Caitlin. *Mabon and the Mysteries of Britain: An Exploration of the Mabinogion*. Londres: Arkana/The Penguin Group, 1987.

MATTHEWS, John. *The Song of Taliesin: Stories and Poems from the Books of Broceliande*. Londres: The Aquarian Press/HarperCollins, 1991.

MERNE, John G. *A Handbook of Celtic Ornament*. Dublin: Mercier Press, 1990.

RUTHERFORD, Ward. *The Druids: Magicians of the West*. Wellingborough, Inglaterra: The Aquarian Press, 1983.

LEITURA ADICIONAL

SPENCE, Lewis. *The Magic Arts in Celtic Britain*. New York: Samuel Weiser, Inc./The Rider Company, 1970.

_____. *The Minor Traditions of British Mythology*. New York: The Amo Press, 1979.

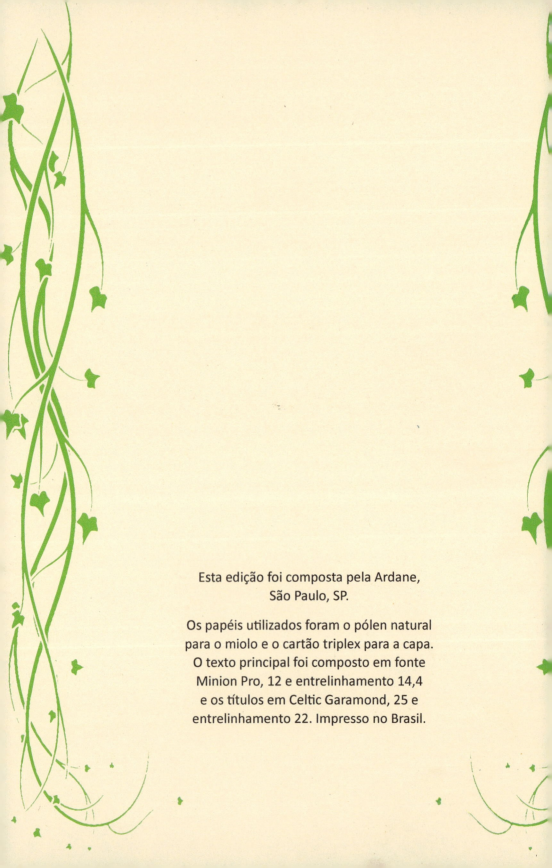

Esta edição foi composta pela Ardane, São Paulo, SP.

Os papéis utilizados foram o pólen natural para o miolo e o cartão triplex para a capa. O texto principal foi composto em fonte Minion Pro, 12 e entrelinhamento 14,4 e os títulos em Celtic Garamond, 25 e entrelinhamento 22. Impresso no Brasil.